唐朝往事系列

耿元骊 主编

朋党之争

中唐统治危机的来临

罗亮 著

辽宁人民出版社

图书在版编目（CIP）数据

朋党之争：中唐统治危机的来临 / 罗亮著 . — 沈阳：辽宁人民出版社，2025.1

（唐朝往事系列 / 耿元骊主编）

ISBN 978-7-205-11107-6

Ⅰ . ①朋… Ⅱ . ①罗… Ⅲ . ①中国历史—唐代—通俗读物 Ⅳ . ① K242.09

中国国家版本馆 CIP 数据核字（2024）第 078382 号

出版发行：辽宁人民出版社
　　　　　地址：沈阳市和平区十一纬路 25 号　邮编：110003
　　　　　电话：024-23284191（发行部）　024-23284304（办公室）
　　　　　http ://www.lnpph.com.cn
印　　刷：天津光之彩印刷有限公司
幅面尺寸：145mm×210mm
印　　张：10.5
字　　数：169 千字
出版时间：2025 年 1 月第 1 版
印刷时间：2025 年 1 月第 1 次印刷
责任编辑：赵维宁
助理编辑：姚　远
封面设计：乐　翁
版式设计：一诺设计
责任校对：郑　佳
书　　号：ISBN 978-7-205-11107-6
定　　价：78.00 元

总　序

盛唐：中华文明的辉煌时代

唐朝有自己独特的气质。当我们提起唐朝，经过长达千年集体记忆形塑，大概每一个华人都会立刻呈现一幅宏大画卷萦绕脑海，泱泱大国典范形象勃现眼前，甚至还会莫名有一种自豪感油然而生。三百年波澜壮阔（实289年），四千位杰出人物（两《唐书》有姓名者约数），五千万烝民百姓（开元载簿约数，累计过亿），共同在欧亚大陆东端上演了一出雄浑壮丽、辉煌灿烂的人间大剧。

唐朝在中国历史上有着巍然的地位。它海纳百川，汲取万方长处；自信宏达，几无狭隘自闭之风。日本学者外山军治以域外之眼，推崇隋唐时代是"世界性的帝国"，自有其独到眼光。唐代在数百年乱世基础上，在经历多次民族大融合之后，引入周边各族之精英及其文化，融合再造生机勃勃的新一代文化，从而使以华夏文明为中心的中原文明再次焕发出生机与活力。唐朝，也成为中华文明辉煌的时代。如果在朝代之间进行比赛，唐代在大多数项目上都能取得前几名，"唐"也与"汉"共同成为中华代称。

唐朝有着空前辽阔的疆域。其开疆拓土之勇猛气概与精细作业之高超能力，一时无双。皇帝的"天可汗"称号，使唐成为周边各区域政权名义共主。这是一个大有为的豪迈时代，自张骞通西域以来，再次大规模稳定沟通西域，所谓"是时中国盛强，自安远门西尽唐境凡万二千里，闾阎相望，桑麻翳野"。在南方则形成了稳定通畅的广州通海夷道，大概是同时代世界上最远的航路。杜环、杨良瑶在中亚游历，促进了东西方海路沟通，大批波斯、大食商人来到广州，唐代和中亚、西方直接往来越来越密切，唐帝国是世界舞台上的优胜者。

大唐独有气质、巍然历史地位、空前辽阔疆域，共同形成了"盛唐气象"。"盛唐气象"也从最初描绘诗文格调的形容词，逐渐转变为唐代整个社会风范的代名词。"盛唐"逐步成为描绘唐朝基本面貌最常用词语，一个典范概括。唐朝各个方面，都呈现出进取有为和气质昂扬的面貌，无论是精神、文化还是生活上，都展现了独特时代风貌，其格局气势恢宏，境界深远，深深体现在盛唐精神、文化、生活等各个方面。

盛唐的精神

大唐精神体现在何处？首先是开放的心态，其次是大规模的制度建设。没有开放心态，就不会建成这些制度。唐朝有传统时代最开放的万丈雄心，不自卑，也不保守，更没有"文化本位主义"的抱残守缺。上层统治群体胡人血统很深，胡汉通婚情况很普遍，社会氛围基本不强调排外。唐高祖母独孤氏，太宗母窦氏、皇后长孙氏，这些都是鲜卑人。"胡客留长安久者，或四十余年"，来华的日本人很多在唐娶妻生子，大食国李彦、朝鲜半岛崔致远等，都考中进士，日本人阿倍仲麻吕进士及第后还当过官员。华夷观念上，没有鲜明对抗。唐朝人不自限天地，也不坐井观天。

在制度建设方面，唐朝延续了隋朝之初创，多方面建立了模板标杆，后代仿而行之，千年而未改，是盛唐精神最佳外在表现。在中央行政体制上，建立了完善的三省六部制，其体制健全，运行相对其他制度较为顺畅。结束了家国一体、门阀政治局面，以皇帝为核心，建立官僚政治制度，以严密官僚体系，分门别类推动行政运作，这个基本框架和运行模式历经改良在后世得到了长期沿用。在法律上，唐代创建了律令格式体系，形成了中华法系。特别是唐律，不仅仅在中国，在东亚历史上都有着重要地位，得到了长期沿用。在科举体制上，进一步完善科举模式，也得到了长期沿用。科举公平考试最受益者无疑是寒素出身者，推动并加快了社会阶层流动速度。在礼制这个社会等级秩序最鲜明标志物的建设上，唐代也有着最大贡献，形成了最早的国家礼典，在东亚文化体系当中影响巨大。

盛唐时期昂扬向上，走在各方面都开创事功的道路上，能出现贞观之治、开元盛世新局面，也就不足为奇。虽然安史之乱打破了原有局势，但是它并没有颠覆已经形成的大格局，所以唐朝仍能继续维系百年以上。

盛唐的文化

唐朝是文化的时代，各种艺术形式都让人有如臻化境之感。大唐是诗之国度，唐诗是诗之顶峰，唐诗至今仍是我们中国人日常最爱古典文化，谁不能脱口而出一两句唐诗呢！唐诗厚重与灵巧并重，对现实、人生总是充满着昂扬奋发的精气神，所体现出的时代精神是那么刚健、自豪！读李白诗，不由得让人有意气风发之感。读杜甫诗，不由得起家国之深思。才气纵横如李白，勤思苦练如杜甫，是唐诗当中最亮的双子星。读边塞诗，似亲行塞上，悲壮深沉。读田园诗，则宁静致远，平和悠适。即使安史之乱以后，大唐仍然有元稹、白居易、韩愈、柳宗元等诸多诗文大家。韩、柳更是开启古文运动，兴起一代文体新风。无论是诗还是文，大唐诗人都已长领风骚千年之久。即使到了白话文广泛通行的今日，唐诗、古文又有哪个华夏子孙不读之一二呢？

　　而绘画、书法、舞蹈与音乐、史学等都在中国历史上具有重要意义，是前此千年的总结，又是后此千年的开创。吴道子是唐代最有名的天才画家，"吴带当风"，被称颂为"气韵生动"，自成一派；而山水画也开始兴起，出现了文人画，两派画风都深深影响了宋朝人审美趣味，流风余韵至今日。书法在本质上已经脱离了记录符号，其实也是一种绘画，是绘画和文字本身含义的结合体。唐代书法大盛，书法理论自成一格。前期尊崇王羲之书法，盛唐之后形成了张旭草书新体，书风飘逸；又形成了颜真卿楷书，端庄正大，成为至今通行常用字体，其影响可谓远矣。舞蹈与音乐更是传统时代的顶峰，太宗时形成"十部乐"，广泛引入了域外曲调。盛唐时代，更是从玄宗到乐工，都精于音律，《秦王破阵乐》《霓裳羽衣曲》大名流传至今。唐代史学承前启后，《隋书·经籍志》确定了史部领先子、集的地位，一直沿用到《四库全书》。纪传体成为正史唯一体裁，也是在唐代得以确立，"二十四史"由唐朝修成有8部之多。设史馆，修实录，撰国史，成为持续千年的国家规定动作，影响之大，自不必言。

文化是盛唐精神的最佳展示，是大唐时代风貌的具象化展示，表达了全社会的心理和情绪。

盛唐的生活

盛唐时代经济富庶，生活安定，杜甫有一首脍炙人口之史诗可为证："忆昔开元全盛日，小邑犹藏万家室。稻米流脂粟米白，公私仓廪俱丰实。"这就是唐代经济社会繁盛的形象化表述。盛唐时代，"天下大稔，流散者咸归乡里，……东至于海，南及五岭，皆外户不闭，行旅不赍粮，取给于道路"，几乎是到当时为止农业经济条件下，所能取得的最高峰。南方特别是江南得到了广泛开发，开元、天宝之时，长江三角洲开发已经取得了显著成绩，工商业更加发达，经济水平在全国取得了领先性地位。

盛唐时代，也是宗教繁荣时代。高宗建大慈恩寺，请玄奘译经。武则天更是深度利用佛教，在全国广建大云寺，推动了佛教大发展。玄宗尊崇密宗，行灌顶仪式，成为佛弟子。除唐武宗灭佛之外，唐代其他皇帝基本是扶持利用佛教。在中国历史上，唐代是佛教全盛时代，整个社会笼罩在佛教影子之下。唐朝也崇信道教，高祖自称老子后裔，高度推崇道教，借道教提高李氏地位，建设了一大批道教宫观。太宗规定道士地位在僧人之前，高宗追封老子，睿宗两个女儿出家入道。玄宗对老子思想高度赞赏，尊《老子》为《道德真经》，并亲自为其注释，颁行全国。

在唐代社会生活中，婚姻、丧葬、教育、养老是最重要的内容。盛唐时代，婚姻仍然非常看重门第，观察对方家族的社会名望和地位，对等才能让子女结合，基本实行一夫一妻多妾制。丧礼是社会关系确认重要标志，唐代有厚葬之风。在丧葬仪式方面，朝廷出台了官方规定，形成了系统化、程序化仪式。教育在盛唐时代也被高度关注，中央设立六学二馆，地方上设置了郡学和县学，开元时期全国各州县普遍设学。唐朝强调以"孝"治国，唐玄宗亲自为《孝经》作注，提高了老人地位，对老人提供各种礼节性待遇。

盛唐时代，虽然围绕最高权力争夺不断，但是百姓生活尚称安乐。然而，"渔阳鼙鼓动地来，惊破霓裳羽衣曲"，大唐转折来得也很猛烈，安史之乱对盛唐造成了重大伤害。另外，在我们对大唐赞叹有加的同时，不得不说，唐代短板也很多，特别是原创思想开拓性不足，微有遗憾。在传统时代唐朝所具有的开放性足以为傲，但是对其相对的封闭性也要有明确认识，值得思考。唐朝社会精英可以对外开放，但是普通百姓必须遵守牢笼规则，遍布长安的高墙和里坊就是佐证。大唐女性，看起来可以袒胸露乳，气质昂扬，独立自主，但只是少部分贵族妇女。大部分普通女性，还是生活在枷锁之中，虽然还没有裹脚这种身体残害，但是被禁锢的附属品命运还是传统时代所常见。

总之，唐朝个性鲜明，"大一统"最终成为定局。在唐朝之前，只有汉朝在一个较长时期内落实了大一统。隋朝虽然恢复了大一统体制，但是流星般的命运让它没有时间稳固大一统。唐朝立国稳定，最终把大一统定局为中华政体的深层底蕴结构，从此，大一统有了稳定轨道和天然正义性，延续千年，成为中华民族社会心理的共同基本。

如此唐朝，谁又不爱，谁又不想了解呢？然而时代变迁，让每个人都从史籍读起，显然不可能。虽然坊间关于唐代的读物已有不少，其中品质高超者也为数甚多，但是在文史百花园当中，自当要百花齐放，因此即使关于唐朝的普及性读物已经汗牛充栋，我们还是要在这著述之海当中，继续增加一些新鲜气息，与读者共赏唐朝之美！我们曾表达过，孟浩然"人事有代谢，往来成古今"最能代表我们的心声。没有人，没有事，也就没有历史。见人，见事，方见历史。所以，我们愿意努力在更多维度上为读者提供思考和探寻唐代历史的基础，与已经完成的"宋朝往事"略有不同，在人和事两方面基础上，增加了典制内容。大唐三百年历程，人事繁杂，典制丰富。我们采中国传统史学模式当中的纪事本末、列传、典制体裁之意，并略有调整，选十事、五人、五专题进行定向描绘，各书文字流畅，线索清晰，分析准确精当，且可快速读完。希望读者能和我们一起从更多维度观察唐、了解唐、思考唐，回首"唐朝往事"。

公元 617 年，留守晋阳（今山西太原）的唐国公李渊起兵，拉开了大唐王朝序幕，攻势如破竹，一年不到就改换了天地。虽然正史当中塑造了一个平庸的李渊形象，但是实情是没有李渊的方略和能力，就不会建成大唐。玄武门之变，兄弟刀兵相见，血流成河；父子反目，无奈老皇退位。从玄武门之变到出现贞观之治，二十多年时光，选贤任能、开疆拓土、建章立制，李世民留给世界一段值得长期探讨、反复思考的"贞观"长歌。太宗才人武媚，与高宗李治一场姐弟恋，却开创了大唐一段新故事。武周霸业，建神都洛阳，成就武则天唯一女皇。神龙元年（705），李武势力默认，朝臣积极推动，"五王"主导政变成功，女皇被迫退位，重新成为李家儿媳。此后十年间，四次政变，四次皇位更迭，大唐核心圈就没有停止过刀光剑影，但是尚未伤到帝国根本。玄宗稳定了政局，"贞观之风，一朝复振"，再开新局，开放又自由，包容又豁达，恢宏壮丽的极盛大唐就体现在开元时代。

"开元盛世"四字，至今脍炙人口。

盛极而衰，自然之理。盛世接着就是天宝危机，酿成安史之乱。这场大变乱，改变了中国历史走向，时间长，范围广，破坏大，影响深。战乱过后，元气大伤。河朔藩镇只是名义上屈服，导致朝廷也只能屯兵防备。彼此呼应，武人势力极度膨胀，群雄争霸，朝廷无力。唐宪宗元和时代，重新形成了短暂振兴局面，这也是唯一一位能控制藩镇的皇帝，再次构建了由中央统领的政治秩序。元和中兴也成为继开元盛世后，大唐王朝最后一次短暂辉煌。宪宗身后，朝廷局势一天不如一天，穆宗、敬宗毫无能力，醉生梦死。文宗时代，具体操办政务运行的朝臣，以李德裕、牛僧孺各自为首的政治集团党争不断，势同水火，"去河北贼易，去朝中朋党难"。宦官权重，杀二帝，立七君，势力凌驾皇权之上。导致皇帝也难以忍受，文宗试图利用"甘露之变"诛杀宦官，但是皇帝亲自发动政变向身边人夺权功败垂成，朝臣一扫而光，大唐也就踏上了不归路。

大唐功勋卓著的名人辈出，自不能逐一详细介绍，只好有所选择。狄仁杰，我们心目中的"神探"，实是辅周复唐大功臣，两次为相，为君分忧，为民解难。特别是劝说武则天迎回李显，又提拔张柬之等复唐主力人物。生前得到同时代人赞誉，死后获得了后世敬仰。郭子仪在战乱中显露英雄本色，平安史，击仆固，退回纥，是力挽狂澜的武将代表。长期位极人臣，生活在权力核心地带，谨慎经营，屹立不倒，"完名高节，福禄永终"，可谓文武双全，政治智慧超群。上官婉儿是唐朝著名女性代表，有着出色的文字能力，是可以撰拟诏敕的"巾帼宰相"，还可以参与军国权谋，但命运多舛，未有善终。近年来墓志出土，形成了一波婉儿话题。韩愈，千古文宗第一人。谏迎佛骨，显示了韩愈风骨。一代文化巨人，"匹夫而为百世师，一言而为天下法"，努力振兴儒学，文起八代之衰，推动"古文"运动，千年之后，仍然能够感受到他的影响。陆羽，唐代文人的代表，撰写了世界上第一部茶叶专著——《茶经》，号为"茶圣"，影响千年，成为古今中外吟咏不已、怀念不止的人物。

大唐创业垂统，建章立制。三省六部，成为中国古代官僚行政的典范。三省六部是决策机构，九寺五监是执行机构。虽然三省屡经变迁，但是所确立的中枢体制模式，却是千年如一。六部分科管理行政，其行政原理至今还在运行。九寺五监，今日"参公""事业"单位名目仍可见其遗意。唐代法律完善，律令格式体系齐备，是中华古典法系的杰出代表，对东亚影响可谓广泛。大唐生活，千姿百态。衣食住行，是维系每个大唐人生存的基本，婚丧学老，是每个大唐人成长所必有的经历。八件大事，又都和等级制度挂钩，是观察唐朝日常的最佳窗口。古都长安，是东亚中心，也是当时"世界"之都，是经济中心，是文化交流中心，是思想和学术的高地。巍巍长安，是盛唐气象直接承载体，长安风华引领着世界风潮，展示着盛唐文明所达到的高度。吐鲁番地处丝绸之路要地，是中外文明交汇融通之处。多元人口组成，多元文化集结地，是大唐开拓西域的关键节点，具有重要的军政和战略地位。凡此种种，理当书之。

以上，就是"唐朝往事"的总体设计。我们希望以明晰的框架，建设具有整体感的书系。既有主线，又可分立；有清晰流畅语言，有足够的事实信息，也有核心脉络可以掌握。提供给读者既不烧脑又不低俗的"讲史"，以学术为基础，但是又不是满满脚注的学究文。专业学者用相对轻松的笔调来记录和阐释，提供一点不一样的阅读感受。这个目标能否实现还很难说，但是我们正在向此努力。我们21人以一年时光，共同打造的20部小书，请读者诸君阅后评判！

感谢鲍丹琼（陕西师范大学）、侯晓晨（新疆大学）、靳小龙（厦门大学）、李航（洛阳师范学院）、李瑞华（西北大学）、李效杰（鲁东大学）、李永（福建师范大学）、刘喆（北京师范大学）、罗亮（中山大学）、雒晓辉（中国社会科学院古代史研究所）、孟献志（首都经济贸易大学）、孙宁（山西师范大学）、王培峰（山东师范大学）、许超雄（上海师范大学）、原康（淮北师范大学）、张春兰（河北大学）、张明（陕西师范大学）、赵龙（上海师范大学）、赵耀文（重庆大学）、朱成实（上海电机学院）等学界友朋（按姓名拼音为序）接受邀请，给予大力支持，参加"唐朝往事"的撰写工作，更要感谢他们能在一年多的时间内不停忍受我的絮叨和催促，谢谢大家！感谢辽宁人民出版社蔡伟先生及其所带领的编辑团队，是他们的耐心细致，才使得本书以这样优美的状态呈现出来。

现在，亲爱的读者，请您展卷领略"唐朝往事"，与我们一起走进大唐，思考大唐！

耿元骊

2024年3月26日于唐之汴州

目录

引　子

唐贞元二十一年（805）八月庚子，长安宫城宣政殿。

众多大臣站在殿内，神情肃穆，虽不敢直视銮座上的皇帝，注意力却都已集中到皇帝身旁的宰相、中书侍郎袁滋身上。皇帝中风已有一年有余，一直难以言语，即位以来，会见群臣的次数屈指可数。这次召集大臣们入朝，只怕是有重要事情宣布。只见袁滋缓缓展开诏书，开始宣读旨意。他的声音轻柔典雅，诏书经过翰林学士们的草拟润色，自然也是合辙押韵。但群臣已无暇欣赏其中的非凡笔力，只因旨意的内容已在大家心中激起惊涛巨浪。

"宜令太子即皇帝位！"

虽然群臣心中已经隐约有所预感，但并未想到这天会如此快地来临。霎时间，众人都将目光集中在了已经跪伏于地的太子李淳身上。只有前排的宰相韦执谊，却看向了身旁已经脸如死灰的王叔文、王伾二人，心中只感慨这八个月的生活简直如同梦幻一般，只是如今圣上退位，太子登基，自己和这几个人的好日子也终于走到了尽头。思绪纷飞之间，眼前的大殿、御座、群臣都仿佛回到了八个月之前。

当时正是正月初一朝会之时，唐德宗端坐含元殿中接受群臣朝贺，却唯独不见太子李诵。原来李诵在去年九月时突然中风，德宗数次探视，也未能好转，此次朝会也不得不因病缺席。德宗念及于此，想到自己年事已高，继承人却难堪重任，不由得哭泣悲叹不已，在众人劝慰下，才勉强止住。元日庆典也在惨淡愁云中草草结束。

只是经此一事，唐德宗身体却彻底垮了下来，病情一日重过一日，甚至到了完全不能接见大臣的地步。国家君主与继承人都难以理事，群臣自然忧惧不堪。终于到了正月二十三日，太子李诵强行穿着紫衣麻鞋，出九仙门会见掌控禁军的诸位长官，以安定人心。二十四日，德宗驾崩，传遗诏令太子即位，是为顺宗。

唐顺宗身为德宗嫡长子，早在建中元年（780），也即德宗登基不久后就被立为太子，至此已有二十五年，已经是群臣心中众望所归。只是中风后，说话很不清楚，难以处理朝政。会见百官之时，也只能居于帷帐之中，依靠身边的宦官李忠言、美人牛昭容传达口谕。

如果仅是如此，局势也能勉强维持。可唐顺宗当了二十多年太子，素有贤名，心中也有中兴大唐改革弊政的志向，并不甘心就此沉沦颓废下去。于是他决定提拔当年的东宫旧臣，成为自己的亲信班底和执政倚仗。其中尤以王叔文、王伾二人最受重任。

王叔文，越州山阴（今浙江绍兴）人，因棋艺高超，受到德宗赏识，令他陪侍东宫。他曾多次向顺宗谏言，取得了太子信任，甚至到了东宫的大小事务都由他决定的地步。顺宗登基之后，便将其提拔为了翰林学士，王叔文拥有了草拟诏令的权力。王伾则是杭州人，长于书法，是顺宗的侍书待诏，也是其亲信，可以较为自由地出入宫禁之中。二王都不是正途出身，人望不足，于是又举荐与其关系密切的韦执谊为宰相，同时又拉拢了一大批颇具文名的青年才俊作为党羽，如柳宗元、刘禹锡等著名文士都在其中。

如此王叔文等人就形成了一个组织较为严密的团体。他们试图出台某项政策时，往往是由王叔文居中决策，将意见经由王伾传至顺宗身边的李忠言和牛昭容，得到顺宗同意后，再将口谕发还给身居翰林院的王叔文，由其负责草拟诏令。诏令撰写完毕后，交由宰相韦执谊付外施行，柳宗元、刘禹锡等人则唱和相应，鼓动声势，控制住官场舆论。如此分工明确的互相协作，确实使其在短期内便迅速掌控住了朝政，一些政策改革在此时便相继出台。

如唐德宗末年，曾施行过宫市采买制度，即皇宫中有所需要的物品，由宦官负责直接到长安市场上进行采购。但这些宦官仗着自己是为皇家宫廷办事，气焰嚣张，并不公平买卖。往往价值几千钱的货物，就只付给商家几百钱便强行买走，也声称是为了皇室用度而强买强卖。甚至有时还向商户们收取门户钱，也即市场入场费。曾有百姓将砍来的柴草送入宫市进行买卖，却被宦官们强行以几尺白绫买走，还将他运柴的驴也没收，充作门户钱。这种政策盘剥民众，名义上是为了节省皇宫用度，但实际上大部分勒索来的钱财都落入了执行的宦官手中。

如此行径，当然引起了许多人的不满。所以早在顺宗还是太子之时，就有意上疏，请求停止宫市采买，却被王叔文所劝阻。他认为这是收买人心之举，容易引起德宗的猜忌，不是太子所当做的行为。而在顺宗登基之后，便再也没有了顾虑，于是立刻下诏禁止宦官仗着皇帝名义进行采买。

又如长安城中有所谓的"五坊小儿"，主要负责采买豢养鹰、鹘、雕、鹞、狗等飞禽走兽以供皇帝打猎之用。他们有时将捕鸟的猎网设置在坊中的水井之上，百姓想要打水，他们就声称吓走了要捕捉的鸟雀，需要百姓赔偿。有时去酒店吃饭，也不付钱，店主上前讨要，还要被痛打一顿。之后还留下一袋蛇，称是用来捕鸟所用，要求店主好好供养。店主为了避免毒蛇破坏生意，只得赔钱贿赂，请求五坊小儿们将蛇带走。如此种种恶劣行径，也在顺宗上台后被下令禁止。

王叔文等人得势后，罢黜弊政，确实赢得了一些民心声望，加之还有柳宗元等人唱和鼓吹，声势也越发壮大。只是他们这群人毕竟在官场上资历较浅，骤然拔居高位，失去了谦虚谨慎的态度，甚至在派系内将成员互相吹捧为伊尹、周公、管仲、诸葛亮。

这种轻浮的做派自然引得了许多持重老臣的反感。而宫市采买使、五坊小儿等人的背后，由神策军将领撑腰。王叔文等人的改革政策，其实是断了他们的一条财路。

这时志得意满的王叔文等人还未意识到自己正在走向那些人的对立面，不但没有收敛，反而越发急切揽夺权力。

首先是操控国家的财权大权。王叔文认为如果掌握住了该项权力，就能收买群臣，拉拢军士。于是自己出任度支盐铁副使，兼任翰林学士，又怕名望不足，便任命素有会计之名的老臣杜佑担任度支盐铁使。当时杜佑已经70岁了，还是宰相，并无太多精力来真正管理财政庶务。故而王叔文只是希望借助他的名头，而实际的财权还是掌握在自己手中。

其次安排党羽。如刘禹锡即被任命为屯田员外郎、判度支盐铁案，协助王叔文管理财政。柳宗元被任命为礼部员外郎，韩晔为司封郎中。房启从万年县县令被任命为容管经略使，甚至王叔文还与之约定，马上还要改授为荆南节度使或湖南观察使。陆质成为太子侍读，试图影响下一任皇帝。

最后，王叔文还试图控制禁军，掌握武装力量。当时的禁军被称为神策军，本由西北边防军改编而来，掌控在宦官手中。神策军大约有 15 万人，但只有部分驻守在长安城内，更多的则是驻防在长安周围的各军镇之中。王叔文任命老将范希朝为京西诸城镇行营兵马节度使，但和杜佑的度支盐铁使一样，只是借助其名号而已。与此同时，任命自己的亲信韩泰为行军司马，实际上处理军务，试图以此方式控制京城西部的神策军。

王叔文、王伾等人掌握大权后，日益骄横，破坏了许多旧时规矩。如唐代按照惯例，早上诸位宰相在中书省处理政务，中午会在一起聚餐，下午再回各自公署办公。午餐时，是无人敢来打扰的。可有一日，诸位宰相正在吃饭，王叔文却硬要找韦执谊谈事，即使小吏将规矩告知，王叔文也毫不顾忌。韦执谊没有办法，只得抛开其他人，出门相见商谈。众宰相放下筷子，等着韦执谊回来，可过了许久，只听得小吏回报："韦宰相已经和王叔文一起在阁中吃过饭了。"当时宰相郑珣瑜便大怒，觉得韦执谊毫无大臣之体，自己再也无法与之共事，于是回去就上表请辞。另一位宰相贾耽也趁机上疏称自己体弱多病，请辞相位。

两位宰相的罢相看似是王叔文权力无人可挡的表现，其实也说明了旧臣对该团体的厌恶到达了顶点。不少人都开始明确表达自己的不满。如王叔文一党中许多人都曾担任御史，但御史中丞武元衡却根本看不起这群人。德宗驾崩之后，武元衡为山陵仪仗使，负责送葬工作，刘禹锡请求当他的判官，也即副手，被武元衡断然拒绝。王叔文想要拉拢武元衡支持自己，也未能成功，只能将其贬为左庶子，远离能左右舆论攻讦政敌的御史台。

王叔文等人也曾想过请回一些旧臣来收买人心，曾下令将德宗朝几位被贬而久不得归的大臣召回。其中有的是当年的名相，如陆贽、郑余庆等，其余大臣韩皋、阳城等也颇具人望。但此时陆贽、阳城已经去世，未能起到作用。韩皋甚至与之发生了冲突。原来韩皋的祖父是玄宗朝的名相韩休，父亲则是德宗朝宰相韩滉，家世显赫。他本人也是早有令誉，被众人公认为有大臣之体，是宰相之才，可谓是韩家第三代的头面人物。在德宗朝也做过知制诰、中书舍人、尚书右丞、兵部侍郎、京兆尹等职，离宰相也仅一步之遥，后虽被贬出京，也是担任杭州刺史这样的美职。所以其为人是相当骄傲的。

王叔文团体中也有一位韩氏成员——韩晔。他的祖父也是韩休，父亲则是韩洄，也即是说韩晔与韩皋是堂兄弟。只是韩洄功业不如韩滉之盛，终身也未曾入相，而韩晔在顺宗朝之前更是官运平平，较之韩皋相去甚远。得势之后，却试图将韩氏家族中葬在四方的灵柩重新迁回长安安葬，实质上是为了获得家族中的领导权。这自然也是为心高气傲的韩皋所不能容忍的。于是当韩晔作为王叔文一党的说客时，韩皋断然回答："我不能侍奉新贵人。"这里的"新贵人"既指的是朝堂上的王叔文，也是指的家族中的韩晔。韩皋这种傲慢的态度令韩晔十分气愤，他将这些话转告给了王叔文，最终韩皋又被任命为鄂岳观察使，调离了中枢。

像韩皋这样，亲族中有人属于王叔文一党，却依旧与之决裂的例子并非仅见。如韦执谊的岳父杜黄裳，在德宗朝受到打压，十年都没有升迁，韦执谊得势后立马晋位太常卿，随即又为门下侍郎，待之不可谓不厚。但杜黄裳还是上书请求由太子监国，也即将权力归于太子。这自然是大大不利于王叔文等人的。于是韦执谊便劝他称："刚刚给了您一个大官，您何必掺和宫中的事务呢？"杜黄裳勃然色变，说："我受三朝皇帝大恩，你以为用一个官就能收买我吗？"继而翁婿二人不欢而散。

相较于旧臣们只是以不合作的方式表达自己的态度，宦官们的反击要激烈得多。上文提过，王叔文上台伊始，就依靠禁止宫市、五坊小儿等来收揽民心，大大损害了宦官们的利益。任命范希朝、韩泰为京西行营兵马使、司马，更是触及了宦官们的核心权力，为其所不能容忍。命令下达之后，京西神策军将领中立刻就有人向神策军中尉杨志廉汇报这一情况。杨志廉收到消息后大惊失色，忙道："王叔文这是要置我们于死地！"随即命令各将领千万不能交出兵权，诸将也依命行事，范希朝、韩泰等也无可奈何。

宦官们经此一事后清楚不能再让王叔文肆无忌惮地弄权结党，必须加以限制。王叔文的权力源自其翰林学士的身份，可以负责草拟诏令。而负责管理学士们的学士院使恰好由宦官充任。因此，宦官首领俱文珍轻易地去掉了王叔文翰林学士的职位。王叔文得知消息后大呼："我还需要经常进入宫廷中办公，没有这个头衔，还怎么进来呢？"甚至还发动了王伾进行劝说顺宗，最终才同意他三五天才能进入宫中一次。如此一来，王叔文不仅失去了草诏的权力，就连与皇帝见面的机会也大为缩减，权势大不如前。

屋漏偏逢连夜雨，就在此时王叔文的母亲突然去世。按照唐代制度规定，王叔文需要马上回家为母亲服丧丁忧。但王叔文深知，一旦脱离中枢，迎接他的绝对没有好下场。于是他又拜托王伾去联系杜佑以及部分宦官，希望朝廷能特施恩典，重新起用他，最好能去统领禁军。如果做不到，去当威远军使也可以，不过需要加上宰相头衔。威远军是禁军的一支，但不由宦官统领，而是隶属于鸿胪寺。王叔文如此请求，也是想避开宦官的势力范围。只是此时宦官哪里还肯放过他们，将军权拱手相让更是痴心妄想。王伾见事无望，只得大喊一声："我中风了"，在家装病，试图躲过一劫。

只是此时大臣、宦官们早已联合起来，希望彻底铲除二王一党。但他们颇受顺宗信赖，终究难以下手。于是众人将目光投向了顺宗的嫡长子李淳身上，计划干脆改朝换代，由他执政，大家也有了拥立之功。

其实李淳作为德宗的长孙，从小就颇受疼爱。在其年幼之时，德宗曾将他抱在膝盖上，开玩笑地问道："你是谁啊，为什么在我怀里？"李淳竟然回答："我是第三天子。"德宗不仅没有生气，反而对其更加怜爱，没过多久就加封其为广陵王。德宗驾崩之后，由于顺宗中风难以理事，就曾有人对皇位由谁继承提出过异议，当时负责撰写遗诏的翰林学士卫次公、郑絪便说道："太子（顺宗）身为嫡长子，理应继承皇位。即使实在没办法，也应该由广陵王继承。否则，天下必将大乱。"可见在当时，就已有人提出过由李淳继承皇位的建议。

　　就在此年三月，顺宗病情依旧没有起色，引发了群臣的忧惧。宦官俱文珍、刘光琦、薛盈珍带领着翰林学士郑绚、卫次公、李程、王涯进入金銮殿，请求顺宗立李淳为太子。当时侍奉在旁的牛昭容并不愿就此交出权力，百般阻扰。但郑绚也不再请愿，直接在纸上写下"立嫡以长"四字交给顺宗，顺宗只得点头赞同。于是，李淳就正式被册立为太子，并改名李纯。几天后，册立大典正式举行，群臣见到太子风度翩翩举止得体，都激动万分，互相道贺，觉得大唐中兴有望。唯独王叔文满脸忧色，只是反复吟诵杜甫赞颂诸葛亮的名句："出师未捷身先死，长使英雄泪满襟。"对自己的未来已经有所预料。

　　王叔文一党也曾尝试过与太子建立起良好关系，如任命成员陆质为太子侍读，试图为其党开脱解释。但陆质刚一开口，太子便大怒道："圣上只是让先生您来为我讲解经书大意，其他的事就不要再说了。"陆质吓得再也不敢出声，不久后就忧惧而死。

　　李纯当上太子后不久，杜黄裳便上表请求由太子监国，也即代理国政。虽然被韦执谊、王叔文等拒绝，但随后各地藩镇如剑南西川节度使韦皋、荆南节度使裴均、河东节度使严绶等纷纷向中央上表请求由太子监国。其中又以韦皋的言辞最为激烈，在他写给太子的信中，直接对王叔文等人破口大骂，称他们结党营私，紊乱朝政，并图谋加害太子，而自己则会坚决向太子效忠。

其实韦皋的上表并不完全是出自对唐朝统治的担忧，而是还怀有自己的私心。韦皋担任西川节度使已经有二十余年，控制着今天成都、乐山、西昌、宜宾一带的地区。但他仍心有不甘，希望将管辖范围扩充至山南西道、剑南东川等地，也即今天的汉中、南充、重庆、泸州一带。于是便派自己的副官刘辟到长安请求三川旄节，但这种无理要求遭到了王叔文的断然拒绝。刘辟言辞不逊，惹恼了王叔文，一度要被处以死刑，多亏韦执谊劝解才逃脱一劫。刘辟逃回成都后，便鼓动韦皋上书，希望彻底扳倒王叔文一党。

当时唐王朝经历安史之乱和泾原兵变后，天下许多藩镇都不听从朝廷号令，成为割据的状态。西川、荆南、河东等还算是对朝廷相对恭顺的藩镇，故而韦皋等人的分量很重，必须予以认真考虑。加之当时太子李纯已是众望所归，于是在贞元二十一年七月，下诏由太子全权处理国家政务。与此同时，还任命了拥护太子的杜黄裳、袁滋担任宰相。

没过几天，到了八月，就出现了文章开头的一幕，顺宗下诏退位，太子李纯正式登基，成为大唐帝国的第十一位皇帝，是为唐宪宗，并改元永贞。宪宗上台后的第二天，就下诏贬王叔文为渝州司户、王伾为开州司马。不久后王伾病死，王叔文也在次年被宪宗赐死。九月时，宪宗开始着手处理二王余党，将柳宗元、刘禹锡等人也进行贬谪。一开始还只是将他们任命为诸州刺史。唐代刺史在三四品左右，虽然远离中央，但职级并不算低。故而大臣们都觉得处罚太轻，最终改为六品的司马，且也都在偏远之地任职。具体处置为：韩泰被贬为虔州司马，陈谏被贬为台州司马，柳宗元被贬为永州司马，刘禹锡被贬为朗州司马，韩晔被贬为饶州司马，凌准被贬为连州司马，程异被贬为郴州司马。

宰相韦执谊也在此时失势，虽然逃过了第一次清算，但在第二次议罪时，仍旧被贬为崖州司马。据说韦执谊一开始就怕人提起岭南的州郡，认为很不吉利。他做吏部侍郎时，有次参观职方司的天下州郡地图，每当展开岭南地区地图时，他便闭上眼睛不看，催促人赶快拿走。当了宰相之后，有次看到尚书省北边的墙上挂着一幅地图，立马掉头就走，不肯入省办公。七八天后勉强走近一看，竟然是崖州的地图。崖州即今天的海南岛，在唐代还是偏僻蛮荒之地。韦执谊一看之下，心中十分厌恶，但又不好意思说出口，后来果然被贬为崖州司马，在任上郁郁而终，再也没有返回京城。

王叔文、王伾，加上韦执谊、柳宗元、刘禹锡等人结成的团体，从拥立顺宗执政到宪宗上台后的被贬，历时七月有余，史称"二王八司马"事件。执政之初，也确实纠正了一些德宗末年的弊政，收拢了一定的人心。如果能稳扎稳打，谦虚谨慎，协调好各方面的利益，未必不能将局面维持下去。

而二王八司马之所以失败，其原因则是多方面的。第一，他们根基浅薄，特别是首领王叔文、王伾，起家于围棋、书法之能，这在当时都被认为是"末技"，而非入仕之正途，受到大臣们的鄙夷。所以二王在权势最盛之时，也未能成为宰相，不能名正言顺地处理国政。

第二，王叔文一党的权力基础非常脆弱。曾有学者依据王党上台后罢宫市及五坊小儿等措施，判断他们旨在打击宦官势力，将两派势力彻底对立起来。其实这种论断有所偏颇：王叔文其实也在利用勾结顺宗身边的宦官李忠言，失势后也曾宴请俱文珍等人，向其求饶。可见他们并非不想和宦官集团合作，只是双方没有答应而已。

　　王党的成立以及迅速掌权，是建立在其为顺宗东宫旧党，而顺宗又不能正常理政的基础上的。顺宗重病，才使得他们有机会执掌国政，但顺宗重病，又令人不能相信他们这个集团能够长期存在。这种矛盾就削弱了其权力基础。王党控制朝局的核心要义是掌握了从顺宗侍从到翰林院到宰相再到外朝这样一条发令、草诏、执行、鼓吹的行政链条。而这个链条同样是脆弱的，俱文珍轻而易举地就剥夺了王叔文翰林学士的头衔，不能再随意进入宫中接触顺宗。同时，即使王叔文等人的诏令发出去了，下面却也未必执行。如神策军将就不听从王叔文任命的范希朝、韩泰等人命令，反而是继续接受神策中尉杨志廉的指挥。这都使得王党面对政敌的反击之时，毫无还手之力。

　　第三，王党成员中的人都自视甚高，行事往往不注意旁人感受。如刘禹锡、柳宗元等人，为一代文宗，年少得志，便恣意放达，恃才傲物，常常语含讥诮，非议时政。如刘禹锡在被贬为朗州司马后，直到宪宗元和十年（815）才重新被调入中央。可他仍未收敛脾气，回京后写下了著名的《元和十年自朗州至京戏赠看花诸君子》，内有"玄都观里桃千树，尽是刘郎去后栽"之句。那意思很明显，就是在说如今朝中的大臣，不过都是我刘禹锡贬官后才上来的晚辈罢了。这首诗触怒了当时的宰相，刘禹锡又立刻被贬出京城，出任连州刺史，如此他又在外蹉跎了十数年。只是刘禹锡的脾气依旧未改，在文宗大和二年（828）时又被调回京城，又写了一首《再游玄都观》，诗云："种桃道士归何处，前度刘郎今又来。"意思是之前把我贬出去的执政者现在都去哪儿了呢？现在我刘禹锡又回来了。宰相们看到后当然不会高兴，本来要让刘禹锡担任知制诰一职，后来便只让他担任礼部郎中、集贤殿学士，失去了草诏的权力。王叔文一党中多是刘禹锡这种性格的人物，自然得罪了不少人。前文提到的杜黄裳、韩皋等人受了王党恩惠，却依旧不愿与之合作，即与此有关。

第四，二王等人自己就持身不正，接受了朝臣、藩镇的许多贿赂。尤其是王伾，特别财迷，他家门口停满了四方行贿的马车。他甚至在家中做了一个无门的大柜子，只开了一个孔，只能往里放财物而取不出来，好像是一个大号的存钱罐。晚上还要和妻子睡在上面，生怕有人偷盗。这种行径自然难以服众，他本人也被人视为猥琐小人。

最后，王党内部也逐渐开始分裂。尤其是王叔文与韦执谊的矛盾越来越深。韦执谊出身于京兆韦氏，号称"城南韦杜，去天尺五"，是当时的世家大族。而其本人考取进士，又为翰林学士，正是唐代官员最正统的入仕途径。可以说本身和王叔文便不是一路人。而且他性格较为软弱谨慎，经常要考虑到朝廷舆论，顾忌很多，所以常常要故意和王叔文唱反调。如侍御史窦群曾弹劾刘禹锡是奸臣，应该逐出京城。王叔文等人都很生气，想要将窦群贬官，但韦执谊认为窦群此人脾气硬、名声大，还是不要惹他，最后此事不了了之。又如当时宣歙巡官羊士谔到长安公干，也公开表达对王叔文的不满，王叔文一怒之下，甚至决定杖杀羊士谔，又被韦执谊所制止。事后韦执谊还专门写信向王叔文道歉，说："不是要辜负和你的约定，只是为了委婉曲折帮你忙罢了。"但王叔文并不接受，反而扬言以后一定要杀掉韦执谊和不听他话的人。这种行为更加引发了众人的猜疑，觉得不彻底铲除王叔文，大家都不得安生。

顺宗一朝动荡的政局仿佛只是德、宪二朝中间的插曲，王叔文等人的旋兴旋灭也好似大梦一场。但宦官、学士、宰相、藩镇之间的不见硝烟、互相纠葛的权力斗争，给年轻的宪宗留下了深刻的印象。只是他未曾想到的是，这种党争将会伴随他的一生，乃至他的子孙，历经六朝40余年。

第一章

元和中兴下的隐忧

一、元和制举案风波

　　唐宪宗上台之后，励精图治，勤于政务，大唐颇有一番复兴的气象。在扫除二王八司马的残党之后，宪宗又起用了不少颇具名望的老臣出任宰相，以加强中枢的声望。如杜黄裳，虽是王党核心韦执谊的岳父，却对宪宗忠心耿耿，坚决拥立宪宗监国即位，故而被提拔为宰相。又如郑余庆，在代宗大历年间中了进士，在德宗贞元初年就已是翰林学士，贞元十四年（798）拜为中书侍郎、同平章事，也即是宰相之职。不过之后因为小过被贬为郴州司马，长期未能回到京师之中。现在宪宗将其重新起用为宰相，还是希望借助他的声威来稳定刚刚动荡过的朝局。

宪宗在任用老臣的同时，也非常注意提拔一些青年俊彦，为朝堂注入新鲜血液。其中最为著名者，就是两位唐代大诗人元稹与白居易。这两人都天资聪颖，自幼便有文名，科举之路也较为顺利。元稹在 15 岁时（贞元九年，793）明经擢第，白居易则在贞元十四年（798）进士登科。两人又同时得中了宪宗元和元年（806）举办的制举"才识兼茂、明于体用"科，其后被授予左、右拾遗的官职。拾遗的官位并不高，只有从八品上，但却是皇帝的"侍从之官"，经常陪侍在皇帝左右，可以为皇帝提出自己的建议，是十分清贵的官职。宪宗以这两位年轻人为此职，应该也是希望听到一些有别于浸淫官场多年的老官僚的声音。

果然元稹没有辜负宪宗的期待，上任后立刻提出了自己的意见。他在奏疏中称：太宗皇帝就是以王珪、魏徵等人为谏官，朝夕不离左右。每次和高级官员们商讨国家大政时，也要谏官列席，提出自己的意见，这才有了贞观之治。但德宗朝时，罢免了谏官们在朝堂上奏事的权利，只有在诏书不妥时才能上书讨论，平时便成了摆设。但诏书既然已经下达，又哪里是谏官的一纸奏疏能够轻易改变的呢？所以还是希望宪宗皇帝能在延英殿经常召见谏官，听取他们的意见，使得下情上达，君子能够奉献自己的才智，小人也不会去做奸邪的事情，朝政自然就能走向正轨。在奏疏的最后，元稹还就国事提出了十条建议，仍有多条涉及求谏纳谏、扩大言路的问题。

宪宗收到元稹的奏疏后，非常重视，之后也经常召见元稹讨论相关问题，采纳了他的许多建议。同时，在制度上恢复了德宗以前的正牙奏事制度，允许谏官当面提出自己的意见。故而在当时朝堂上形成了自贞观、开元以来的良好政治空气，出现了如元稹、李绛、裴度、白居易等一大批敢于进谏的大臣。

宪宗见到元稹的提案取得了如此好的效果，便希望再举行一次制举，以筛选出一些和元稹、白居易一样的优秀青年人才。这里需要对制举这项制度略作一番解释。制举又称制科，和我们较为熟知的进士科有些类似，但也有不少区别。如其不同于每年举行一次的进士科，制举的时间并不固定，而是皇帝根据需求下诏举行。考试的科目也有很多，诸如"博学鸿词科""文艺优长科""直言极谏科"等。名目虽然有异，但大体上都是依据试题所问撰写一篇策论，再依据策论内容、文采等来进行评定优劣。而试题则往往是以皇帝的口吻来向考生们咨询意见，所以有的考生便在其中直抒胸臆，提出自己治国理政之看法。

制举与进士科的另一大不同在于考中之后。进士科登第之后，并不能直接做官，还要去吏部参加吏部试，考过之后才能做官。如韩愈考中进士后，三试吏部不成，蹉跎了十年。而且即使授官，职位高低优劣还要看当时各衙门缺员情况而定。但考中制举后，便可直接授予官职，而且往往是授予的清望官一类的美职，以后的升迁速度也要更优于普通的进士出身。

正因制举有着以上的种种优待，故而吸引了许多已经中第的进士以及一些已经当过小官的士人参加。这也使得制举的竞争变得更为激烈，甚至将许多场外因素、幕后的高官也都牵扯其中。而元和三年的制举案，就是这样一个多方势力角力博弈的典型。

上文提到，宪宗见元和元年制举选拔出的元稹才干不俗，便想在元和三年（808）再次举办制举来选拔人才。而相较于此前的"才识兼茂、明于体用"科，也即主要寻求治国方略的考题，此次则更为激进，科目变为了"贤良方正、能直言极谏"科。两者虽然都是求谏，但不难看出后者更加强调指出朝廷大政的疏失之处。而且在考题中明确提到了"宪宗自己已经非常努力地追寻治国理政的方略，但效用甚微"，也揭露了当时严峻的社会问题："如今土地大部分都是豪强地主所拥有，但无地的流民却仍然是朝廷的编户齐民，需要承担赋税。这种不公平的现象又当如何解决呢？"应当说，宪宗对于当时国家存在的问题有着清醒的认识，也是衷心希望能在青年士子中找到答案。

宪宗这种虚心的态度以及当时朝廷上弥漫的直谏风气确实影响到了考生，使得他们摆脱了许多顾虑，直接在答卷上写下了他们的政治理念。其中不乏优秀而激进者，而尤以牛僧孺、李宗闵、皇甫湜三人为最。由于此三人是日后党争一派之核心人物，故还需在这里对他们做一简单介绍。

牛僧孺，字思黯，安定鹑觚人，为隋代名相牛弘之后，生于唐代宗大历十四年（779）。祖父牛绍，据传曾在交州广州一带当过官，但秩满回家途中，经过郴州一带，为山贼所杀。父亲牛幼简，曾任华州郑县尉，也在牛僧孺七岁时去世。而牛僧孺只得跟随母亲周氏投靠居住在江西永新的外公一家。

童年的不幸没有阻碍牛僧孺对读书的向往。在其 15 岁之时，他回到了长安附近的樊川祖宅，那里有藏书上千卷，可以供之研读。牛僧孺自幼聪颖，又勤奋刻苦，读书不舍昼夜，四五年间，文章见识便已非同寻常。而且他和当时的一些名士重臣交往颇多，如韩愈、皇甫湜、于頔、柳宗元、刘禹锡等都颇有交情。特别是韩愈，当时已是一代文宗，号为"龙门"，却还和弟子皇甫湜一起主动去拜访牛僧孺。当时牛僧孺外出不在，韩愈竟在门上直书"韩愈、皇甫湜同访几官先辈，不遇"，将牛僧孺称为"先辈"，甚至还称牛僧孺的文章"不仅是当时第一，还能名垂青史"。在韩愈这样不遗余力的鼓吹之下，牛僧孺一时间名动长安，文士达官们纷纷拜谒结交。

牛僧孺名气如此之大，对其科举之路是大有助益的。原来唐代科举与后世不大相同，虽然在武后时期创立了糊名制度，但并未普遍行用，考官们还是可以直接从试卷上看到考生姓名。如此一来，考生名气就成为影响是否中举的一大重要因素。牛僧孺已有文名传世，自身文章又确实精彩绝伦，于是在他26岁时，也即贞元二十一年（805）得中进士。之后便又参加了元和三年（808）制举，又以第一中举。

再看李宗闵。史籍中对他早年经历记载较少，只知他字损之，生于德宗建中四年（783），是唐朝宗室郑王李元懿之后，祖父李自仙，曾任楚州别驾，父亲李翱，曾任宗正卿、华州刺史等职，都属于中上层官僚。李宗闵同样在贞元二十一年（805）中进士，时年仅22岁，中举后被任命为华州参军。华州隶属于京兆府，是长安的门户，等级上属于仅次于三都的辅州，还是其父曾任职的故地。可见华州参军这个官职虽然品级不算太高（从七品下），但对于刚刚步入官场的李宗闵而言，已经是个美差。但他仍不满足，还是参加了制举，试图更进一步。

最后是皇甫湜，郡望为安定郡皇甫氏，但实际上是睦州新安人（今浙江淳安），早年还曾寓居扬州。史籍上没有记载其父祖名讳、官位，但其母亲为太原王氏，兄长王涯后来还官至宰相，属于高门子弟。能与这样的名门望族结亲，可见皇甫湜家中应该还是有些地位，并非一般的平民家族。皇甫湜生于德宗贞元三年（787），16岁时便参加科举，可惜并未中第，之后又连续尝试了两三次，才终于在宪宗元和元年（806）考中进士。上文提到他曾和韩愈一起去拜访牛僧孺，并称其为"先辈"，果然一语成谶，较之牛僧孺，他晚一年才进士及第，成了后辈。但实际上，他此时才20岁，得中进士已是少年得意了。

　　就在次年，皇甫湜还参与了一件涉及科举的公案之中。原来他和韩愈都与李贺相善，并劝李贺参加进士科考试。但这引起了一些与李贺争夺名声的士人不满，他们声称李贺的父亲名晋肃，晋与进士的进同音，李贺需要避讳，因此不能去参加科举。皇甫湜对这种说法大为愤慨，对韩愈说："您不写文章辨明其中的道理，您和李贺就都成罪人了。"于是韩愈写下了著名的《辨讳》一文，其中称：古人只要不是两个字连在一起使用，就无需避讳，而且也不避讳同音字。如果李贺的父亲叫晋肃，他就做不了进士的话，那如果名中有"仁"字，岂不是连人都做不了了？现在的人，不在德行上向周公、孔子看齐，却在避讳这种事情上比周公、孔子还严苛，这实在是令人困惑啊！这篇文章很清楚地点出了好事者的谬误，打消了李贺参加科举的疑虑障碍。

　　之所以花费笔墨讲述此故事，不仅是为了反映皇甫湜急公好义、提携后进的性格，更旨在说明唐代科举与考生利益息息相关，一举一动都有可能成为竞争者攻击的把柄，从而被背后的政治势力所利用，沦为党争的工具。李贺事件还仅局限于他个人的进退荣辱，而元和三年的制举案影响之深远，说是改变了大唐国运之走向也不为过。其矛盾集中点，还是在于牛僧孺与皇甫湜等人的策问上。

这里要补充交代一句。以往学界讨论到此次制举时，认为保留下来的策问只有皇甫湜的文章。但近年来，有学者在《四库全书》发现了宋代佚名之人所编的《增注唐策》一书。

牛僧孺在文中首先肯定了宪宗平定川中叛乱的功绩，可马上话锋一转，指出许多帝王都是由于自己的功业过人而骄纵不已，从而致使天下大乱，以此来劝诫宪宗要戒骄戒躁、勤修德政。

之后文章从三个方面论述了为政之本：

一是君主需要自身做好表率。三代时的君主都不兴建宫室，饮食也很简单，所以天下人即使居住、饮食条件很差，但他们也可以忍受。但三代以后的君主则不同，自己住着华丽的宫殿，还要嫌弃苑囿不够广阔、供游玩的马匹猎犬不够多，却要求天下人朴素节俭。这如何让天下人信服呢？这也是现在风气越来越浮华奢侈的原因了。

二是君主需要广泛地吸纳人才而不专任某人，这样才能近忠臣而远奸佞。三代之前的君主从打仗到日常政务到休憩游玩，都有许多大臣陪侍，不专门宠信某一个人。而三代之后则不同，皇帝整日只见到周围亲近的几个人，而宰辅、公卿、谏官、侍臣如果没有得到皇帝信任，往往很久也不能得见一面。这样下去如果有小人，也发现不了而不能疏远，有良才也不会亲近。这也就是现在小人多、忠臣少的原因了。

三是用人要强调道德。三代时的君主，如果官员讲究廉耻，就必然会得到晋用，所以不义之人才有所畏惧；遇到违背道义的行为，必然加以禁止，所以犯禁者少。但三代以后则不同，任命重臣，并非因其功劳；对于百官政务，也未能人尽其才；不少善于奇技淫巧的工匠之徒都越过了士绅来当官；许多进谏的大臣也因直言而遭到罢黜。这也就是大家都不再崇尚廉耻而纷纷走上幸进之路的原因了。

所以希望圣上能效法三代贤王之举，而不要走上后世皇帝的邪路。

在阐述了这些大方面的基本原则之后，牛僧孺又针对策问中宪宗提出的几个问题做了回应。

如题目中问："近年来也推行了不少惠民的政策，为什么却没有什么效果呢？"牛僧孺则指出，这是由于法令未能得到贯彻，诏令未能得到百姓信任的原因。所以惠民不在于推行的政策多，而在于能切实推行。如可以先实行蠲免赋税差役的政策，使百姓免于饥寒，慢慢富裕。再实行兴办学校的政策，劝导百姓读书。然后再从中选拔贤才，最后实现移风易俗教化天下。这些政策每执行一条，就在百姓心中建立起一份信任，就更容易再推进下一条，久而久之，何愁目的不能达成呢？

又如题目中问道："现在土地兼并情况严重。大多数土地都被豪强所占据，许多编户都成为无所依靠的流民。但富户的土地也是正常交易而来，不能直接强夺回来交给贫民；但这样因循下去，也是损害了大多数人的利益而使少数人得益，朝廷又该如何处置呢？"牛僧孺认为这种弊端的产生是由于户口不明而百姓四处迁徙所导致的。现在需要让天下的里正市吏去统计人口，依据人口现在所在，编入户籍之中，对于依旧游手好闲者需要以盗贼论处。与此同时，颁布限田之令，使达官贵人豪商大贾不能吞并田产。如此土地问题自然就能得以解决。

制策中又问道："如今选取人才，都以文采为轻重，提拔官员，都以资历为准绳，这当然是有些问题的。但如果不用这种方法，又难以知道士人的才干，也破坏了以往的成例。应当如何解决呢？"牛僧孺认为关键还是在于选用官员，重在观察其行为，考核其实绩，单纯以文采、资历而论，确实有所偏颇。所以在任命官员时，要将其行为功绩公之于众，令群臣加以监督公议，便能达到公平公正的效果。与此同时，还应当在文学之外，增加德行与吏治二科，专门用于晋升此种类型的官僚并加以赏罚，自然能解决人才选拔的问题。

最后制策中问了一个令今人看来较为虚幻的问题："如何能使天地之气有序，出现祥瑞。又如何能令百姓长寿仁德？"牛僧孺对此也有自己的见解，他认为天时是否顺遂，是否有祥瑞出现，取决于皇帝是否勤修德政。例如一个普通妇女的冤屈，就能使地方大旱三年。现在公主出嫁时，一些臣子不懂得节俭的道理，大肆铺张浪费，雕金镂银，烹羊宰牛，花费巨万。乡间的士绅看到之后，都以为是皇帝的意思，觉得婚礼就应该如此大操大办，使得穷人们都无法顺利结亲。这些难以婚配的旷男怨女产生了大量的阴怨之气，从而扰乱了天时。只要陛下以后出嫁公主时，不要太过铺张浪费，考虑到百姓中还有许多未能顺利成婚的男女，自然可以使得天地之气调和，祥瑞频出。

至于使得百姓长寿，也很简单。只要做到不要无故而兴大兵，不要滥用刑法，不要骚扰百姓生产，做到少有所教、老有所养，百姓自然能够长命百岁。陛下平定乱党，使大唐免于倾覆的功劳，已经盖过日月，但难在持之以恒的坚持。陛下年纪尚轻，血气方刚，又十分英武果决，就更要避免滥用武力、刑罚，不要四处游乐，不要擅开边衅。如能做到以上这些，三皇五帝之功自然不期而至。

牛僧孺此策问强调皇帝的道德示范作用，其基调是以儒家传统的道德论为主的。其中谈到一些时政弊病时，往往采取一些笼统影射的叙述方式，并不是非常直白地指责当时的权贵，而是泛化地以"三代之后的臣子"如何如何处理，减弱了其针砭时弊的针对性和力度。但是该文大气磅礴，文采斐然，篇幅几达万字。考虑到是在有限时间内考场的应试之作，能有如此雄文，实属难能可贵。当时主考官便将此文排在了制举第一。

牛僧孺的性格较为沉稳，文章也是中正平和的路数。但与他一同参加制举的皇甫湜性格则要激烈得多，其制文也更为辛辣直接。

皇甫湜首先在策问开头，就对宪宗提问的动机提出了质疑。他在文中公然宣称："我不知道您是想求一份虚假的策问呢，还是真的想解决实际问题？如果只是求一个虚假的策问，那么以后史书上也会说天子如何如何操心百姓，如何如何求贤若渴，也足以获取良好的名声了。但如果您是真的想解决问题，那您现在的做法就全错了。古代王者犹如苍天、神灵一般尊崇威严，但是对待贤才，还是要四处访求，礼貌接待。交谈时屈膝向前倾听，虚心接纳意见，即使如此，还怕贤才有所恐惧，不能尽心说出自己的想法。但现在呢？您让我们坐在庭院之中，以文字来进行测试考核。我们卑躬屈膝，曲成一团回答您的问题，这是对待贤臣的举措吗？况且天下之事，也难以一一在文章中说明。甚至于试题中问到的一些事，是我不该知道的。我想要说的话，试题中又没有问到，只能强行附在篇末，考官必定认为这些是冗余的东西，从而将我黜退。陛下您为什么不能让我站在您面前，尽抒胸臆呢？如果有用的，就予以采纳，没用的就不用理会，这也不会有损您的威名啊？"

接下来，皇甫湜又将矛头对准了皇帝身边的宦官，指责他们专权。文中称："现在宰相只能定期觐见，侍从之臣也都有所失职，百官更是只能参加完朝会就退场。不知道谁来当陛下您的喉舌爪牙，帮您治理国家呢？在您身边谈论大臣是非，赏罚是否得当的人又是谁呢？原来都是宦官一类的残缺之徒，他们褒狎阴险，怎么可以用来出掌王命、把持兵权，被您当作心腹耳目来看待呢？这就是让我们这些仁人志士寒心悲愤之处啊。希望您能摆脱这些宦官，重新恢复谏官、史官、侍臣之职，每天都接见宰相讨论大事，国家自然就能大治。"

之后，皇甫湜又尖锐地指出了当时存在的诸多弊政。文中称："自从安史之乱以来，朝廷就采取了许多姑息的措施，政策都是苟且偷安。中央的官职、王公的爵位，都被地方上的节度使所操纵，变得非常泛滥。所以以官爵赏赐于人，人也不会感恩。州县中判案子，每月以千计，却没有一桩疑案报到中央来。难道是天下的官员都像皋陶一样贤明吗？实际上不过是州县各自为制，不遵守国家的律法罢了。长此以往，百姓往往违反了法律而不自知。而且现在百姓衣食不全，连死都不怕，还怕犯罪吗？所以这样以法律来惩罚百姓，百姓也不会畏惧。"

"陛下现在问明明蠲免了赋税，为何农民还是过不下去。这是因为两税并不平均，还有许多杂赋，都是地方官员小吏自行制定的。商人、工匠、士兵、僧道都有办法逃避这些，唯有农民终日劳作，所得最少，却承担了最多的赋役，这样他们怎么可能活下去呢？"

"现在最大的问题，其实是供养军队。现在外夷未平，河朔藩镇犹在，一时间也不能将军队全部撤销，但可以对其加以精简。现在的将帅，能够胜任职责懂得军事的其实很少，都是招募一大堆军士来巩固自己的权位富贵而已。如果在其中精挑细选出善战之士，将不合格者黜退，至少可以去掉一半的兵额。而州郡也是借着供军的名号，虚张名籍，借机敛财。如果能让他们核对名实，加强纠察，则剩下的一半中又可以省出四成的经费。这样军队战力也变强了，百姓承担的赋役也减轻了。而江淮一带的南方州郡，离河北较远，也较为太平，当地的军防除去法令规定必需的数额外，都可以一概罢免。这样何愁百姓不能安居乐业呢？"

皇甫湜对人事问题也有着深刻的理解。他指出："现在官员众多，却大都不称其职，使得圣上常有世间乏才的感慨。这是由于现在的公卿大夫都在为自己的亲戚求取官位，按时迁转所致。所以请陛下降下诏书，规定官员必须有明确的功绩才能得到升迁，这样有才干的人就能不断向前进步，没有才干的自然也就被淘汰了。而且现在之所以缺乏人才，还在于高级官员的迁转速度太快，而对下层官员却又要求过于苛刻。一个人没名气，礼部就说他平庸；有名气，吏部又说他虚浮；善于文辞，就怕他华而不实；敦厚质朴，又怕他没有才干；出身高门，说他都是依靠父祖余荫；出身寒门又觉得这人幽深阴险。然后说找不到人才，只能再去提拔已经当上大官的人。于是乎阻塞了人才仕进的大门，使得天下的官员任免，原本是天子的大权，被当朝的五六个宰相所掌控。这样国家怎么能选拔出人才呢？所以希望陛下能重申旧令，让天下州府每年都举荐人才，如果合用，便进行破格提拔，如果名不副实，就追究其责任。如此就再也不怕人才匮乏了。"

皇甫湜的策问相较于牛僧孺，显然要激进得多，从皇帝到宦官，从宰相公卿到军将州县，无不痛斥其非。在对时弊的批判上，也更中确的，深入揭露了当时朝堂上宦官专权、土地兼并、选人任官多因循守旧、徇私舞弊等重大问题。其现实价值实际上还在牛僧孺策问之上。

目前我们尚未看到李宗闵策问的原文，但从其他记载来看，应当和牛僧孺、皇甫湜文章的内容差不多，都是对于朝政的批判。此三人的策问在当时产生了很大的争议。当时的主考官韦贯之对此尤为赞赏，其他考官如杨于陵、李益、郑敬等人因三人策问直斥权贵无所顾忌，还抱有一定的疑虑，但韦贯之却坚持己见，即使独自署名奏疏，也一定要将牛僧孺等人评为此次制举上等。

在考官之中，以杨于陵官位最高，为户部侍郎，郑敬为左司郎中、李益为都官郎中，品阶都要高过当时居于吏部员外郎的韦贯之。但韦贯之资历却更老一些，在元和元年时也曾任过制举主考官，当时录取了18人，这些人大都文名在外，因此韦贯之号为得人。这种经历使得韦贯之在判定考生成绩时掌握了很大的主动权，最后也是按照他的意愿，将牛僧孺列为了此次制举的头名，而皇甫湜、李宗闵等人也同登制科。

然而考官中也有人对三人的激进表示不安，被直接指责的权贵就更为愤怒。他们表面上向宪宗哭泣请罪，其实旨在表明牛僧孺等人实属诬告；另一方面又去弹劾负责检查最终结果的翰林学士王涯是皇甫湜的舅舅，却没有主动报告回避，有着徇私舞弊的嫌疑，而另一位翰林学士裴垍未能检举此事，亦是失职。

还有一些大臣在背后推波助澜，试图利用此次事件扳倒政敌，从而制造了不少谣言。牛僧孺等人的策问虽然言辞激烈，直斥权贵，但毕竟未曾指名道姓。谁是祸国殃民的奸臣，谁在阻塞言路，谁在操弄铨选，一切都是模糊而未知的。但却有人鼓动落第士人，对三人策问加以注解实指，一定要点出奸臣姓名，借以攻击当时某个具体的执政大臣。至于注解是否符合牛僧孺等人的原意，就无从追究了。

此外，据说当时的仆射裴均想当宰相，就需要扳倒现任宰相李吉甫。于是就要造谣称牛僧孺等是在李吉甫的指使下撰写这些策问的，李吉甫就是幕后的推手。宋代的司马光否认了这种说法，认为牛僧孺他们就是在攻击宰相，而李吉甫就是宰相，哪有教唆别人攻击自己的道理，这实在太不近人情，因此裴均不会出此下策。这种质疑一方面可能是司马温公为人太过忠厚老实，对政争中各种反间、伪装、指鹿为马、欲擒故纵的鬼蜮伎俩不够熟知，一方面也是当时诸多政治势力博弈角力，造出了许多似是而非或真或假的传言，之后党争又导致史书被反复改写，才使得当时的真相扑朔迷离，难以追索。

宪宗的态度也是暧昧的。有的记载称他见到策问后"甚嘉之"，觉得说到了朝政的痛处，并下令要对牛僧孺三人优与处分，也即在授官时给予优待。有的记载则称宪宗"大不悦"，最终将几位考官贬谪，牛僧孺等人也久不授官。这几种记载其实都有着一定的合理性，我们也未必要在其中择观点，而是应该有更为融通的理解。

　　从前后的一些事例来看，宪宗本人的胸怀还是比较宽广的，也比较能吸纳臣下的意见。牛僧孺等人的言辞虽然激烈，但此类的谏言在过往历史上也是屡见不鲜的，宪宗应当还是能够包容的，也可能是为得到了人才而欣喜，说不定还可以借此来敲打臣下。但是出乎其意料的是，有人推波助澜，尤其是鼓动落第士子对文章进行注解，一下子将一个普遍存在的政治问题坍缩成针对某某宰相的案件。挑破这层窗户纸后，宪宗就必须做出一个决断了。要么是韦贯之等人识人不明，牛僧孺等人胡说八道，天下自然太平；要么就是朝中确实有奸臣，必须加以处置。

　　而宪宗此时登基不过三年，在中枢内部就为二王八司马事件做过一番清洗，而地方上更有西川节度使刘辟、镇海军节度使（今镇江、苏州、杭州、常州、湖州、睦州一带）李锜相继叛乱。虽然叛乱很快便被平定，但也消耗了唐朝不少力量，加之宪宗还有志于平定河北藩镇，所以目前最需要的就是一个"稳"字。特别是宰相，都是自己刚刚精心安排的人选，不能轻易换掉。两相权衡之下，被牺牲的只能是制举考官了。

　　于是在贞元三年四月乙丑贬翰林学士王涯为虢州司马，主考官韦贯之为巴州司马。乙亥，又出另一主考官杨于陵为岭南节度使，调离了长安，裴垍也被罢翰林学士，转任户部侍郎，不再执掌诏诰。明面上贬谪这些考官自然是王涯未能主动交代其与皇甫湜的舅甥关系，韦贯之、杨于陵、裴垍等人也有失察之过。但这显然是不能服众的，士林舆论还是认为他们是采纳了牛僧孺等人的直言而获罪。就连当时与王涯、裴垍一起监察复核考卷的白居易也上表请求宪宗收回成命，他认为："之前我与裴垍、王涯在翰林院复核考卷之时，都是存了公心，取材不避亲仇，就以是否能直言为标准。王涯当时也曾上状奏明了情况。现在一些坊间议论，完全是在构陷，希望陛下您能明察。请您收回成命，依旧任用裴垍等人，对牛僧孺等也依照往例授官，这样自然能安定内外人心。如果您认为我说得不对，那我和其他四人也参与了复核考卷的工作，也应该和裴垍、王涯一样加以贬谪。怎么六个人干同样的工作，却只有两个人获罪呢？"

应当说白居易的上表起到了一定的作用，虽然王涯、杨于陵等人还是被贬出京，但处于风波核心的牛僧孺、皇甫湜、李宗闵三人却没有受到什么惩罚，其制举登科的履历依旧被吏部所承认，甚至也如白居易所言的依照往例授官，分别被授予了洛阳尉、陆浑尉、伊阙尉的官职。从地理位置上来看，三县都隶属于河南府，是唐代的核心区域。从县的等级来看，陆浑县、伊阙县都是畿县，属于七等中的第二等，洛阳县更是第一等的赤县。第一任官（释褐官）就能在这些县担任县尉，其实已经是颇为不错的待遇了，也算符合制举登科者的"优与处分"了。

关于此次制举事件，还有最后一个问题有待解决，那就是牛僧孺他们指斥的对象，或者说要打压的权贵到底是谁呢？由于史籍对此记载得相当简略模糊，历代史家都对之聚讼纷纭、莫衷一是。其主流意见主要有二：一是认为所指的就是以当朝宰相李吉甫为代表的权贵；一是认为所谓的"贵倖"主要指以吐突承璀为代表的宦官。

李吉甫说有着大量的史料支撑，《新唐书》《旧唐书》《资治通鉴》等都有李吉甫厌恶牛僧孺等直言的记载。但这种叙述难免有着倒放电影的嫌疑，多因其子李德裕后来与牛僧孺相斗数十年，就认为牛、李二家早在此时已经结仇，展开斗争。实际上李吉甫是元和二年时才入相，至此时不过一年有余，而牛僧孺等所言皆是长期以来的朝堂弊政，非是一朝一夕形成，与李吉甫没有多大关系，甚至两派在很多问题上的观点都是相合的。

比如人事任命问题，是牛僧孺、皇甫湜论述的重点，而李吉甫在这方面颇有建树。他与裴垍相善，刚被任命为宰相时，还向裴垍请教，问道："我此前一直在江淮一带当官，现在才回到京城。朝廷上的一些年轻人，我都不大认识，还请你向我做一番推荐吧。"裴垍也不客气，立马开列了一个 30 多人的名单，李吉甫一一提拔，而当时朝堂上也都流传起李吉甫知人善任的传闻。

又如土地兼并问题，牛僧孺认为要解决这一问题，首先就是要做好户口登记工作，将各地的流民安定下来，再确定土地、赋役。而李吉甫就在元和二年时撰成了《元和国计簿》献上，就是对天下户口、赋税、兵额供给的详细统计，这点是与牛僧孺的观点不谋而合的。

而且李吉甫在元和元年时，尚未担任宰相，便已除去了豪横异常的中书门下小吏滑涣。滑涣虽然只是一个小吏，却与枢密使刘光琦（当时的枢密使为宦官充任）相勾结，连宰相也不敢轻易得罪。李吉甫却在宪宗面前直言其非，最终将滑涣贬死。这也与牛僧孺、皇甫湜所提倡的要远离小人、打击宦官的口号接近。

最后，李吉甫此人还是较为大度的。在德宗朝时，李吉甫受到李泌、窦参等人的提拔，本来可以一直在京城做官。但窦参之政敌陆贽上台为相后，便对其派系进行打压，李吉甫也因此被贬为明州长史，之后几年又做到了忠州刺史。这时风水轮流转，轮到陆贽遭贬为忠州别驾，反而成了李吉甫的下属。这时大家都以为李吉甫要报仇了，会针对陆贽。不料李吉甫却对陆贽非常尊重，还是以宰相之礼对待，并不以前事为嫌，于是天下人都认为李吉甫确实有长者之风。

综合以上几点，李吉甫在朝中名声颇佳，牛僧孺等并没有攻击他的理由，而李吉甫也不会看见策问上与自己无关的几条批评意见就大发雷霆，对牛僧孺等加以贬斥。

相对而言，认为牛僧孺等主要针对的是宦官的认识可能更为合理。一则皇甫湜确实在策问中明确提到"亏残之人"在掌握兵权。这里的亏残显然指的便是宦官，而掌兵权者，便是当时的神策军中尉吐突承璀。

这里需要对相关背景做一点解释。自安禄山叛乱以来，唐朝调集西北边防军进行抵御抗争，随后又将这支军队收归禁中，之后又经过一些扩编，成为天子的禁军，是为神策军，平时驻防在长安及周边州县，以防卫京畿地区。有时也会派遣部分神策军外出作战，平定叛乱。神策军将领本来为武将统领，但在德宗泾原兵变后，德宗不再信任文武百官，反而任命宦官来统领神策军，最高统帅为神策军护军中尉。如此一来，宦官本就容易出入宫禁，在政变时发挥关键作用，如今还控制了唐朝中央最重要的一支军队，其地位更是直线上升。此前二王八司马的倒台，就与宦官掌军密切相关。而宪宗能顺利登基，也与取得了宦官的支持不无关系。

而吐突承璀此人较为聪明，也很有才干，又从小就入职东宫，和宪宗交往很深，颇受信任。宪宗登基后，便任命其为内常侍知省事，也即成为宦官大小事务的负责人。之后又把他放到了左（神策）军中尉的位置上，掌握住了禁军。但其实由宦官执掌神策军，不过是德宗的一个创举，还未能在百官心中成为天经地义的惯例。所以顺宗朝时，王叔文等才希望以老将范希朝代替宦官执掌军权，只不过失败了而已。如果宪宗依然执行这项政策，就算是历经三代而不改，还有可能成为政治惯例。这恐怕也是牛僧孺等一些人所不能忍受的，所以在策问中对此提出了严厉的批评，甚至将之比作"汉之末祸"，即由宦官与士人争权最终导致东汉的亡国之祸。

然而由宦官掌军，是当时的政治、军事环境决定的，不可能轻易改变。而且顺宗的失败，和王叔文与同样拥护顺宗的宦官杨志廉内讧不无关系，才使得宪宗能与俱文珍、刘光琦等宦官相结合，迫使顺宗内禅。这不过是三年前的故事，宪宗当然从中吸取了教训，不会贸然就剥夺亲信宦官的军权。

当然，宪宗也不是任由宦官势力无限膨胀，而是时不时地予以敲打。比如上文提到的滑涣就是刘光琦安插在中书门下的一个眼线，有什么政策风声，刘光琦立刻就能通过滑涣收到消息。宪宗借李吉甫之手，将滑涣抄没家产，贬死雷州，实际上是斩断了刘光琦与宰相互通声气的一个途径，使之不能轻易勾结起来欺瞒自己。甚至就在制举案爆发的四月时，有宦官郭里旻因酒醉而违反了宵禁，而被杖杀。所以牛僧孺等人的意见也不算完全违背宪宗心意。

最后，学界对此次制举案还有一个关注的焦点，那就是牛僧孺等人策问中反映出的"销兵"思想，即对藩镇保持安抚甚至是纵容姑息的态度，而不采取以武力平定叛乱的策略。但这种结论，恐怕也是结合了牛僧孺后来的行为而做出的判断，而非策问中真正重点表达的内容。

牛僧孺在策问中虽然劝诫宪宗不要"黩武"，但并未就此话题进行展开，可以认为只是一种传统儒家式的常规性劝诫，并非其核心观点。皇甫湜倒是针对"销兵"问题发表了一些看法，但他也承认目前"边备未可弛""镇防未可罢"，只是强调军队贵精不贵多，与其让一些市井之徒在其中滥竽充数，不如减少兵额，挑选一些精兵强将。甚至他还提出，江淮州郡除去一些常规仪式性的兵丁之外，其余军队都可废置。试问如果不削平藩镇，他的政策能得到实施吗？实际上，宪宗君臣有机会就会尝试裁军。就在不久后，荆南节度使赵宗儒就散去了冗卒两千余人，致使平时供军士娱乐的球场都长草了，宪宗也非常高兴。所以牛僧孺等人的建议并非如一些人所描述的那样，与致力讨平藩镇的宪宗完全相左，反而有符合其心意之处。

综上所述，元和三年的制举中，牛僧孺、皇甫湜等人确有攻击权贵、宦官的言论，也希望宪宗能亲贤臣远小人、广开言路、知人善任，修文偃武。但这些言论都未超出传统策问的范畴，是典型的儒家式谏言，千百年来，已有无数人说过无数次，在内容上其实不足为奇。制举考试相对于考生的实际政务能力，更多考查的还是其文字水平，所以主考官和宪宗也都将其判为登第。但有人在背后想借此挑起政争，鼓动落第士人对其加以注解，从而将策问中泛指的小人奸臣集中到具体的某位大臣宦官之上。而被点名道姓的权贵们，则不得不抓住录取时的一些程序漏洞，攻击选举不公，试图回避考生的指责。这种互相攻讦，迫使宪宗在宰相与考官、考生间做出选择。最终，在求取政局稳定的基础上，宪宗选择将几位主考官贬出京城，但对牛僧孺等人则未予追究。元和年间第一场大规模的政治斗争，就暂时告一段落。

二、战与和：削藩与党争

元和制举案的风波虽然就此平息，但朝中重臣间的明争暗斗，却无时无刻不在上演。这些政争除却私人意气相争，集团权力倾轧等"私"的因素之外，确实也含有对国家前途的不同认识，施政理念不合等"公"的原因。而这一切的分歧，还要从宪宗上台说起。

如前再三所述，宪宗之所以能够上台，得益于部分宦官、朝臣乃至藩镇的支持。有关宦官、大臣在宪宗即位过程中所起的作用，上文论述已详，那么藩镇在这一历史抉择中的态度如何呢，下面就要着重介绍一下了。

永贞元年（805）六月，西川节度使韦皋、荆南节度使裴均、河东节度使严绶相继上表，请求以太子（即宪宗）监国，处理政务。这三封奏表成为压垮王叔文一党的最后砝码，起到了一锤定音的效果。但这三位节度使做出如此选择，并非没有私心。

如韦皋就曾派遣手下刘辟去与王叔文谈判，希望求取兼领三川（东川、西川、山南西道）之地，并明言如果满足其要求就会不遗余力地支持王叔文，如果办不到，就会跟他作对。王叔文并未答应这种无理要求，甚至要杀掉刘辟，两方遂成仇怨。

裴均字君齐，河东闻喜人，高祖为裴行俭、曾祖裴光庭，均为唐朝名相，父祖也做到六部郎中、员外郎等职，可以说是出身高门。但裴均人品较为卑劣，他认宦官窦文场为义父，以求奥援。德宗朝时就有机会拜相，却被李约点出他与窦文场的关系，导致入相失败。这也成为他的心病，所以想借着中枢动荡之时，押注宪宗，以寻求入相的机会。

之后宪宗果然在元和三年（808）征其入朝，拜为仆射，判度支。仆射是三省中尚书省的长官，地位崇高。裴均上任时，还让御史中丞、尚书左右丞、郎官在台下拜他。这虽然是礼典上的规定，但已很久没有人真的如此嚣张施行，于是大家也都觉得裴均行事太过。之后裴均还调用了荆南的杂费一万贯，用来修缮尚书省。这当然也是极不妥帖的。裴均这些行为的背后，除炫耀心理之外，还旨在希图增强威望，以便完成自己成为宰相的夙愿。为此，他甚至在元和制举案中炮制了一些谣言，用以攻击李吉甫，期望能将之赶下台后，宪宗能把自己替换上去。不过最后还是与李吉甫斗了个两败俱伤，双双被出镇地方。

而严绶此人有一定的吏干，但性格较为怯弱，没有什么担当，却又热衷于名利。正因如此，他在晋阳任河东节度使时，大小事务都被监军宦官李辅光所控制。依照他的性格，未必会主动参与到与他没有什么关系的皇位斗争中去，但在李辅光的影响之下，他还是选择支持了宪宗。后来也曾被征入朝为尚书右仆射，但随即又因小过被弹劾，还是以出镇荆南而告终。

裴均、严绶寻求的只不过是官职的迁转，这是较好满足的。真正麻烦的是如何处理西川的韦皋。若依其所请，将三川之地尽皆交由韦皋管理，那实在太大。再加上当地较为封闭的地理环境，岂非成为天然的割据势力？尤其是安史之乱后长安屡屡失陷，皇帝通常是往兴元甚至成都方向逃离，现在将两地都交予韦皋管理，若事有万一，连条退路都没有。因此韦皋一统三川的请求，是绝不会得到中央允许的。

就在此时，事情发生了变化。永贞元年（805）八月，统治了西川 21 年之久的韦皋突然病逝，即代表宪宗所欠之人情也就一笔勾销。但韦皋的副手刘辟在此时自称留后，完全继承了韦皋的权力。随后他又向朝廷请求旌节，以期获得正式的承认。只不过西川一直是顺藩，节度使都是由朝廷任命。自己先为留后，再求旌节，这已经是地方藩镇的跋扈之举了。故而中央并未同意刘辟的请求，反而征其入朝，并任命宰相袁滋为西川节度使取代刘辟。刘辟发兵抗阻，袁滋不得入川。宪宗得知此事后大怒，将袁滋贬为吉州刺史。但当时朝中还有王叔文余党尚待清理，无暇顾及西川，宪宗迫不得已，只得任命刘辟为西川节度使。

中央的退缩给了刘辟莫大的信心，他的野心也随之膨胀，于是他又向朝廷上表请求兼领三川，完成韦皋遗志，甚至还主动出击，围困东川节度使李康于梓州（今四川绵阳市一带），并试图让幕府中的卢文若出任东川节度使。这下朝廷再也不能容忍了，开始着手讨论征讨西川的计划。

但西川毕竟是崇山峻岭之地，交通条件十分不便。要对该地展开大规模军事进攻，其实是颇有难度的。朝中群臣也有不少人对此表示反对，认为还是应以安抚为主。宰相杜黄裳则坚持要以武力伐蜀，推荐由神策军使高崇文担任主帅。同时向宪宗建议，请不要设立宦官作为监军，让高崇文能充分发挥自己的才干，如此则很快能平定西川，生擒刘辟。而翰林学士李吉甫也劝宪宗伐蜀，并建议还可以征调江淮的兵马，从三峡逆流而上入蜀，用以分散刘辟之兵力。宪宗采纳了杜、李二人的建议，任命高崇文为主将，率领神策军为主力攻蜀。而荆南节度使裴均、河东节度使严绶、山南东道节度使严砺也都出兵相助。

官军的进展算是较为顺利，接连取得了几场大捷。刘辟只能将主力收缩至鹿头关中，进行防御。鹿头关在今天的四川省德阳市鹿头山，处于东西两川的交界线上。东北方向的绵州即属东川节度，目前已被严砺率领的官军所占据。西南150里就是成都，是西川节度使的治所，即刘辟的大本营。该处位置险要，刘辟又曾大力修葺，就是想借此顶住官军的压力。高崇文、严砺也只得屯兵于此，和刘辟对峙。

此时严砺向中央提出建议，请求并州（河东）军的支援，改变进攻路线，转向东南方向的阆州、果州、合州、渝州。这些地方原本属于东川节度，只是暂时被刘辟所占据。而严砺已被默认为下一任东川节度使，他想夺回地盘的心情可以理解，只是如此就严重偏离了擒贼擒王的路线，反而在崇山峻岭中陷入一城一地的争夺。若如此，战争时间必然会被拖长。

于是当时的翰林学士李吉甫向宪宗建议称："让高崇文、严砺仍然保持对鹿头关的攻势，而令宣、洪、蕲、鄂四州率领强弩精兵，逆流而上，走三峡入蜀，以求分散刘辟的军力。而高崇文听说这四州的兵马要来，一定害怕他们抢夺功劳，也会更有斗志去攻打鹿头关。这样很快就能平定刘辟之乱了。"之后严砺又请求朝廷派一位大臣来节制各方兵马，以此来试探朝廷的意图。李吉甫则说："高崇文马上就要成功了，现在派一个大臣去，就等于是抢功，那他一定会泄气的。"并任命高崇文为西川节度使，严砺为东川节度使，并将原属于西川的 6 个州划归给东川，使得两川势力大致平衡，两边谁也不能轻易造反。

在这些官爵的激励下，高崇文果然爆发出极强的战斗力，攻破鹿头关，在元和元年（806）九月，收复成都，生擒刘辟，献俘长安。从元和元年正月正式讨伐刘辟开始计算，用时不过九月。战争的迅速结束带来的是军费的节省，据伐蜀主将高崇文的神道碑记载，宪宗为这次作战预备了 140 万贯的军饷，但战斗结束后只使用了一半。这些都大大地出乎了反对者的预料，而为主张以武力平定藩镇的杜黄裳、李吉甫等人带来了政治声望。

另一方面，朝廷的迅速胜利也大大地震慑住了地方藩镇。很多左右摇摆的节度使开始重新考虑与中央的关系，甚至许多人都有了入朝以示臣服的打算，但他们的内心中又充满了疑虑。镇海军节度使李锜就是这样的一个典型代表。

李锜是唐朝宗室疏属，为唐初名将淮安王李神通的后代。唐德宗时，依靠贿赂当上了润州（今江苏镇江）刺史兼盐铁使，掌握了江南的大量财富。他在任上贪赃枉法、肆意妄为。当地一位百姓去长安向德宗告状，德宗反而把他送回李锜手中，最后这名百姓惨遭杀害。李锜知道自己引发了很大民愤，所以一方面持续向朝廷输送金钱，以示忠诚；另一方面，则是扩充军队，护卫自己的安全。他设立了两个营，一个营全都是善于射箭的兵士，称为"挽硬随身"，一个营都是虬髯高大的胡人，号为"蕃落健儿"。顺宗永贞元年（805）三月，以李锜为镇海军节度使，下辖润、杭、苏、常、湖、睦等州，同时收回了盐铁使的职位。李锜虽然失去了财权，但毕竟地盘扩大了不少，他也就接受了下来。

不过在刘辟起兵之后，李锜大概是觉得有机可乘，可以敲一敲朝廷的竹杠，便上表请求恢复他盐铁使的位置，又要兼领宣州、歙州。宪宗便咨询李吉甫的意见，李吉甫回答道："刘辟之所以能够作乱，就是因为韦皋给他留下了太多的钱财。李锜早就有不臣之心，现在给他财权，又给他地利，这其实就是诱导他造反啊。"宪宗立刻就明白了其中的道理，立刻任命李巽为盐铁使，也没有答应李锜兼领宣州、歙州的要求。

在宪宗平定刘辟之后，李锜也很害怕，立刻上表请求入朝，甚至安排好了判官王澹出任留后，在其去长安时处理政务。而按照惯例，留后其实也就是下一任节度使的人选。李锜做好这些部署之后，却屡屡称病改期，不愿入朝。宰相武元衡也认为李锜实在太过分，对宪宗说："您刚登基不久，李锜说来就来，说不来就不来，一切都听由他摆布，您还怎么号令四海呢？"李吉甫也劝说宪宗一定要征召李锜入朝，否则他必然会反叛。李锜也知道朝中对他不利，一面暗自谋划备战，一面还派人去长安贿赂大臣，劝宪宗不要强行征召自己，一切以稳为主，维持现状，就可以不发生战争。

李吉甫看穿了李锜的阴谋，劝宪宗说："李锜不过是个庸才，手下也都是些亡命盗匪，只是因利益而聚合。只要朝廷派大军去讨伐，一定能够取得胜利。"又称："以前徐州发生过叛乱，击败过吴地的军队。江南人都很怕徐州人，现在我们以徐州兵马为先锋，就可以去掉徐州的后患了。另外汴州现在的节度使是韩弘，在军中很有威信，让他率领汴州的子弟兵作为掎角之势，李锜的军队自然不战自溃。"

如此，宪宗向李锜发出了最后通牒，最后一次征召他入朝。李锜也应当是感受到了中央的决心，知道回长安之后一定凶多吉少，于是也下定决心起兵造反。他首先鼓动军士杀掉了自己任命的留后王澹，之后又派了自己的5个心腹镇将，分赴苏、常、湖、杭、睦五州，企图暗杀掉刺史，控制住五州。但只有苏州的计划成功，其余几州都宣告失败。

而中央在接到李锜反叛的消息后，也是迅速调集大军平叛。以淮南节度使王锷为诸道行营兵马招讨处置使，中官薛尚衍为都监招讨宣慰使，出动了宣武、武宁、武昌、淮南、宣歙、江西、浙东这些地方的士兵，从宣州、杭州和信州三路进攻。在此重压下，李锜军中产生了动摇，其麾下大将张子良、李奉仙、田少卿、裴行立均率军转投王师，最终导致了李锜兵败被俘。朝廷又一次在与藩镇的斗争中取得了胜利。

宪宗登基还不到三年，对内铲除了二王八司马一党，对外镇压了两个藩镇的反叛，朝廷的声威一下子达到了顶峰，大家再也不敢对这个年轻的皇帝等闲视之。这两次胜利也彻底改变了代、德以来藩镇与中央的形势。此前，节度使有任职终身而不换者，而在宪宗朝，仅李吉甫任相的一年多里（元和二年至三年），改易长官的藩镇就多达36个，这表明中央对大部分地区已经彻底地掌握了。更重要的是，判断藩镇忠顺与否的标准也发生了改变。在肃、代、德、顺时期，只要藩镇不起兵作乱，表面上表示恭顺就算忠诚。在新旧节度使交替之际，往往首要考虑的是是否有利于藩镇内部的稳定，继承人是否有功于朝廷等因素。在宪宗朝，判断藩镇是否忠顺的标准则变为了能否无条件地接受朝廷指派的人选。如果能接受，则皆大欢喜，如果不能，则往往要面对中央的大兵临近。这种评判标准甚至一直持续到唐末黄巢之乱时，这也是唐朝在之后维系半个多世纪的中央权威的支柱之一。

以军事实力逼迫藩镇臣服所带来的威权感自然是诱人的，但也并非不需付出代价。李吉甫在元和二年（807）年末所上的《元和国计簿》对全国的户口赋税进行统计。由于史料的阙失，如今我们只能得到一些整体性、概括性的数据。当时天下共48个方镇，295个州，1453个县，其中以河朔三镇为代表的一些缘边州郡以及部分内陆军镇共计15道71州不申报户口，也不缴纳赋税。每年的赋税主要压在了浙东、浙西、宣歙、淮南、江西、鄂岳、福建、湖南等南方的8道49州上。这部分区域缴纳赋税的人口共计144万户，相较于天宝全盛之时减少了75%。而与此同时，中央及顺藩所养士兵达到了83万人，比天宝年间增加了33%。兵民比达到了两户养一兵的恐怖比例。百姓的负担实在太过沉重了。这也是皇甫镈等人提出要"销兵"的现实基础。

这种现实使得朝政的重心逐渐出现分歧。就以对李锜的处置而论，有的官员认为应当依据条例，将其家产抄没入官，解入中央。但翰林学士裴垍、李绛则上言称："李锜的家产其实都是来自于六州的财税以及对百姓的强取豪夺。陛下您是因为他苛待百姓，才兴兵讨伐的。现在财物输送到京城，恐怕当地的百姓都会很失望。希望您能将其赏赐给浙西的百姓，以代今年的租赋。"宪宗也采纳了他们的建议。

这件事看起来只是很平常的臣子劝谏君王施行仁政体恤百姓的故事，类似的情况在史上屡见不鲜。但其背后隐含着一个基本逻辑：讨平藩镇是为了让百姓安居乐业。这就带来一个问题，如果讨平藩镇时需要百姓承担一些经济上的负担（大多数时候还很沉重)，那么这么做还值得吗？面对藩镇跋扈时，又是否可以以更柔软的态度去对待处置呢？心中报有如此怀疑的大臣其实为数不少。而这与另一部分有志于重塑中央权威，恢复唐初秩序的官员无疑是南辕北辙。双方为了贯彻自己的政治理念，势必要围绕权力展开争夺，而其中又不可避免地夹杂着个人的意气恩怨、私欲追求以及人际关系网络的羁绊。这也就是唐中后期党争展开的焦点所在。而在这一时间节点上，两派的主角非李绛与李吉甫莫属。

李吉甫此人，上文我们已经多次提及，这里不妨再对其家世履历做一简单介绍。他字弘宪，是代宗朝名臣李栖筠之子。李栖筠当年就因与元载党争，未能拜相。而李吉甫在德宗时，也因卷入李泌、窦参与陆贽的党争中而被贬为吉州刺史，之后又历任郴州刺史、饶州刺史，终德宗一朝，未能再回中央任职。直到宪宗即位之后，久闻李吉甫大名，将其征为考功郎中知制诰，随后又转为翰林学士。翰林学士主要负责撰写诏诰，身处宫禁之中，有不少见到皇帝的机会，皇帝也经常咨询他们的意见。李吉甫征调江淮兵马，走三峡进攻刘辟以牵制其兵力的建议，就是在这时提出的。

或许是为了表彰李吉甫谏言的功劳，也是因为李吉甫极力支持宪宗恢复中央集权的态度，再加上上文提及过的李吉甫处置中书小吏滑涣的事件，都使得宪宗对此人非常满意。于是在李吉甫任翰林学士一年之后，宪宗就拜李吉甫为中书侍郎、同平章事，即宰相。

李吉甫在宰相位置上立刻就展现出了与之相配的才华。在选官问题上，他提拔了许多后进人才，使得朝中人交口称赞；在经济上，他编成《元和国计簿》，使得中央对全国经济形势掌握得更为真实、具体；对军事上，他又拿出了对付李锜的方略，仅用十天就平息了叛乱，使得浙西这块赋税重地未遭到大的战争破坏，保持了经济的稳定；在战略上，他提出了可以从提高节度使下辖的刺史权限入手，使之各自为政，从而达到削藩的目的。应该说，无论是能力还是功绩，他都是一位极其优秀的宰相。

但这样的人物，还是不可避免地卷入了人事斗争之中。首先是我们已多次提及的裴均。裴均想要入相，就要扳倒李吉甫，因此利用制举案炮制了不少攻击李吉甫的谣言。

其次，几位好友的反目，也是使得李吉甫身心俱疲。李吉甫与裴垍本是挚友，李吉甫拜相之时，还要向裴垍请教人才名单。

但元和三年（808）的制举案一出，李吉甫被谣传成了牛僧孺所攻击的权倖，人望大跌；裴垍也因选中牛僧孺等而被罢翰林学士之近职。两人再同朝为官，未免十分尴尬。

同时，另一好友窦群也与他发生了矛盾。窦群此人原本是王叔文一党，却因与王党中的骨干刘禹锡、柳宗元等搞不好关系而受到排挤，故而并未被王叔文重用，却也因此躲过一劫，未曾受到清洗。李吉甫一直与之相善，当了宰相后，便将其提拔为了吏部郎中，不久后武元衡又推荐他当上了御史中丞，即御史台的长官。这时窦群可能有些膨胀，便任命好友羊士谔、吕温为御史。但这个级别的人事任命其实是要通过宰相李吉甫的，窦群却没跟李吉甫打招呼。李吉甫对羊、吕二人是比较了解的，曾经还提拔过他们，但也知道此二人阴险狡诈、名利心又重，一心只想往上爬，没有士人体统，而且论资历，他们这算是破格提拔。于是李吉甫就没有通过窦群的提议，两人一直为此争执不下。

窦群等人因此记恨上了李吉甫。这时李吉甫刚好生病，就请了医生陈登来看病。当时时间可能比较晚了，又顾忌到宵禁制度，陈登便在李吉甫家中住了一晚。又因为过去巫医不分家，这种名医通常被认为会一些巫术、法术，于是窦群就算抓到了一个由头，竟然弹劾李吉甫勾结术士，图谋不轨。这件事很快就闹到了宪宗那里，宪宗亲自审讯陈登，很快便弄清了事情真相，完全就是窦群的诬告。这一下宪宗大怒，下令要将窦群处死，还是李吉甫以德报怨，为之求情，才改为将窦群、羊士谔、吕温等贬出京城。只是这种事涉左道的诽谤，关键不在真实情况，而是在于皇帝对臣下的信任程度，案件反转只在帝王的一念之间。李吉甫经此一事，虽然还是得到宪宗的信任，但毕竟也是一个隐患。加之好友的反目成仇，也必然会在情感上给李吉甫造成打击，于是李吉甫有了退位的想法。

压倒骆驼的最后一根稻草是新晋的翰林学士李绛。李绛，字深之，赵郡赞皇人，父祖都只是地方上的一些小官，家世算是一般。德宗贞元八年（792），李绛得中进士，随后又中制举，登博学鸿词科，但一直也只担任秘书省校书郎、渭南县县尉一类的小官。直到宪宗元和二年（807），他被提拔为翰林学士，这才一飞冲天。

此前我们已多次提到翰林学士一职，但对其核心还需再做一简要介绍。翰林院为玄宗开元年间所置，位处内廷，本来是让一些富有文学才艺之人侍从皇帝。后来玄宗下令让翰林学士们帮助中书门下处理诏诰，有了分割宰相权力的用意。德宗时，出于对宰相的猜忌，就更加信任这些活跃在帝王身边的翰林学士，其权力渐重。顺宗时王叔文就是依靠翰林学士的身份来控制中枢的。宪宗时，将翰林学士制度更加规范化，并设立了翰林学士承旨一职，即是诸多翰林学士之首。

承旨学士有一个最大的特权，就是能经常和皇帝"专对"，也就是双方一对一的面谈，处理国家的一些机密事务，承旨学士借此提出自己的建议。因此除文采之外，承旨学士还需要很强的政务能力。而这样的人才，其实也是当宰相的不二人选。所以承旨学士也往往被视为未来的宰相。实际上，宪宗朝承旨学士一共有10人，7个都成了宰相。

在元和三年（808）时，做过承旨学士的依次为郑絪、李吉甫、裴垍、卫次公。郑絪、卫次公都是扶宪宗上台的老臣，功劳虽大，却并非宪宗亲信；李吉甫已经出院拜相，裴垍刚刚被罢免，所以翰林院中最得宪宗信任的其实就是李绛。而此时，李绛对李吉甫展开了攻击。

事情根源还是藩镇。当时昭义军节度使（今山西晋城、长治；河北邯郸、邢台一带）卢从史看到宪宗如此轻易地扫平西川、浙西节度，内心颇为不安。于是他在表面上给朝廷献计，说要讨平河朔三镇之一的成德军节度使（今河北中部）王士真。暗地里却和王士真等勾结起来，欺骗朝廷。然后调动兵马，称上党缺少粮食，需在邢州、洺州一带屯兵，以便攻击成德镇。大军一动，一则可以借机向朝廷索要钱粮，二来朝廷也不便在此时征召其入朝，可谓一举两得。

李绛一下子便识破了卢从史的诡计，对宪宗上表称："卢从史最近暴露了很多罪状，他心怀不安，所以想弄点动静出来遮掩过去。所以向朝廷献策，请求允许他来用兵，其实就是想要朝廷姑息他的罪过。现在他出动大军，说是要去就粮，其实还是为了兴兵而兴兵。请陛下您下诏，制止他这一举动。卢从史一定还会上奏密状，请求出兵。这件事只是为了他的私利，而对国家没有好处，请您一定不要听他的。"于是宪宗下诏让卢从史撤军，卢从史服从了命令，这样朝廷一时间也不好再去动他了。

宪宗被卢从史这一手弄得很是郁闷，于是和李绛说："有件事我本来不想说的，但实在忍不住了。我本来和郑絪商量好，下敕让卢从史回到上党，然后征其入朝。但郑絪把这件事泄露给了卢从史，使得他找了个上党缺粮的借口，屯聚刑洺。郑絪完全是辜负了我的期待，你说该怎么办呢？"

李绛回答道："若真是这样，诛九族也不为过。但是这一定不是郑细和卢从史自己说出来的，那是谁告诉您的呢？"

"是李吉甫密奏的。"宪宗想了想，还是说出了李吉甫的名字。

李绛则道："我听坊间士林议论，都说郑细是忠厚长者，一定干不出来此事。这恐怕是他的同僚想要专权，排挤他而造的谣，请陛下您不要听信谗言。"

宪宗看了李绛许久，回答道："我想了想，郑细确实不会这么做。没有你，我几乎误了大事。"

如果单就以上对话而言，李绛的回应其实没有什么说服力，但宪宗却听信了他的解释。与此同时，宪宗轻易地将李吉甫密奏的消息透露出来，其实是表达了他内心中对李吉甫有所不满。

在裴均、窦群、李绛等人的轮番攻讦下，李吉甫宰相的位置已经很难坐稳了。于是他干脆请辞相位，并推荐好友裴垍代替自己。宪宗同意了李吉甫的请求，在元和三年（808）九月任命其为淮南节度使，同时将半年前贬黜的裴垍提拔到了中书侍郎、同平章事的位置上。

如此，当朝宰相就剩郑絪、裴垍，再加上翰林学士李绛，三人基本上掌控了朝政，开始贯彻自己的政治理念，重拾对藩镇的姑息态度，其具体表现就反映在对成德节度使继承问题的处理上。

元和四年（809）二月，成德节度使王士真去世，其子副大使王承宗自称为留后。成德镇属于河朔藩镇之一，朝廷对其控制力最为薄弱。按照惯例，节度使在生前就会以嫡长子为副大使，作为继承人。去世之后，就继续统领军镇兵马。王承宗的继位就符合这一传统。

宪宗却想改变这一状况，就希望以王士真之死为契机，由朝廷自行选择节度使人选，如果藩镇不听，就准备兴师讨伐。宪宗这种想法并非无根之源，原来王士真之弟，就因为王承宗擅自即位，怕祸及己身，便和手下刘栖楚逃回长安，被任命为神策大将军。宪宗正是看到了成德镇内部的分裂，以及藩镇内部确有相当一部分的势力心向朝廷，这才筹划对王承宗用兵。

但这时裴垍、李绛却提出了反对意见。裴垍称："以前淄青节度使李纳跋扈非常，还曾与朝廷作对，陛下却允许他的儿子李师道继承节度使；而王承宗的爷爷王武俊有大功于国，您却要夺其基业。这样对比之下，怎么能够服众呢？"李绛也建言："成德自王武俊以来，父子相袭已经40余年，当地人已经习惯了。现在突然要改变这一传统，恐怕王承宗并不会奉诏。而且成德周围的范阳、魏博、易定、淄青几镇，情况都和成德相似，见到这种情况，心中一定有所疑虑。这些人现在虽然表明决心，要站在朝廷一边，但这对他们其实是进退皆利的选择。如果朝廷能顺利完成节度使的交接，他们就会说是自己的功劳。如果真的打起仗来，他们一方面可以加官晋爵，一方面又可以向朝廷索要粮饷，但却玩寇自重，坐观成败，而军费开销却全要算到朝廷头上。现在江淮正在遭受水灾，公私困竭，兴兵之举，还是要三思而行啊。"

宪宗看到反对声浪如此强烈，也考虑到实际情况，便退而求其次，问道："那就还是同意王承宗为留后，但需要将其辖下的德、棣二州分离出来，设立一个新的节镇。然后让王承宗和李师道一样交纳两税，请求中央安置州郡官吏如何？"李绛回答道："这恐怕也很难成功。德棣二州久属成德，现在要分割开来，王承宗定会充满怨念，也会引发周围藩镇的疑虑。至于两税的问题，不宜明发旨意，还是派人先去与王承宗沟通，让他自己上表要求为好。这样成了固然皆大欢喜，失败了也不会丢了朝廷的面子。"

宪宗还是不死心，又问道："现在幽州的刘济、魏博的田季安身体都不好，万一他们去世，岂不是又要如同成德一样，将藩镇交给他们的子孙？如此一来，天下什么时候能平定呢？"李绛答道："现在有奸邪阿谀之徒看到朝廷轻易地平定刘辟、李锜，就开始争相出谋划策，请求扫平河北，这不是深谋远虑之举。其实河北的情况和西川、浙西大有不同。西川、浙西一直都是朝廷控制的地盘，刘辟、李锜不过是一时狂悖，手下军民并不与之同心，所以容易平定。但河北藩镇上下胶固一体，军民对朝廷也没有恭顺之心。而且相邻的藩镇平时或许互相猜忌仇恨，但朝廷要改易方镇，他们必然会团结起来抵抗，到时候兵连祸结，周边的吐蕃、回鹘再乘机而起，事情就会不可收拾。要致天下太平，不是一朝一夕可以办到的，还请您多考虑考虑。"

宪宗听取李绛的意见后，准备承认王承宗成德节度使身份，并派京兆少尹裴武前往成德安抚。王承宗本已答应割出德州、棣州成立新的藩镇，并由自己的姻亲薛昌朝出任观察使。这样与朝廷之间算是互相给了一个台阶，面子上能过得去。不料邻藩魏博田季安果如李绛所料，不愿成德被朝廷分化，于是对王承宗称薛昌朝和朝廷已经有所勾结，不可信任了。王承宗听信间言，便将薛昌朝抓了起来，分割德、棣二州之事自然也就彻底作废。

宪宗平白被要了一道，自然气愤至极，又听闻使臣裴武回到京城后不首先向自己复命，却先去宰相裴垍家里住了一晚。而裴垍又是反对向成德用兵的，宪宗难免心中起了猜疑，便要处置裴武。李绛好说歹说才劝住了宪宗，证明裴武和裴垍的清白，但是却再也挡不住宪宗要征伐王承宗的决心了。

元和四年（809）十月，宪宗削夺王承宗一切官爵，任命宦官吐突承璀为诸道兵马招讨使，即军队主帅，率领神策军、河东、河中、河阳、浙西、宣歙等诸镇兵马讨伐成德节度使王承宗，而河北的幽州、魏博也站在了朝廷这边。

但朝中宦官领军爆发了极大的不满。去年皇甫湜的策论言犹在耳，李绛也早就弹劾过宦官的诸多不法行为，劝宪宗不要信任他们。现在白居易又上表称："从古至今没有征集天下军队，而令宦官统领的。四夷知道此事，一定会嘲笑中国，各个藩镇也不会服从吐突承璀的管理。您如果执意如此，一定会贻笑后世。"其他朝中大臣如李元素、李鄘、许梦容、李夷简、吕元膺、穆质、独孤郁等也纷纷上表反对由吐突承璀担任主帅。宪宗无法，只得将吐突承璀的兵马使职削去，改为宣慰使，但实际上还是由他担任主帅。

我们姑且不论白居易等人对宦官是否存在偏见，只谈宪宗处理的办法是有严重问题的。改换官职，没有改变吐突承璀这样一个宦官担任主帅的本质，也就是所有原本存在的问题不会得到解决。另一方面，剥夺其兵马使的头衔，反而使得吐突承璀变得名不正言不顺，还未出京师，权威就受到严重打击，各藩镇对这样一个主帅又哪里能够保持信任，听从命令呢？缺乏坚强的领导，这使得诸路兵马人心不齐、各自为战的缺点得到了进一步的放大。故而吐突承璀的大军面对王承宗竟然屡屡战败，难得寸进。

就在大军开始讨伐王承宗一个月后，南方淮西镇又出现了变数。原来在此之前，淮西节度使吴少诚便已重病，私署其从弟大将吴少阳为留后。这其实和王承宗的性质是完全一样的，李绛早就劝宪宗说淮西一向是朝廷的顺藩，和河北三镇不同，朝廷应该自行任命节度使，而不是让他们自相授受。换言之，即使要打仗，也应先打更容易处理的淮西军，而非情况复杂的成德军。但当时毕竟吴少诚还未去世，所以宪宗没有处理。现在朝廷与成德军激战正酣，吴少诚突然去世，传位给了吴少阳，中央却难以抽出手来惩戒，只能承认了吴少阳节度使的身份。

然而这就使得朝廷陷入到一个尴尬境地，讨伐王承宗的理由也就变得不是那么的充分，加之师久无功，请求宪宗收兵的呼声便越来越大。元和五年（810）三月，白居易再次上表称："本来就不应在河北用兵，现在作战久久没有成果，还不知道要花费朝廷多少钱粮？现在河北诸藩看陛下已经承认了吴少阳，必然会拿此当作口实，为王承宗辩解，到时恩德就全成了河北藩镇的了。"宪宗也知道大军难以为继，只是如此毫无战果地罢兵，他实在心有不甘。

好在裴垍马上为宪宗找到了台阶。原来昭义军节度使卢从史虽然名义上站在朝廷这边，但一直与王承宗有所勾结，打起仗来出工不出力。裴垍便开始密谋除掉卢从史。他暗地拉拢了卢从史的手下都知兵马使乌重胤，又令吐突承璀设下酒宴，邀请卢从史参会。卢从史一向轻视吐突承璀，轻身赴宴，结果被吐突承璀埋伏的军士一下子给捉捕起来，而乌重胤则趁机稳住了昭义军的兵士，使其不致哗变。

抓住卢从史之后，由谁来接替他出任昭义节度使就成了一个问题。吐突承璀的意见是就由乌重胤担任，甚至已经任命他为留后了。但李绛明确表示反对，上表称："昭义这个地方非常重要，之前被卢从史所占据，现在朝廷收了回来，却又被吐突承璀就轻易地交了乌重胤，这实在令我痛心。朝廷采取欺诈的方式诱捕卢从史，已经很不体面了，现在吐突承璀为乌重胤求取旌节，实在是没将您放在眼里。现在把节度使的位置给乌重胤，其实还不如卢从史呢。之前卢从史虽然不尽心，但也还算是朝廷的一方大员。现在吐突承璀一纸文书就能替换掉，河南河北的藩镇听到了一定会羞与为伍，不承认其地位。而且卢从史突然被手下牙兵驱逐取而代之，但天下藩镇都有牙兵卫队，这不是搞得人人自危吗？万一幽州刘济他们上表追问此事，并追究吐突承璀擅命之举，那朝廷又该如何处置呢？"

宪宗又派另一个大宦官枢密使梁守谦和李绛说："现在昭义军军队都控制在乌重胤手上，不给他节度使恐怕不行啊。"李绛道："节度使不由朝廷任命，才造成了卢从史的叛逆。现在因为乌重胤掌兵，就给他旌节，那和卢从史有什么区别呢？而且乌重胤正是因为卢从史不服从朝廷，才起来反抗，那他如果也不听朝廷的，岂不是他手下也会有反抗的人。他现在身边都是和他地位差不多的同僚，肯定不服他来当领导，把他调走，大家也都高兴。"宪宗这才恍然大悟，将乌重胤任命为河阳节度使，而以河阳节度使孟元阳去担任昭义节度使。

昭义军是长安通往河北的门户所在，亦是此次战争的前线。节度使人选的更迭，势必要花更多的时间去抚慰当地的军心，也就难以再支持前线的作战。这时王承宗敏锐地把握住了机会，就坡下驴，向朝廷上表请降，声称自己所作所为都是受了卢从史的离间挑唆，现在愿意向朝廷交纳赋税，乞求朝廷的原谅。其他藩镇如淄青的李师道也请求朝廷宽恕王承宗。于是在元和五年（810）七月，宪宗正式下诏，免除王承宗一切罪过，依旧任命其为成德节度使，德、棣二州也已经交由王承宗管理。朝廷拿出 28 万匹布帛赏赐诸军，正式结束了这场战争。

我们现在来梳理一下此次大战的得失。朝廷靡费了无数钱粮军饷自不用说，换来的只是王承宗名义上的臣服，所谓的成德交纳赋税，其实最后也未能实现，反而忠于朝廷的幽州节度使刘济却因在外作战，后方被次子刘总发动了政变，本人也被毒杀，幽州落入了刘总手中。朝廷在河北地区失去了最为忠心的藩镇。当然，宪宗也不是没有收获，起码昭义军的节度使换成了较为忠心听话的孟元阳，为之后平定河北夯实了基础。但总的来说，此次出征虎头蛇尾，得不偿失。故而当远征军主帅吐突承璀回到长安后，遭受到了清流们的猛烈弹劾，宪宗不得已罢免了其神策军中尉的军权，贬为军器使。

这个结果似乎反衬出了李绛的先见之明，战斗失利的责任也都在于宦官统兵。但如果我们跳出李绛等人的逻辑链条，就会发现战局的发展并非必然走向如今的结局。

如李绛、白居易等人屡屡强调河北胶固，也即其他藩镇都在暗中帮助成德，但事实并非如此。如幽州节度使刘济就确实在尽力攻打成德，取得了不少战果。魏博田季安虽然阳奉阴违，不肯用力，却也攻占了堂阳县。河东节度使范希朝也在与王承宗的战斗中取得了大捷。总的来说，朝廷在整个战争中其实是占据了优势的，坚持下去未必不能彻底平定成德。

不过，朝中清流们似乎并非乐见其成，战争仅持续了半年时间，白居易等人就屡次上表称师久无功。裴垍更是突然设计拿下了己方的友军卢从史，手段之卑劣，甚至连其一党的李绛也看不过去，称之为"已失大体"，更认为会导致河南、河北藩镇人人自危。但他却并没有直接点名批评裴垍，反而对吐突承璀大肆批判。这表明了当时官僚们的态度十分明确：首要目标就是不能让宦官主导的平定河北的战役取得胜利，为此不惜发动一些阴谋诡计，破坏战争大局。而与此同时，还要将责任推到吐突承璀头上，而像平定昭义军这样为宪宗挽回一点面子的功劳，更是半点也不能分润给实际执行计划的吐突承璀身上。总之，打击宦官是第一位的，其他都可以放在后面。

宪宗对裴垍、李绛、白居易等人结成一体的情况是清楚的，心中也一直怀有顾虑。元和四年（809）二月时，郑絪被罢相后，宪宗没有从翰林学士中再挑一位出任宰相，而是选择地方出身的李藩担任宰相。李藩虽由裴垍举荐，但本人是一位道德守正之士，非常讲究规矩，在史上留名的事迹也主要是两次封驳宪宗的制敕，而在战略上则未见其发言。无论是出身还是行为模式都与翰林出身的裴垍、李绛等人迥异。

元和五年（810）九月，裴垍突发风疾，无法理事，于是宪宗又任命权德舆为宰相。权德舆虽非进士出身，但在德宗朝做过八年翰林学士，是裴垍、李绛等人的前辈。不过也已出院多年，不能算作裴、李一党。从其后来行为来看，是较为中庸老实的性格，在藩镇问题上也没有明显的立场。宪宗宁可提拔李藩、权德舆这样的中立派，也不肯把朝夕顾问的李绛给扶上相位，显然是对其不能坚定削藩的态度有所不满。

元和六年（811）正月，宪宗还是决定将李吉甫从淮南节度使的位置上调回京城做宰相，同时罢免了李藩，随后又罢免了裴垍。这时宰相便仅剩早已不理政事的元老杜佑、权德舆、李吉甫三人。而三人中又以李吉甫成为主导人物。

宪宗将李吉甫调回来是有其特定任务的。原来，讨伐王承宗一役耗费 700 万贯，是当年讨伐西川刘辟的十倍，国库就此变得十分紧张。宪宗也不得不增加地方的进奉，从而转嫁成为百姓的负担。如河东节度使王锷向朝廷进献家财 30 万缗，宪宗便想为他加宰相衔，后被李绛劝谏而止。李绛后来还继续劝谏宪宗不要着急敛财，宪宗回应称："现在有几十州的藩镇都不听朝廷号令，河湟地区还有几千里的土地沦陷在吐蕃手中，我不得不敛财供军，以图雪耻。"而李吉甫回来任相的一大重要作用，就是解决财政问题。

李吉甫上奏指出冗官问题，称："历朝历代，如今官员最多，总数不下万员。而且俸禄太高，过去按照规定，一品大员月俸也不过 30 缗。而大历时，权臣月俸至 9000 缗之多，各州无论大小，刺史也都有 1000 缗。现在请陛下派人审定人员，减少各种补贴俸料吧。"最后省并了内外官员 808 人，诸司流外官 1769 人，大大减轻了财政负担。

在李吉甫忙于裁撤官员之际，李绛与宦官的斗争仍未停歇。吐突承璀虽然从神策军中尉被贬为军器使，但很快又被任命为左卫上将军，知内省事，依旧为宦官之首。甚至宦官们还合力将李绛调出翰林学士院，出任户部侍郎，使之远离宪宗。不过就在元和六年（811）十一月，弓箭库使宦官刘希光收取羽林大将军孙璹 2 万缗钱为其谋求节度使一职事发被抓，后来被发现刘希光走的是吐突承璀的路子。这下就彻底犯了宪宗的忌讳，于是将吐突承璀出为淮南监军，逐出了京城。宪宗还不无得意地问李绛："你看我贬谪吐突承璀这事怎么样？"李绛答道："我也没想到陛下能如此果决。"宪宗道："吐突承璀不过一介家奴，犯了事，我驱逐他不过如扫掉羽毛那么容易。"此后不久，便任命李绛为宰相。中枢政局就进入了双李对峙的局面。

双方交手首先围绕京兆尹元义方展开。元义方在德宗朝曾久任京兆府司录，现为福建观察使。李吉甫因其精于吏道，又熟悉长安情况，资历也够，便将其征为京兆尹，属于正常迁转。但李绛却将其冠以党附吐突承璀的恶名，并声称李吉甫也是宦官一党，并以此为由，将元义方出为鄜坊观察使。元义方上任前需要觐见宪宗谢恩，说道："李绛之所以把我调走，是因为他已经把京兆尹的位置许给同年许季同了。李绛这是擅自专权，欺瞒陛下啊！"宪宗转头就此事询问李绛，李绛道："同年不过是四海之人偶然共同中举，有什么情谊呢？我当了宰相，就应该举贤不避亲，何况只是同年而已。"宪宗知道后，便让元义方赶快赴任，不再追究此事了。

其实这事背后还有些隐情。许季同原为长安县县令，正是元义方辖下属官。元和六年（811）十二月时，因未能在规定时间内完成两税征收工作，反称元义方施政太过严苛，导致双方俱被罚俸。只不过许季同不久后就转任兵部郎中，真正受到惩罚的只有元义方而已。而许季同也远不如李绛所言那般称职。

之后《资治通鉴》又记述了许多李绛反驳李吉甫的言论。如李吉甫说："如今天下太平，陛下可以游乐一番了。"李绛就要说："如今情况还很危急，正是宵衣旰食之日，哪里能放纵呢？"又如李吉甫说："做臣子的不应当强谏，君臣之间应该保持和谐。"李绛便道："臣子就是应当犯颜直谏，这才是忠臣的态度。"又如李吉甫称："陛下您要通过严刑峻法来展现权威。"李绛便称："王者之政，崇尚德政，而非刑罚。"诸如此类的交锋还有很多，无需再一一列举。

《资治通鉴》记载这些事，是很明显地站在李绛的立场上的，而且也极力描绘宪宗对于李绛的信任，好像宪宗最后都是以听从李绛的建议而告终。但实际上，宪宗也并没有追究李吉甫的任何责任，始终保持着两党之间的平衡。有时甚至也敲打一下李绛。如元义方事件过去不久后，宪宗便对宰相们道："请大家珍惜朝廷的官职，不要都给自己的亲朋好友了。"这正是针对李绛所谓"举贤不避亲"之语而发。而此时李绛仍坚持自己的观点，认为："当年崔祐甫说'非亲非故，不识其才'，这话很有道理。我如果因避亲故之嫌，而使朝廷损失了人才，这不是至公之道啊。"宪宗面对这种"政治正确"，只得说了一句："确实如你所说啊。"

到了元和八年（813）时，宪宗终于再也忍受不了李绛这种呼朋引伴、抱团结党的行为了，直接对李绛道："听说外面都在传言有人结成朋党，这是怎么回事啊？"李绛辩解道："自古以来，君主最厌恶大臣结党，所以小人诬陷君子时，就一定会说他们结党。这是因为朋党说起来是最可恶的，但却也是最难抓到证据的。君子都是秉正道而行，自然就会与君子结交，这是同道之士，而非同党。难道一定要君子和小人交往，才算不结党吗？"《新唐书》《资治通鉴》都记载了李绛这番发言，但均未提及宪宗对此的回应。其实这已经证明了宪宗不再如此前几次那样，能接受李绛的解释了。道理其实也很简单，李绛这番应对无疑是承认了自己确有结成同党的事实，而所谓的君子小人之论，可能更犯了宪宗的忌讳。因为在他看来，评判君子小人的标准，正是皇帝平衡不同派系权力的手段，如果自认君子就能结党，那皇帝岂非轻易就能被架空？于是不久后李绛便被罢免，之后也再未入相。

当然，李绛被罢相的原因并非仅仅因为结党，更在于其在藩镇问题上始终与宪宗不能合拍。元和六年（811）八月，魏博节度使田季安去世，节度使的位置就落到了其子田怀谏的头上。但田怀谏只是一个 11 岁的小孩，显然无法真正处理政务，所以实际是家仆蒋士则代为执行军政大权。这就给了朝廷收复魏博镇一个绝佳的机会，李吉甫便称军需钱粮已经备足，随时可以对河北用兵。

李绛却不赞成，道："河北藩镇，都将兵马分配给手下的几位大将，使之互相牵制，自己从中得利。但现在田怀谏不过一介小儿，难以自行决断，需要有所依靠。这样一来，平衡就会被打破，一定会有人心生不满，互相内斗攻讦。而最后的胜出者，也会因此与临道藩镇交恶，使得其只能投靠朝廷。这时我们不要吝啬官爵，厚加赏赐，不仅能收魏博之心，也能使其他藩镇害怕手下仿效，从而对朝廷越发恭顺。这样可谓是不战而屈人之兵啊！"

李吉甫还是要坚持用兵，李绛则拿出了当年讨伐王承宗失败的案例，这下宪宗也无话可说，只得听从李绛建议，坐观魏博之变。其后事态果如李绛预料的一般发展，魏博牙将，田氏疏属田兴发动政变，驱逐了田怀谏，控制住了魏博，并向朝廷表示臣服。这时朝廷关于如何对待田兴又发生了争执。李吉甫建议按照惯例，派遣中使宦官以宣慰之名刺探虚实。李绛显然是不愿宦官得到收复魏博之功的，便道："现在田兴正等着我们承认他的地位呢。如果我们不趁机予以恩德，而等敕使到了之后，他必然会裹挟将士向朝廷请求旌节。那时我们再同意，恩典就是来自于魏博军士，而非朝廷了。所以希望朝廷直接拟旨，授予其节度使的头衔。"宪宗本还想先只授予留后，但在李绛的再三要求下，最终还是任命田兴为魏博节度使，并派遣翰林学士裴度带着 150 万缙的巨额赏赐来到河北，抚慰军士。

田兴确实也对朝廷感恩戴德，请裴度在河北各个州县巡视，宣扬朝廷威德。又请求朝廷指派一位节度副使来共同管理，麾下所缺90余个官位，也请吏部铨选人才，指派委任，并行使中央法令，交纳赋税。魏博镇算是被朝廷所收复。

朝廷未费一兵一卒，只是花费一些钱粮官位便收复河北大藩，一切仿佛都如李绛所计划一般。但我们仔细分析李绛奏疏，就可发现他的计划不过是静观其变，承认藩镇内部斗争的结果罢了。如果上位的田兴对朝廷毫无恭顺之意，李绛此举就成了错失良机养虎为患了。而且此前河北藩镇虽然不遵守朝廷王化，但其内部秩序大体也是遵循父死子继、兄终弟及的原则。但经过当年裴坦挑唆牙将乌重胤反叛卢从史一事，加之李绛支持牙将田兴反叛节度使田怀谏，这种政治传统被破坏殆尽，而朝廷也未能重新树立权威。河北藩镇彻底沦为了黑暗丛林，只要手头上有些军队，就有反叛的资本，就有可能坐上节度使的位置。整个河北藩镇风气变得越发功利与险恶，为朝堂收复河北徒增无穷后患。而依照李吉甫的建议，堂堂正正地展开攻击，或许花费大一些、风险高一些，但如能成功，则会一劳永逸，彻底地解决藩镇问题，将中央的权力彻底贯彻到河北大地上。如果这样的话或许整个历史的发展就会完全不一样吧。

当然，李吉甫和李绛二人对待藩镇问题上也并非没有相合之处，征讨淮西就是他们共同的目标。如上文曾提到的，在元和四年（809）十一月，淮西节度使吴少诚突然去世，其从弟吴少阳自称留后。当时朝廷专心讨伐成德，无暇顾及，只好承认了吴少诚的地位，并任命其为淮西节度使。而到了元和九年（814）闰八月，吴少阳也病重去世，其子吴元济秘不发丧，自领军务。

李绛此前就多次劝宪宗，讨伐藩镇要注意区分，河北藩镇不服王化，积习已久，而淮西作为内陆省份，周围都是朝廷顺藩，应当尽早予以讨伐。李吉甫也称："淮西与河北不同，四面都没有藩镇援助，国家反而在周边屯驻了数十万军队，耗费实多，应当尽快解决。"为此，还精心做了一系列人事调动，例如将防备魏博的河阳节度使乌重胤调为汝州节度使，又任命李光颜为陈州刺史、忠武军都知兵马使；袁滋为荆南节度使，严绶为山南节度使，又加宣武军节度使韩弘司徒，准备对淮西进行包围作战。

吴元济得知朝廷已有征讨淮西之意，便先发制人，主动四处出击，劫掠了舞阳、叶县、鲁山、襄城多地。十月，朝廷正式任命严绶为主帅，都督诸道兵马共同讨伐吴元济。

只不过天有不测风云，战斗刚一开始，主战派的核心人物李吉甫便病逝，为战争蒙上了一层阴影。而严绶不过一道节度使，也很难真正对其他诸道节度使进行管理，与淮西的战斗也是负多胜少，难有进展。还有一些其他藩镇如成德王承宗、淄青李师道等素来是不服王化，便上表请求朝廷赦免吴元济，自然遭到了否决。宪宗知道李师道不可靠，差点诸道节度时就没有让淄青镇出兵，但李师道还是派了两千人前往寿春，名义上是帮助朝廷，实际上是暗中援助吴元济。不仅如此，李师道将平日里豢养的刺客游侠等，此次一并派出，攻入河阴转运院。这里是漕粮转运的一个节点，囤积了大量的物资，刺客们纵火劫掠，烧掉了钱帛30余万匹，稻谷3万余斛，弄得人心惶惶。

前线战事不利，加之粮草被焚，自然又有不少大臣提议罢兵。但这次宪宗态度比较坚决，派遣了裴度前往前线视察，定要弄清进展缓慢的原因；又与当时力主出兵的宰相武元衡日夜商议对策。李师道所养的刺客便进言说："现在天子要讨伐淮西，都是武元衡一力促使的。只要我们干掉武元衡，其他人一定会劝天子罢兵的。"于是就在元和十年（815）六月癸卯清晨，趁着武元衡正要上朝之时，刺客发动了袭击，当街刺死了武元衡，击伤了裴度。刺客们甚至还给当时的金吾卫、京兆府、长安县等留下了威胁信，称："不要来抓我们，否则一定杀了你们。"之后扬长而去。

由于事出突然，朝廷虽然之后在长安城内大肆搜捕，但仍未能发现刺客的踪迹。但宰相当街被杀，政治影响太过恶劣，大臣们都惴惴不安，故而必须尽快结案。在调查中发现成德军的军士张晏曾与武元衡发生过冲突，成德军之前也有过反迹，于是朝廷迅速认定了这起袭击就是王承宗所策划的，下诏与王承宗断绝往来。

而在两个月后，这群刺客又谋划了要在洛阳进行新的刺杀，甚至还打算焚毁宫阙，纵兵劫掠。好在最后被东都留守吕元膺识破，将其一网打尽，据称同党有数千人，甚至洛阳驻军将领中都有被李师道收买的耳目。吕元膺在审理乱党时发现了这些刺客就是杀害武元衡的凶手，他立刻意识到了事态的严重性，但却不敢声张，只得秘密向宪宗上报。但宪宗此时还在忧心对淮西的战事，成德也随时有可能再次叛乱，实在抽不出军力对付淄青道的李师道了，只得默默忍受。

　　淮西之役转眼就快打了一年，仍然没有什么进展，中央却已死了两位宰相，议和的声音逐渐高涨起来。朝廷要为李吉甫制定一个谥号，太常寺定的是"恭懿"，博士尉迟汾定的是"敬宪"，都是很不错的谥号。但此时度支郎中张仲方跳了出来道："宰相协助皇帝管理万物，应该知道兵者凶器的道理，不能主动兴兵，一定要打仗，也要预料到局势的发展。现在李吉甫力主出兵，却弄得内有宰相被杀，外有藩镇作乱，农民不能安心耕田，妇人无法种桑养蚕，耗费无数民脂民膏，牺牲无数生命。如此恶果，都是因李吉甫的倡议所致。要评价他的功过，还是等着平定淮西再说吧！"张仲方是吕温的门生，而吕温就是因为弹劾李吉甫被贬出京的，所以他与李吉甫算是有私怨。但此意见除攻击李吉甫外，对朝廷征讨淮西年久无功也是极尽嘲讽之态。宪宗对此实在无法容忍，将张仲方贬为遂州司马。

　　张仲方还算是借题发挥，但有人真的建议宪宗罢免裴度，以安抚成德、淄青二镇之心。宪宗大怒道："我如果罢了裴度的官，那就是让奸人阴谋得逞，朝廷就彻底没有规矩了。就算只用裴度一人，我也一定能击败二贼（吴元济、王承宗）。"随即任命裴度为宰相。裴度也向宪宗表态："淮西是朝廷心腹之患，不可不除。

而且其他藩镇都看着这次出兵的结果作为以后忠诚与否的依据，我们绝不能半途而废。"

只是形势一时间并未得到好转，淮西依旧久攻不下，而成德的王承宗更加嚣张，四处攻击邻镇。在武元衡遇刺事件后，朝廷虽然断绝了成德的朝贡，却没有发兵讨伐王承宗。到了元和十年（815）十二月，幽、沧、定三镇都上表请求正式对成德出兵，宪宗也有心同意。宰相张弘靖、韦贯之、翰林学士钱徽、知制诰萧俛都极力劝阻，结果张弘靖被罢相，钱徽、萧俛等被免去起草诏诰的职权，可见宪宗战意之坚决。终于在元和十一年（816）正月，宪宗下诏河东、幽州、义武、横海、魏博、昭义六镇共讨王承宗，开始了双线作战。

这种决策在政治上或许保障了朝廷的权威，但从军事上而言，无疑是失败的。六镇军士集兵十余万，战线有千余里，彼此之间又没有统帅，谁也不肯为朝廷作战而搭上血本。例如幽州节度使刘总，攻占了与成德交界处的武强县后，引军前进五里便止步不前，反借由率军出界的借口，向中央索取每月15万缗钱的军饷。六镇军马就在这种合力不齐的状态下围攻了成德两年之久，反而被王承宗屡屡击败，耗费钱粮无数，却难有寸功。

　　这时，宰相李逢吉谏言道："我们还是先全力攻取淮西吧。等到淮西平定之后，携大胜之威，一定能收复成德。"宪宗不得已下诏六镇退兵，全力进攻吴元济。李逢吉趁热打铁，又提出干脆在淮西方面也罢兵为上。裴度害怕宪宗退缩，便上表自荐前往前线督军，称："我发誓不与贼人共存。现在吴元济已经到了势穷力竭之时，只不过是诸将人心不齐，才未能成功。现在我到前线，诸将害怕我去抢功，一定会争先恐后地进攻。"这才坚定了宪宗持续作战的决心。

　　裴度深知中枢中李逢吉一党始终抱着反对用兵的态度，随时有可能对自己不利，外出前必须解决这个问题。恰好李逢吉一党的翰林学士令狐楚为裴度撰写了统军制诰，任命其为"淮西招讨使"，裴度称现在韩弘已经是都统了，如果自己出任招讨使，就有分韩弘权的嫌疑，容易引起军变，于是请求改为"宣慰处置使"，这样就给足了韩弘面子。但如此一来，令狐楚所撰制诰就有了问题，裴度便以此为由，攻击令狐楚不能胜任翰林学士一职，最终将之罢免。而李逢吉也因屡次劝宪宗罢兵，失了圣眷，被罢为东川节度使。

　　裴度在清理完朝中政敌后，才奔赴前线督军。果如其所料，淮西行营诸将知道裴度要来，立刻开始进军。特别是唐邓节度使李愬趁着大雪掩盖行军痕迹，连夜偷袭吴元济大本营蔡州，一举而下，生擒吴元济，淮西就此平定。而当裴度赶至蔡州时，李愬下马出迎，恭敬至极。裴度还要谦让，李愬称："淮西军民已经数十年不识上下尊卑了。我愿借您的到来向大家展示朝廷的威严。"裴度这次接受李愬的大礼。

淮西平定之后，给其他藩镇带来了很大的震撼。成德王承宗再次向朝廷上表，请求割让德、棣二州给朝廷，随后又请求朝廷向其境内派遣官吏。淄青镇李师道还想起兵抵抗，却被魏博田弘正（即田兴改名）、义成军韩弘、武宁军李愬围攻，内部又有大将刘悟反正，最终为刘悟所杀，献首长安。淄青镇也被朝廷一分为三，郓、曹、濮为一道；淄、青、齐、登、莱为一道；兖、海、沂、密为一道。从根本上解决了该藩跋扈的问题。

至此，天下各个藩镇均已平定，向朝廷表示臣服。安史之乱后，河朔藩镇自行任命官吏、不缴纳贡赋的情况得到彻底的扭转。后世史家将这一时期称之为"元和中兴"，以纪念宪宗为扫平天下，重塑中央权威的不懈努力。

宪宗一朝，从始至终就充斥着对待藩镇持有不同态度的两派人员。一派是以李吉甫、裴度为首的主战派，他们坚决支持宪宗扫平藩镇，重振大唐雄风的根本方针，为此推行了许多改革，以加强中央的经济能力，客观上增加了民众的负担。而且在政治上，他们可以允许一定程度地与宦官进行合作，以求达到目的。在对待皇权问题上，他们也是坚决拥护宪宗，同意树立君主的无上权威。

另一派是以裴垍、李绛、李逢吉为首的保守派，他们更加注重朝堂的稳定，希望能通过抚慰的手段控制住藩镇，只要其表现出表面上的臣服即可。不到万不得已，他们不会诉诸武力来解决。即使开战，他们也希望将战争烈度和时间、规模控制在一定范围之内，一旦超出国家的承受能力，他们便会立刻叫停，甚至采用一些阴谋手段。这些人大多拥有进士出身，天然地拥有座主、门生、同年等人际关系，往往容易结为一党，互相声援，形成舆论压力。而同时他们又多有翰林学士的经历，负责陪伴在皇帝身边，起草诏诰，对同样在皇帝身边的宦官有着天然的敌意。对宦官展开攻击，往往是他们的首要政治目标。同样是讨伐藩镇，宦官吐突承璀主持的战役持续半年就无法坚持；而裴度虽然与之政见不合，却可以坚持四年有余，就是这种差别对待的反映。在对待皇帝态度上，他们更多地希望皇帝虚心纳谏，听取他们的建议。

两党之争的核心是政治观念的区别，而其中又包含着许多个人欲望及恩怨，所以其争斗也并非全为公心。但另一方面，两党人物也有交叉融合之处，并非在一切事务上都泾渭分明。他们归根到底还是士大夫阶层，有着共同的情趣爱好，有着基本共通的价值体系，乃至有着彼此交融的人际关系网络。宪宗元和年间的党争，还未发展到之后截然对立的状态。

三、宪宗朝的财政危机与皇甫镈的得势

随着对藩镇战争的一次次胜利，宪宗的心态也逐渐变得膨胀骄纵起来。以前摆出的勤俭节约姿态再也难以维系。原本住得习惯的宫殿似乎变得狭小，日常宴饮也变得更加频繁。整个皇宫逐渐沉浸在奢靡的风气之中。

元和十三年（818）正月，平定了淮西吴元济之乱的裴度重新被召回京城，继续担任宰相这一重要职务。可是他还没来得及喘口气，就遇到了一件麻烦事情。原来是宪宗下令让京城的禁军

去扩建麟德殿。麟德殿本来已经是大明宫中最宏伟的建筑了。主体建筑建造在南北长 130 米、东西宽 80 余米的台基上，由前、中、后三组殿组成，面宽 11 间，总进深 17 间，比今天的故宫太和殿还要大得多。平时主要用于举办宴会、非正式接见大臣、会见各方来使和观赏歌舞杂技等娱乐。宪宗此次扩建麟德殿，也是为了宴请平定淮西的功臣李光颜时能显得更有面子。

修建宫殿需要用到大量资金。然而大战过后，国库已经严重缺钱，无法拨出资金来修建麟德殿。于是经办人员只好暗示将士们应该自掏腰包来捐赠宪宗，修缮大殿。禁军们本来就不乐意做这些营造土木的工作，现在还必须自己掏钱，自然会有很多不满。当时的禁军统领张奉国、李文悦等人就连忙将此事禀告给从前线归来的裴度。

裴度得知此事后，也马上向宪宗进谏，说：“陛下啊，您要修大殿，朝廷自然有将作监等部门负责，怎么可以让禁军去干这些活呢？而且张奉国他们都是有功之臣，怎么能让他们倾家荡产去给您修宫殿呢？”宪宗听闻此言后，却没有和以前一样听从裴度的谏言，反而发作起来，认为张奉国等人既然发现了问题，却不向自己汇报，反而将禁中的事情泄露给外臣知晓，实在是犯了大忌。于是他下令张奉国直接退休，李文悦也被禁止进入宫城之中。几个月后，宪宗才重新给了裴度几分面子，任命张奉国为鸿胪卿，李文悦则出为威远军使，远离了政治中心。

这事引发了一个连锁反应。张奉国本来是右龙武军统军，在他被勒令致仕的那段时间里，龙武军就没了统帅，由辟仗使代为主持工作。辟仗使为宦官担任，主要负责监督主帅有无赏罚不当、违法犯纪之事，和外镇的监军作用一样。但此前辟仗使权力虽大，却没有自己的官印：若只是监察，问题还不大，现在要处理军中庶务，没有官印，自然名不正言不顺。故而下面的将士很多都不听从辟仗使的指挥，有的装病不执行命令，有的甚至直接和辟仗使争执起来。宪宗得知这一情况后，便下令特赐辟仗使印信，即等于赋予了宦官掌管六军的权力。

这种变化显然是裴度未曾预料到的，本以为只是一次普通劝诫皇帝不要大兴土木的谏言，却被宪宗抓住机会，改变了禁军军权的归属，扩大了宦官的权力，使得原本平衡的中枢政局逐渐变得失衡起来。

宪宗通过玩弄权术向大臣们表达了自己的态度，裴度等人自然也知道很难再在宫廷用度上限制皇帝的享乐，于是更多的营缮工作就此展开。如对大明宫东内苑淤积已久的龙首池进行了清淤工作，又在旁边修建了承晖殿，并雕梁画栋，用丝绸装饰，还从京城佛寺中移栽了各种奇花异树，弄得富丽堂皇，犹如仙境。元和十四年（819）三月时，又征发军士两千人修葺勤政楼。

平心而论，宪宗这些营缮活动其实还未达到大兴土木的水准，反而有着一定的合理性。长安皇宫的建筑自李唐开国以来，已近两百年，虽然间或保养维修，但其实也早已脆弱不堪。更可怕的是，还要遭受频繁的各种自然灾害的侵袭。就以宪宗朝而论，能被记上史书的就有：元和三年（808）的大风，吹垮了含元殿西廊的栅栏27间；元和四年（809），御史台大火；元和七年（812）的地震，京城中草木摇晃倒塌了一大片，宪宗还向李绛询问了此次地震的预兆，可见对其心理冲击之大；元和八年（813），京师大风雨，倒塌房屋无数，南城积水深达丈余，渭水桥也被冲垮，为应对这次灾害，宪宗放出宫女二百车，为其婚嫁，以化解阴气。可知宫中也必然因此次暴雨有不少损害。元和十二年（817）再次暴雨，全城水淹三尺，皇宫内的含元殿也塌陷了一根柱子。以上种种已经说明皇宫建筑历经二百年风雨，早已摇摇欲坠。其实早在元和五年（810），朝堂上就有人提出过宫殿过于破旧，需要进行维修，只不过当时宪宗的精力都放在平定藩镇叛乱上，便以开支过多而暂缓了这项工程。如今财政略显宽裕，那么对宫殿进行大规模修缮甚至新建，其实已是势在必行。

只是如果说大兴土木还属于情有可原，宪宗越发频繁地举办宴会可能就令群臣们倍感不安。在元和初年，宪宗曾多次下令停办各类宴会活动，以节约财政开支。但平定淮西之后的元和十三年、十四年两年间，仅在麟德殿大宴群臣的历史记载就多达十次。这些活动少则数百人参与，多则上千，而且伴随着宴会的举办，往往还要向百官将士赏赐大量的钱帛财物。如此一来，自然给国家财政造成了很大的压力。

其实，唐朝中央的财政自安史之乱后，基本从未曾宽裕过。德宗时依靠杨炎改革税法，将传统的租庸调制改为两税法，其财政政策的总体思想是"量出制入"，即先对来年的开支进行预估，再根据预算来制定税收多少。这种政策好处是可以更好地征收赋税，更贴近政府的实际需求。但弊端也是显而易见，由于收入是贴近开支的，也就意味着不可能有多少结余。而且稍有财务经验的人都知道，运行一个项目或经营一个公司，因为有着种种不可预料的突发事件，额外支出往往超出预想。放大到国家层面而言，预算超支基本就是一个必然事件。所以，在量出制入思想下的唐朝财政几乎时刻走在崩溃的边缘上。

在这种背景下，宪宗进行了许多财政方面的改革，如两税依据虚估征收、调整州县运送赋税的方式、加强对两税制征收的监察、核实户口等。这些政策调整都比较复杂，这里不拟多谈。而与此同时，宪宗起用了一批为其敛聚钱货的财臣则更值得我们重视，其中尤以皇甫镈最受宪宗重用。

皇甫镈，安定朝那人，祖父皇甫邻几、父亲皇甫愉，都当过刺史一级的高官。皇甫镈在贞元年间进士及第，随后又参加了制举。之后一路官至吏部员外郎，据说在任上狠狠惩治了省中的小吏。大家不要小看这些小吏，他们熟知省内司中事务，为人大多奸猾狡诈，不少宰相都在这些老油条手中吃过亏，皇甫镈能在和他们的斗争中取得胜利，可知自身的业务能力和官场手段都颇为不俗。

之后皇甫镈的仕途算得上一路顺畅，历任吏部郎中、司农卿、御史左丞等官。元和十年（815）时，他被拜为户部侍郎判度支染指全国的财政大权。这一年是宪宗决心征讨淮西吴元济的时候，而原本的判度支使杨于陵却连前方将士的军饷都不能保障，唐邓节度使高霞寓几次上书弹劾，杨于陵也没能解决这个问题，最终导致高霞寓屡次战败。宪宗得知情况后大怒，将杨于陵贬为桂州刺史，而任命皇甫镈为判度支使，显然是希望利用他的才干和狠劲为国家筹措军费，保障前线补给顺畅。

杨于陵此人并非没有能力，只不过他也是巧妇难为无米之炊。自安史之乱后，唐朝中央财政收入就颇为依赖江南。而要将江南赋税运抵长安，就需要依赖漕运输送。现在吴元济叛军的大本营淮西，就正好位于运河的必经之路上。如此一来，江南的粮食布帛自然无法顺畅地送到长安，长安也就自然拿不出钱粮来支援前线将士。于是在这种情况下，皇甫镈上任后的第一件事就是增加盐价，而且是专门增加剑南东西两川、山南西道（今天山西南部、四川、重庆、湖北西部一带）的盐价。

这么做有两个好处。其一，增加收入而不担骂名。因为当时食盐主要是民间制作，官方收购，再专卖给一些特定商人进行运输分销，政府主要赚取其中差价。现在提升盐价，就等于提高了官府的收入，但毕竟中间隔了商人一层，能较少地引发官府与民众间的矛盾，也即"苦一苦百姓，骂名商人背"。如此，就不会太过影响朝廷和宪宗的形象。

其二，此次加价的地区都在长江、汉水上游，这里没有叛军，水路畅通，可以直接将新收的钱粮直接发往前线的唐、邓等州而不会受到任何阻扰，也就不会重蹈杨于陵的覆辙。

甚至为了保障这次提高盐价的政策，皇甫镈还特别加强了对私盐贩子的打击力度和对盐政的管理。比如以前贩卖私盐一石者被抓，主要判处流放边疆，但现在则改为处死。贩私盐一斗的就要被处以杖刑，并且没收运输工具；甚至刮下碱土的，也相当于十分之一的私盐（碱土中可以提取食盐）。而且在市场中将店铺租给私盐贩子的房东、中介等，也要连坐。各级官员查处私盐不力者，也会被处以罚款。刚刚归附中央的河北地区自安史之乱以来，就不怎么缴纳盐税，也不遵循朝廷的盐法。但这次也被设置了榷盐使，导致当地很多人都违反了禁令被抓。

当然，仅靠盐税还不能满足朝廷需求。前面提到的漕运虽然会受到吴元济的骚扰，但也并非完全不能通航。只不过因战乱原因，运河时常堵塞，水量不足以承载船只通行。这期间也有当地官员进行疏通，但离全盛时期也即刘晏主持漕运时每年能输送200万石的盛况相比，此时不过每年能输送20万石而已。为解决这一问题，转运使王播下令输送粮食500石，如果损失了50石，船主就要被处以死刑，希望通过这种严刑来提升输送效率。

　　皇甫镈在此基础上进一步细化了规则。他规定运送 10000 斛损失了 300 斛（也即 3%）以上，就要船主自行补上；损失了 1700 斛（也即 17%）以下的，就要被流放；超过了 17% 便处死。如果是有意偷盗漕粮的，10 斛即流放，30 斛即处死。皇甫镈放宽了死刑的比例，但也制定了无论损失多少都需要进行赔付的规则，而且损耗比率定得很低，3% 即需赔付。这一标准实在太过苛刻，因为唐初对漕运即有规定，"故其率一斛得八斗为成劳"，即十斗中有八斗运输成功就算合格，损耗率高达 20%，而实际运输中往往是损失 70%-80%，只有 20%-30% 才能真正送达。

　　皇甫镈制定如此苛刻的标准，自然有不少人难以完成而被抓，乃至破产来抵偿债务。而最终的成效就是漕粮运输量达到了 50% 左右，这其实已经算是一个很优秀的数据了。因为皇甫镈的苛政引发了许多儒家士大夫的攻击，于是将所有因不能如期如数运输漕粮而获死罪者，全部改为流放。应当说即使经过了这种宽松化的改革，惩罚仍算严厉，但结果却是大家都变得不畏惧法律了，能送达的漕粮又回到了 20%-30% 的水平。最后迫不得已，又恢复了王播、皇甫镈的严苛政策。从这种前后反复来看，皇甫铸的政策确实是富有实效的，能大大地提高漕运效率，缓解京城的粮食危机。

皇甫镈上任的第三把火就更为直接，打上了垫陌钱的主意。关于垫陌钱的由来演变较为复杂，可以将其简单理解成一种交易税。原本是1000文（1贯）的交易中要抽出20文的垫钱，以供国家开销，也即2%的税率。现在皇甫镈提议将额外增加50文的垫钱用来供给军队开销，即将税率增加到7%。这显然大大增加了政府的收入，但也直接损害了所有参与交易者的利益。

我们可以看到，皇甫镈为了支持宪宗平叛，是使出了浑身的解数来增加国家财政收入，手段也是越来越直接赤裸，副作用也是越来越强，影响越来越坏。但越是这样，宪宗对其就越是信任，乃至在元和十三年（818）九月任命皇甫镈为宰相。这条诏令一出，立马引发了早已看不惯皇甫镈的儒家士大夫们的强烈不满。当时的宰相裴度、崔群纷纷上书反对，但宪宗完全不予采纳。裴度见此情况，只得上书请求辞去宰相，并再次上书劝谏，言语间十分激烈。奏疏大致内容如下：

"现在局势比之此前，已经有了大幅好转，天下太平之日，已在眼前。但天下是否能够太平，就在于朝廷。朝廷是否安稳，就在于宰相。现在朝中大臣听说陛下突然要提拔皇甫镈，都感到十分惊诧恐慌；街中百姓得知此消息，也都将其当作一个笑话。陛下就像大殿，宰相就是地基。地基越高越厚，大殿也就越安稳宏大，如果地基就是歪的，大殿又怎么能立得住呢？所以宰相的人选一定要慎重啊。

皇甫镈自执掌财政以来，百般苛求，一味搜刮，百官都想食其肉而后快，当时都是靠着我们上下安抚，才没出大乱子。陛下认为皇甫镈对淮西平叛有功，但实际上朝廷军费中如果花掉了五成，到前线将士手中的不过一二成，士兵们无不愤恨难忍，都想着叛逃。我到了前线，向他们约定如果能奋勇向前进军，一定会多予赏赐，又紧急下拨了两成军费安抚军中，才稳住了局势。这些将士如果听说皇甫镈要当宰相，一定会惊惧非常，说不定就要再次造成动乱。现在听说浙西观察使李修得了重病，不妨就将皇甫镈调去浙西，也算对他的功劳有了交代。

我知道我这些话一说出口，一定会得罪您。但现在天下之所以能渐渐平定，就是因为朝廷所作所为能使大家心服。我实在不忍心因为皇甫镈当宰相一事就破坏这种大好局面，使得天下百姓都与朝廷离心离德，四方诸侯都与您渐生嫌隙。所以我冒死也要进上这份奏疏，请您一定再慎重考虑。"

宪宗看过奏疏之后，自然怒不可遏，只是碍于裴度刚刚立下大功，不可能就此罢掉他的宰相，只得将此奏疏留中，就当无事发生。不过有了机会，宪宗还是要对裴度进行敲打。一次朝会后，宪宗对裴度道："臣子侍奉君主，就尽力做些好事，威望自然随之而来，为什么要去树立朋党呢？我对这种行为实在非常讨厌。"这话已经说得非常直白了，让裴度不要总是动辄发动群臣舆论，兴师动众地攻击皇甫镈等人。

但裴度却丝毫不肯退让，直言道："无论是君子还是小人，大家都会结成共同的团体。只不过对君子而言，就是志同道合的伙伴。对小人而言，才是真正的朋党。"

宪宗听闻此言，冷笑一声道："其他人说的，也和你一样，都说自己是君子之党，哪里能轻易地分辨清楚呢？"

裴度回答道："君子和小人，只要看他们的所作所为，自然就能分辨出来了。"

宪宗又道："所谓的好事，口头上说起来很容易，做起来就难了。你既然这么说，那就要好好干，不要只说空话了。"这里的潜台词即是皇甫镈他们是做实事的，而裴度等人只是擅长空发议论的书生罢了。

不料裴度却又反将了宪宗一军，道："陛下您说得太对了。天下人也都不听陛下说了什么，而是看您做的事情。我也希望您能说到做到啊。"

史书上说宪宗听了此话后很是欣慰，但恐怕这只是史官的矫饰之词。宪宗的真实心理恐怕是很愤怒的，因为上次和他说君子可以结党的还是李绛，李绛被罢相后就再也没有得到宪宗的信任，仿佛在朝堂上消失了一般。而裴度再次强调君子之党后，很快就被外放为河东节度使，远离了朝堂。因为宪宗最在意的不是君子小人，而是结党。只要结党，无论是好是坏，就都有了威胁皇权的力量。更何况在他看来，判断一个大臣是君子还是小人的决定权应该在皇帝身上，而不是官场中的舆论。

皇甫镈知道裴度等人对自己的攻击以及宪宗的态度后，立马明白了自己的作用。其一，就是尽量地为宪宗开辟财源；第二，就是成为限制裴度一党的旗帜。越是和传统清流作对，他就越能得到宪宗的信任。于是他又提了好几条建议，比如请求减少百官的俸禄，削减财政开支；又请提高全天下的盐价酒价，好赚取更多差价，甚至还要以此倒追几年前的差价。这些措施都未免太过离谱，负面影响太大，故而被当给事中崔植驳回后，宪宗倒也没有将这些措施强硬推行下去。

不过皇甫镈的另一项举措倒是一直持续进行，即发卖大内积压的各种布帛物品。这些物品大多数还是由国库进行高价采买，再作为赏赐发放给军中士卒。这样做对宪宗个人是大有好处的。其一，通过这一倒手，属于政府国库所有的资产，便转移成了皇帝个人的私有物。宪宗之后要进行使用支取，就无需通过外朝户部决议讨论，更为方便。其二，所卖物品都为积年陈货，放在内库之中难以使用，时间长了只能平白腐朽。发卖出去就减少了皇帝私产的损耗。其三，皇甫镈是用高价进行购买的。上文提到过，当时长安中钱重货轻，各类纺织品根本卖不上价。皇甫镈却利用自己身为宰相又判度支掌握财权的特殊身份，强行用高价购买，其实就是损公而肥私。

为了推动交易的顺利进行，皇甫镈还亲身打起了广告。一次在朝堂上，他当众伸出了脚，指了指上面穿的靴子，对大家说："这就是我自掏腰包，花了2000文从内库中买的靴子，又轻便又结实，哪像有些人说的都是次等品呢？"这在庄严肃穆的朝会场合上，是相当无礼的事情，御史都可以弹劾他一个殿前失仪。士大夫们自然看不起这种商贩行径。此点都可暂时不论，关键是各地军士们，也是领不到皇甫镈所穿的靴子的。他们所拿到的布帛衣服，都是陈年旧货，老化严重，大风一吹就要散架，胳膊一伸就要裂开，完全无法使用。有的地方甚至出现了愤怒的军士们将这些衣服聚在一起，一把火烧掉的情况。这些事又是依靠裴度等人上下弥缝安抚，才算糊弄过去。可在宪宗看来，只要没出大乱子，皇甫镈就算是为自己搜刮到大量钱财的栋梁之材了。

皇甫镈见此情景，变得越发嚣张。他想起了此前拜相时，除了裴度反对之外，另一宰相崔群也参与其中，还将他比作了玄宗朝的奸臣李林甫，皇甫镈心中不由记恨崔群。他又想起最近群臣正在商议给宪宗上一个尊号，以彰显平定淮西的功绩。他自己想了半天，觉得应该加"孝德"二字，结果崔群却说现在尊号里已经有了"睿圣"二字，就等于涵盖了"孝德"的意思。于是皇甫镈对宪宗进谗言说，崔群认为您不配使用"孝德"二字的尊号。此时宪宗正是志得意满之际，哪里听得了这些，便下诏罢免了崔群的宰相之职，将其出为湖南观察使。

当然，宪宗是特别注意朝堂势力平衡的君主，他在打压裴度一派的同时，也都是将他们出为节度使、观察使一类的高官，留下了随时将之调回中央的余地。而皇甫镈在朝堂上也不是事事如意，也有吃瘪的时候。如之前将他减少百官俸禄的提案驳回的崔植，就没有受到任何影响，反而声望大涨。又如上任判度支的杨于陵，皇甫镈不愿他留在朝中，又恰值浙西节度使李修去世，便向宪宗提议让杨于陵接替，但他的提议最终未能获得批准。

皇甫镈也注意到了这点，深知单靠为宪宗敛财是远远不够的，还需结交其他深受宪宗信重的宠臣，以此扩充自己的势力。这里面包括同样精通财政的程异，还有宪宗的东宫旧臣张宿。他还扶持了自己的同年萧俛、令狐楚等人进入翰林院，成为掌握草诏权力的翰林学士。只不过令狐楚当年在出兵淮西的事情撰写的诏令不合裴度之意，被罢掉学士之职，后又被出为华州刺史。裴度元和十四年罢相之后，皇甫镈便援引令狐楚入朝为相，成为自己的党羽。

不过，仅靠这些外臣还不够维持权势的稳固，还需内廷的帮助。宪宗宠信的大宦官吐突承璀自然是皇甫镈巴结的对象，但这只能算政治盟友，皇甫镈能对其施加的影响有限。这时一个群体出现在了皇甫镈的脑海之中，他们身份相对较低，也就易于操控，却又能随侍在宪宗身边，且颇受帝王宠信，方便为自己多说好话。只是恐怕皇甫镈怎么也没能料到，这一群体也成为宪宗暴毙的重要诱因。这一群体就是和尚与道士。

四、崇尚佛老与宪宗之死

皇甫镈能想到利用通过佛道的影响力来巩固自身的地位，其实是一件很自然的事情。这和唐代佛道二教飞速发展的大环境息息相关，也是他投宪宗个人之所好的顺手之策。

先说佛教。佛教自汉代传入中国以来，便一直进行着本土化的改革。经过魏晋南北朝三百余年的浸润，到了唐初之时已经风靡天下，几乎每个州都有寺院。而随着门阀政治在唐朝的衰弱，新兴士人阶级的成长，佛教理论开始向人人皆可成佛说、顿悟说进行转化。这便再次扩大了信众的基础，并迎合了新晋士人希望改变自身命运的心理，故而更加促进了佛教的流行。而僧侣们也逐渐放弃了离群索居、远离世俗、追求清净的理念，转而认为举办更大规模的更具展示性的仪式，才能吸引更多的信众，成就更多的功德。这也使得隋唐的佛教活动较之南北朝时期规模更为宏大。

　　李唐王室对于佛教的态度也前后不一。简单而言，唐高祖较为反对，甚至一度下令禁毁佛教。太宗、玄宗虽然也对佛教并不排斥，但仍将其放在道教地位之下。高宗、中宗、睿宗、肃宗、德宗等则较为信佛，但他们也只是普通信众的水平。而代宗则较为沉迷，宫中常年供养了一百多位僧人，甚至还接受了密宗高僧不空的灌顶戒，成为一个真正的佛教徒。但这些皇帝比之武则天，还是差上一筹。武则天的好几个尊号里都有"金轮"字样，即表示自己是转轮王之身。又伪造《大云经》《宝雨经》等，宣扬转轮王当化为女身统治东方世界的舆论，为自己造势。在她当上皇帝后，还规定佛教在道教之上，即将李氏的祖先老子压在了自己的本尊之下。

　　宪宗对佛教的态度有个变化的过程。前期他并不很崇信佛教，甚至还下令清查寺院隐蔽的田产，还勒令伪滥僧尼还俗。然而这并不是对佛教的打压，只能说是一种宗教管理的规范。与此同时，他和许多皇帝一样，也时不时召见一些和尚讲经说法，也兴建过一些寺院，举办过几场大规模法会，但也基本都控制在合理范围之内。

　　在元和十年（815）左右，事情逐渐起了变化。这时唐朝中央已经和淮西吴元济开战，但战事进行得并不顺利，朝堂上还总有大臣提出罢兵和谈的主意，宪宗背负着极其沉重的心理压力。而求佛问道，就成为他解压的重要途径。宪宗也希望冥冥中的诸天神佛能赐予他平定天下的力量神通，完成中兴大唐的伟业。于是几场大规模的佛事活动就此展开。

首先是元和九年（814），在宪宗生日的那天，他召集了僧道350人进入麟德殿，并令他们在殿中辩论佛道高低优劣，似乎是在考虑到底哪路神仙更能帮助平定淮西叛乱。其次，元和十年（815）三月，西明佛寺要将一尊毗沙门神像移到开元寺中，宪宗却兴师动众地派遣禁军护送，声势弄得颇为浩大，引起了成千上万的长安民众围观。元和十二年（817），宪宗又下令修建元和圣寿佛寺，还加筑了配套的夹城，用以连接宫城和佛寺，使自己随时能够参拜礼佛。

淮西叛乱平定之后，又举办了无遮大会来宣扬佛法神通。这时向佛陀祈求的主题就从保佑战争胜利变为了为自己祈福，让自己能长生不老，皇位永固。而就在这时，一则关于佛骨的消息传入宪宗耳中。

所谓佛骨，即释迦牟尼圆寂火化后遗留的舍利。据说被印度孔雀王朝的阿育王将之分为四万八千份，分置四方，并建宝塔保存。而在中原，据说就有 19 座这样的舍利塔。高宗曾怀疑过这19 座塔建于不同时期，怎么可能都是阿育王用以分发佛舍利的呢？但当时的高僧智琮却宣称自己在法门寺塔中发现了佛舍利。又因岐州离京城长安最近，故法门寺就成为唐朝最著名的佛教圣地之一，时常在此举行迎佛骨的活动。

所谓迎佛骨，是指每隔一定时间，将保存于塔下地宫中的佛舍利取出，运送到京城皇宫之中，再举行盛大的法会祈福，等法会举行完毕后，再将佛舍利送回塔中地宫中保存。据文献记载，从北魏到唐德宗，法门寺已经举行了 7 次这样的迎佛骨活动，每次都轰动一时。令人啧啧称奇的是，1987 年考古工作者在清理法门寺塔基时，竟发现了地宫，其中竟真的保存有一份指骨舍利。是否确为释迦牟尼的遗骸尚不可知，但历代帝王所奉迎的佛骨，当即此舍利无疑。这真是"今人不见古时月，今月曾经照古人"，令人感慨万千。

当然，迎接佛骨不是随时都可以进行的，需要讲究时机。据传是 30 年一出，可以保人平安。对于宪宗而言，上次迎佛骨还是祖父德宗贞元六年（790）之事，宪宗已经 12 岁了，当时万人伏地狂热叩首的场景至今还回荡在自己的脑海之中。如今则是元和十三年（818），明年正是佛骨出世的时机，自己又恰好平定了淮西叛乱，各个藩镇都俯首称臣，这种巧合难道不是上天给予的赏赐吗？怎么能不举办一个隆重盛大的迎接佛骨的仪式宣扬自身功德呢？

于是，元和十三年（818）十二月一日，宪宗便派僧人惟应、端甫前往凤翔法门寺迎接佛骨。十四日，又派宦官宫女手持香花前往长安郊外驿站迎接，并命禁军护送至宫内。佛骨到达皇宫之后，宪宗在禁中连开三天法会，亲自点香燃灯，为大唐祈福。随后又将佛骨舍利轮流送到长安中各处佛寺进行展览，使全城百姓都能欣赏。这就引发了礼佛狂潮，无论是王公大臣，还是平民百姓，无不奔走相告，竞相争看。许多信众头顶燃灯，烛烧手臂，以此自残的形式来表现自己对佛陀的虔诚。至于为向佛寺捐施而倾家荡产者更是不计其数。甚至还有不少人趁着全城礼佛之际，打着供奉佛骨的名号，四处偷盗劫掠，造成了不少混乱。

这场佛骨的狂欢巡游持续了四五个月，直到四月八日佛诞日这天，宪宗才在勤政楼前又举行了一次僧斋大会，并伴以文艺汇演。各种歌舞、杂技表演伴随着梵音响彻四方，吾皇万岁与佛祖慈悲的颂词传遍整个长安。天下终于安定，国库也算充裕，又恰逢佛骨三十年一出的盛会，这场盛大的演出成为安史之乱后长安百姓难得的欢乐记忆。一个崭新而美好的时代就要来临了！

这时一封奏疏递到了宪宗的案头，仿佛一根银针刺破了美丽的泡影，令宪宗大为震怒。这封奏疏是刑部侍郎韩愈所上，对宪宗奉迎佛骨一事进行了大肆批判。我们都知道韩愈是唐宋八大家之一，古文运动的发起人之一，是一名伟大的文学家。但对其政治生活可能了解较少，故还需在此简要介绍一番。

韩愈字退之，河南河阳人。德宗贞元八年（792）中进士，但之后几次参加吏部举办的博学鸿词科都以失败告终，也一直未能被授予官职。只不过在长安考试的几年中，他将自己的文章四处投送给各个达官贵人，并受到了宰相郑余庆的赏识，于是文名大振。贞元十二年（796）七月，韩愈因受宣武节度使董晋推荐，得试任秘书省校书郎，并出任宣武节度使观察推官，这才算真正的入仕。随后他又历任四门博士、监察御史，因弹劾当时负责宫市采买的宦官，触了德宗的霉头，于是被贬连州阳山令。

到了宪宗元和初年，韩愈才被召回，又当上了国子博士、迁都官员外郎。只是好景不长，随后又牵扯进了一桩华州刺史与华阴县令相争的案子之中，又被贬为国子博士。韩愈感慨自己的仕途不顺，写了一篇《进学解》自嘲，不料却被宰相看中，认为有修史之才，于是将其安排为比部郎中、史馆修撰。不久后又迁为考功郎中、知制诰、中书舍人，负责为皇帝撰拟诏令。

不过韩愈此人确实没有官运，随后又因一些小事被弹劾，改任太子右庶子这样的闲官，失去了草诏的权力。幸好宰相裴度一直看重韩愈文采，前去淮西平叛时，表请韩愈为行军司马，也即自己的副官。这样在平定吴元济之后，韩愈也算有了一份功劳，被升任为刑部侍郎。宪宗也素来知晓韩愈文名，便令其撰写文章，铭刻碑石，以纪念平定淮西这一伟大胜利。韩愈也不推辞，挥毫而就，写出了一篇千古名文《平淮西碑》。其中盛赞裴度功德，将此次胜利的功劳都算到了裴度头上。

韩愈本人可能是想报答裴度的知遇之恩，但却不知这一表述却忽略了前方真正浴血奋战，雪夜袭蔡州的李愬的功劳。这自然算是得罪了李愬，甚至还闹得李愬的妻子进到皇宫中哭诉不公。更为关键的是，宪宗此时已经对裴度感到厌倦，自然不愿继续扩大裴度的声望，于是下令将刻有韩愈雄文的碑文磨平，重新刻上段文昌所写的文字。

从以上韩愈的种种经历来看，他确实如史书中所说的"拙于世务"，总是看不清朝政的发展方向，往往稀里糊涂地丢官贬职还不知原因所在。他在自己的文章被重刻后，竟还未能完全意识到宪宗已经对其颇为不满，又开始在迎佛骨的事情上唱反调。他在奏疏中写道：

"佛教不过是夷狄的教法。中国上古时期没有佛教，但像三皇五帝这些君主们往往都能活到百岁。自从汉明帝时期佛教进入中国后，各朝国祚就大不如前了。汉明帝不过在位18年，之后的宋齐梁陈、魏齐周隋，一个比一个国祚短促。只有一个梁武帝在位48年，他三度舍身出家，结果却被侯景围困，饿死在台城之中，国家也随之败亡。由此可知，信佛是没有什么用处的，并不会得到佛祖的保佑。

"我大唐高祖就曾下令禁绝佛教，只不过当时由于群臣见识不足，未能施行。所以今天希望陛下您能禁止人出家为僧侣道士，不许再建立寺院道观，以继承高祖遗志。即使目前还无法做到，也希望您能遏制住佛教发展的势头，不要让僧尼数量再增加了。

"陛下现在奉迎佛骨，我也知道您只不过是想让大家高兴放松一下。以您的圣明，是不会相信佛骨传说的。但百姓无知，还以为您是真的信佛。现在已经有人做出极端行为了，如果不加以控制，恐怕后果不堪设想。

"其实佛陀本是夷狄之人，与中国言语不通，也不懂中国的礼教。即使他今天真的到长安来了，您也不过见他一面，他吃顿饭、赏赐点东西就打发他回去了，绝不会让他传教的。更何况现在只不过是几根残骸这种污秽之物，怎么能让这些东西进入到皇宫之中呢？我希望您赶快将这佛骨舍利烧毁或扔进河里，让大家再也不要受其蛊惑，永绝后患。如果因此产生什么鬼祟报应，我愿一人承受，绝不反悔。"

宪宗见到此疏后大为愤怒。他觉得自己辛苦十几年，好不容易平定天下，刚过几天好日子，韩愈就咒自己活不长，这到底是何居心？这样的无君无父之徒，不立刻处死，还等什么呢？幸亏裴度、崔群帮忙说了许多好话，才勉强劝住宪宗，将韩愈贬为潮州刺史。

韩愈到了潮州后，实在受不了当地的环境，又上表极言自己被贬后的凄惨状况，又盛赞宪宗的丰功伟业，希望能重新调回长安。这时事情已经过去了好几个月，宪宗气也消了不少，同意韩愈的请求。不料皇甫镈不愿裴度的干将回京，称之前韩愈诅咒君上，不能轻易放过，最终只是将韩愈改为袁州刺史。虽较之潮州好了不少，但毕竟也远离了京城。

从这件事中我们可以看到，宪宗虽然好像表现得对迎佛骨十分积极，但他却非虔诚的佛教徒，韩愈奏疏中对佛陀的多番诋毁，他心中并不在意。百姓们倾家荡产、自残躯体的崇佛所引发的社会问题，也根本不在他的考虑范畴之内。他的关注点完全放在君主信佛就会短命这一论断上，这也体现出宪宗对寿命的焦虑。

宪宗生于大历十三年（778），到了元和十四年（819），不过42岁左右，按理来说不应当对生死如此焦虑。但纵观唐朝历代先祖，除高祖、玄宗活过七十，德宗活过六十外，其余诸君基本都在50岁左右去世。特别是自己的父亲顺宗，去世时年仅46岁。整个家族的寿命都不算太长，自己距离五十大限，简直转瞬即至。元和六年（811），太子邓王李宁的突然去世，年仅9岁，这更是加重了他对生命短促的恐惧。在此压力下，宪宗转而向道教方士寻求长生之法。而当时最为流行的长生术，便是服食金丹。

中国道教有着悠久的炼丹传统，也一直有着丹成不死的传说。唐朝自认为老子李耳之后，将道教奉为国教，自然也不可避免地受到这种知识体系的影响。再加之李氏家族有着遗传的"风疾"即高血压，很多时候都需要服食丹药来缓解病情。如太宗、高宗在年轻时，都说过一些佛道所谓长生不老都是无稽之谈的言论，但到了晚年，风疾加剧之时，在病痛的折磨下，却总是希望能找寻到各种神异的方法来延年益寿。哪怕最后太宗、高宗之死都与服食金丹有关，也阻碍不了这种行为成为李氏皇族的一个传统。

宪宗和他的榜样太宗一样，早年也并不信道。元和二年（807）时，还下诏要搜检隐匿伪度的道士。不过过了几年后，宪宗对道教的神仙炼丹之术兴趣大增，企求长生。元和五年（810）时，就有宦官从新罗归来，和宪宗谈起途中见闻，称自己在海外仙岛上遇见了仙人。这位仙人自称与宪宗是旧相识，还拿出了一方金印作为信物，托这位宦官转交给宪宗。宪宗收到金印后，发出了自己前世定是仙人的感慨。之后便开始对这些神异之术颇感兴趣，无论是处士，还是大臣，只要听说对方有炼丹服气、延年益寿之法，就往往向之请教，逐渐沉迷于长生的幻想中去。

有一次，宪宗还当面问宰相李藩，天下到底有没有神仙之事。李藩却答道："神仙之说出自道家，本来是讲究清心寡欲，去华尚朴之说，符合儒家的精义，故历代视为治国要旨。但是有些方士打着老子的旗号，搞一些怪诞虚妄之说，诱使秦皇汉武甚至唐太宗这样雄才大略的君主去追求长生，但最后结果没有成功的。陛下您只要专心治国，励精图治，自然可成尧舜之君，不光天下能够太平，您的寿命也定当绵长。"

宪宗在李藩这里没能得到支持，但也无可奈何，表面上还要做出一副虚心纳谏的明君姿态。不过到了元和八年（813），他下令大肆新修兴唐观，还专门修了一条复道，使之直通禁中。同时还赏赐了大量钱帛茶药，以做炼丹之用。元和十二年（817），淮西战局抵定之后，宪宗在追求长生这件事上越发没了顾忌。而一些佞臣，如宗正卿李道古便通过皇甫镈的路子，向宪宗推荐了山人柳泌、僧人大通、田佐元、韦山甫等人，来为宪宗讲授长生之道。这些人都被任命成了翰林待诏，成为宪宗身边的侍从。

这其中尤以柳泌最受宠信。此人自幼学习医术，自称能找到灵草仙丹和长生之药。有次他向宪宗进言称，天台山是神灵居住之所，多有仙草，需要由自己去采摘。宪宗便听信他的胡言，任命他为台州刺史（天台山在台州）。

这条诏令一出，群臣纷纷反对。但宪宗却道："尽一州之力，让我长生，你们难道舍不得吗？"后来起居舍人裴潾继续上书劝谏，认为柳泌也不过是个江湖骗子，服食丹药过多还会损伤身体，请宪宗将柳泌等人遣散，专心于朝政。宪宗此时最听不得的就是有人诅咒他短命，接到奏疏后立刻大怒，将裴潾贬出了朝廷，改任江陵令。

宪宗可以不听裴潾等人的谏言，继续相信服丹长生之说，但自己的身体却先扛不住了。元和十五年（820）正月初一，本是举行正旦朝会的大日子，宪宗却在此时病倒了，朝会也就此取消。一时间朝野议论纷纷，都认为宪宗是服食丹药出了问题。当时义成军节度使刘悟刚好入朝，宪宗强撑病体接见了他，并让他向外朝转达自己并无大碍的消息，希望以此平息坊间议论。刘悟照做之后，局势确实安稳不少。但就在二十余天后，即正月二十七日，宫中突然传出了一条惊天消息：宪宗驾崩了！

关于宪宗之死，其中隐秘不少，下节还要详细介绍。当时的官方结论是因服食金丹不当而亡。然在若干年后的文宗朝，被朝堂所接受并写入史书的解释是，宪宗因服食金丹，性情变得日益暴躁，身边的宦官往往有因此得罪受罚者，甚至有人被直接处死。宫中一时间人人自危，这就导致宦官陈弘志与王守澄等相勾结，杀掉了宪宗。

这一解释掩盖了不少真相，还值得多加剖析，但宪宗因服食丹药导致身体虚弱应是事实。也正是由于这种虚弱，导致了他对身边宦官群体控制力的下降，让许多人生出了不该有的心思。从这一点来说，认为宪宗是死于服食丹药，也并非无稽之谈。

但宪宗之所以如此信任柳泌这样来历不明的所谓山人，除企图长生不老外，还有利用他们以及皇甫镈、宦官等佞幸集团来压制外朝文官的意图。只不过为了巩固皇权，维系他心中的朝局平衡，宪宗付出了生命的代价。

第二章

混乱的穆敬朝局

一、立储风波与穆宗登基

元和十五年（820）正月丙子日，遂王李恒由着身旁的宫人摆布，为其穿上黑色的衮服，上面绣满了日月星辰、高山飞火、龙虎猿虫等各类图案，华丽非常，只不过腰带稍紧，勒得遂王生疼。宫人又为他戴上冠冕，十二缕白色珍珠垂下，眼前看什么都是一片模糊，身旁的宦官们好像都变成了一般模样，再也分辨不清。

　　这时一个宦官走了过来，轻道一句："陛下，该上朝了。"李恒虽然没听清，但脚步不由自主地动了起来，跟着前面的引导官迈步向前。不知过了多久，身体一沉，他就坐在了龙椅上。突然一片"万岁"声响起，声音之大让李恒吓了一跳，回了回神，就看到大殿中跪倒了一片官员。李恒这才模糊地想起，今天原来是自己登基的大日子。当上了皇帝，似乎是件开心事，但新皇登基也往往意味着老皇帝的离世，即自己的父皇永远地离开了自己。父亲死了，似乎又该哭，但却又怎么也哭不出来。

　　在李恒的记忆中，父皇总是非常忙碌，很少能来看看自己，偶尔一见，脸色也总是冰冷而平淡，就是身边服侍的宫女宦官也能感到那股疏离的感觉。只有面对自己的兄长澧王李恽时，父皇才会露出一丝笑意，这也一度让自己很是嫉妒。不过自从七八年前，自己当上太子后，就和二哥李恽见得更少了，也不知今天他来了没有。

　　不对！

　　李恽肯定来不了了。原因很简单，一个死人又怎么能参加这么隆重神圣的登基大典呢？想到这里，李恒，应该可以叫穆宗了，心中翻涌出一阵快意。思绪也越飘越远，甚至到达了自己未出生前的德宗贞元九年（793）。

这一年李恒的母亲郭氏嫁给了16岁的广陵王李淳为妃。这个郭氏来历可不简单，她的父亲是郭暖，母亲是代宗的爱女升平公主。而郭暖正是对唐朝有再造之功的郭子仪的小儿子。代宗为了拉拢当时手握重兵的郭子仪，便与其结为了亲家。当时郭家权势之盛，举朝莫比，手下部将，遍布朝野，就连担任宰相、节度使这一类高官的先后有60多人。这样的势力，就连代宗皇帝也要忌惮几分。

一次郭暖和升平公主在家中发生了争执。郭暖竟吼道："你不就是仗着你爹是皇帝吗？那不过是我爹不稀罕当罢了。"升平公主一听这话，哪里受得了，立马乘车回到皇宫，向代宗哭诉。不料代宗听了这话后却说："这就是你不懂事了。郭暖说得没错，如果郭子仪真想当天子，还有我们李家什么事呢？"还劝公主回家。郭子仪听说此事后，立马将郭暖捆了起来，送入皇宫请罪。代宗却说："俗话说得好，'不痴不聋，不作家翁'，小夫妻俩吵架，我们计较那么多干什么呢？"郭子仪听闻此言后，还是将郭暖打了几十板子，才算了结。这件事后世也经过了无数演绎改编，形成了如今各地戏曲反复传诵的《醉打金枝》。

　　这个故事最后虽以大团圆喜剧结尾，但其中反映的事实却是严肃而危险的，即李唐王朝的江山命运是倚靠在郭子仪身上的，这显然是对皇权的一个威胁。好在郭子仪一生还是谨慎而忠心，恪守臣道，没有什么跋扈之举，君臣之间相安无事。即使在建中二年（781）他去世之后，德宗还要继续利用郭家的影响力来控制朝局，于是才有了贞元九年（793）郭子仪孙女与德宗长孙广陵王李淳的结合。

　　只不过算一算辈分，立刻就能发现这场婚姻的不妥之处。升平公主是代宗之女，与德宗一辈，她的女儿郭氏也就是顺宗的表妹，现在却要嫁给比自己低一辈的顺宗之子。虽说唐人婚姻中确实不太计较行辈问题，但那多是发生在各族的远亲之中。像郭氏与李淳这么近的姑侄婚姻，确实还是少见的。只能说德宗为了稳住郭子仪旧部，已经毫无顾忌了。

　　除此之外，这场婚姻还有一点美中不足，就是在此之前，李淳便和宫女纪氏有了私情，并诞下一子，名为李宁。次年，又和另一名宫嫔生下了次子李宽，后改名李恽。直到贞元十一年（795），正妃郭氏才生下第三子李宥，后改名李恒。之后又陆续和其他妃嫔生下了 17 个儿子，但其中有多少为郭氏所出，已经难以考究。

如果李淳只是一个藩王，郭氏作为王妃，是毫无疑义的正妻，她亲生的李恒也是理所当然的嫡长子，天然地可以继承王位。然当李淳的身份转变为宪宗皇帝后，情况就发生了一些变化。元和元年（806）八月，宪宗刚刚登基一年，晋封几位年长儿子为亲王，如李宁为邓王，李恽为澧王，李恒为遂王，这都是历来之惯例，不足为奇。但对郭氏，却仅仅只是册封为贵妃，并没有立为皇后。郭氏没有皇后的名分，李恒也就算不上嫡子。如此，按照儒家有嫡立嫡，无嫡立长的原则，皇位的继承人就要落到长子李宁头上。而这其实也是宪宗乐见其成的，背后反映的就是对郭氏家族的忌惮。

这一点其实早有预兆。就在去年，顺宗刚刚退位，宪宗登基为帝。宪宗的姑奶奶兼岳母升平公主立刻主动进献了50名女奴，根本目的还是为了帮助郭氏固宠，但被宪宗坚决地拒绝了。

宪宗对郭氏及其家族的疏远有着多方面的原因。从宪宗个人来看，他的子嗣众多，可见其在女色上是较为放纵的，他也不希望立一个皇后来在此问题上对他进行钳制。

而以往学界从更为功利、政治化的角度解读，通常认为是宪宗顾忌郭氏的家世显赫，怕她当了皇后之后便会产生干政的野心。这么说符合一定的逻辑推理，但却缺乏依据。事实情况可能正好相反，郭氏当不上皇后不是因为家族势力强大，而恰恰是郭家衰弱所导致的。

现在的郭氏，虽然顶着郭子仪孙女的名头，好像尊贵无比，但郭子仪毕竟已经去世十余年，包括郭暧在内的七个儿子也都在德宗朝去世，第三代中也并没有十分杰出的领军人物，郭家影响力其实已经大为下降。同时，自肃宗以来，皇帝就对郭子仪所在的朔方军充满了提防猜忌，使用各种手段在军中施行"去朔方化"策略，德宗更是建立神策军作为禁军，加强了中央与藩镇的力量对比。这一进一退间，宪宗就绝不会认为天子之位是郭家看不上的弃物，在对待郭氏问题上，就比之升平公主当年被郭暧家暴时要有优势得多。即使按照自己的心意，不立郭氏为后，她也翻不出什么花样来。

比起立后问题，太子之位的归属更是关乎国本的大事，也一直受到朝臣的关注。宪宗登基四五年后，一直没有确定太子的人选，其实还是在长子邓王李宁和三子李宥中犹豫。这时宰相李绛上疏请求早立太子，其中特别提到一句话颇为关键："陛下您登基四年，还不确立太子，这恐怕会引发一些人的觊觎之心啊。"李绛只说要立太子，但却没有明说要立谁，但他所称的"觊觎之心"的人，更可能是指郭氏。

郭氏和宦官的关系较为紧密。如后来做到了左右监门卫将军、昭义军监军使的刘承偕，就是郭后的养子。当然，他这时应当名位尚低，还不堪大用。但就在这一年，好几位大宦官都出现了变故，或许可以隐约透露出，他们和太子之事有所关联。

首先是俱文珍，他是当时宦官的领袖，也是扳倒王伾王叔文、拥立宪宗的最大功臣。宪宗上台后，他被任命为西川监军使，讨伐反叛的刘辟，也立下汗马功劳。但就在回朝之后，俱文珍却突然认了个义父，改名换姓成刘贞亮，之后就再也没怎么出现在历史舞台上。这种行为不由得让人猜测，他是否卷入了某种宫廷密谋中，不得已改头换面以此避祸。

之后是枢密使刘光琦，他同样有拥立之功，却在元和四年（809）突然致仕。又如翰林使吕如金，他也是宪宗的从龙功臣，负责管理草拟诏诰的翰林学士，可谓位高权重，却在此年因向盐铁使李巽请托，挪用木材为自己盖房子，事发后被杖责四十，发配恭陵，之后在途中自杀。当时挪用公家财物，其实在宦官群体中颇为寻常，这次吕如金却被严厉惩戒，难免让人怀疑背后另有原因。

俱文珍等人本就是依靠拥立宪宗获得或保有权势地位，在面临太子之位难产之时，难免会想着继续以往的经验，干预储君的人选。而当时后宫之中，最有权势、最有赢面的自然就是郭氏和她的儿子遂王李恒。两者结合起来，互为奥援，自然也是颇合情理之事。只不过他们没有摸清宪宗的真正心思，押错了宝，又或者此举本就犯了忌讳，最终被宪宗或冷落、或贬斥，都没能落个好下场。

在此背景下，宪宗与郭氏间的隔阂又增加几分，最终选择了立纪美人所生之长子邓王李宁为太子。从现存史料来看，群臣中没有人对此表示过反对。这应该是由于当时宫中没有皇后，诸位皇子也就谈不上嫡庶之分，那么由皇长子来继承皇位，也是顺理成章之事。宫内几位宦官的贬谪，只能算是一场隐晦的风波，没有将太子之争的问题公开引爆出来。

只不过天不遂人愿，就在两年之后，太子李宁突然去世。这完全打乱了宪宗的计划，宪宗对此悲痛欲绝，竟辍朝十三日以示哀悼，又为其制定了一大套治丧仪注，定谥号惠昭太子，表现了父子间深厚的情感。

　　李宁的早亡，再一次将谁为储君的问题摆到了台面上。这次宪宗更为摇摆不定。他有意延续此前做法，继续立储以长，即轮到了次子澧王李恽，甚至都到了草诏的地步。按照惯例，被册封太子的人要上表辞让，以示谦逊，而撰写让表则由翰林学士负责。不过这次轮值的学士崔群却直接拒绝了这项工作，他说："该当太子的，才有写让表的礼仪。现在不该澧王当太子，那他写什么让表？现在遂王才是嫡子，应当由他去当太子。"

　　上文已反复说过，由于郭氏没有当上皇后，遂王李恒还算不上嫡子。崔群驳回诏令的理由并不充分，但在这类政治事件中，理由并不是关键，立场态度才是最为重要的。崔群支持李恒，并不是他一定站在李恒和郭氏一党，更多的是对澧王李恽的排斥。原因也很简单，澧王背后的支持者便是大宦官吐突承璀。在当时的政治环境中，朝堂上的文官与宦官已经非常明显地分裂成了两个团体，势不两立，吐突承璀更是众矢之的，是文官集团极力攻击的对象。他所支持的皇子是必然不可能被士大夫们认可的，所以崔群会如此强硬地表达自己的态度。而郭氏虽然也和宦官结交，但她的盟友们却在元和四年时被清洗了一波，此时此刻反而显得非常干净。加之她毕竟出身较高，又是宪宗当年的王妃，总还是要比其他妃嫔多一些优势。因此李恒能获得群臣的支持，也就在情理之中了。

宪宗立马明白了文官集团的态度，而当时正值讨伐王承宗失败之际，自己和吐突承璀都是声望大跌，承受了很大的政治压力，实在不宜在立储这种国本问题上再兴党争，于是只得顺从群臣的意见册立遂王李恒为太子。

李恒子凭母贵当上了太子，反过来，郭氏也应该母凭子贵当上皇后。于是元和八年（813）时，群臣上疏，请求立郭氏为后。这次宪宗却再也不肯妥协，以子午相忌，即时间不吉利为由拒绝了。这个理由显然站不住脚，因为一直到宪宗去世时的元和十五年，郭氏也没能当上皇后。而七八年的时间里，是不可能找不到一个黄道吉日举行册后大典的。这只能归结于宪宗本人对郭氏的强烈反感。

这种态度，又给了澧王希望。不久后吐突承璀自淮南回京，再次得到宪宗信任，更是为澧王一方增加了重量级的政治筹码。而随着藩镇的平定，宪宗的威望也不断恢复，在文官集团面前权威日重，此前支持太子李恒的李绛、崔群等人都被排斥在中枢之外，甚至吐突承璀又开始提及立澧王为储之事。

　　这种势力的消长，给了李恒很大的压力。他甚至要去向自己的舅舅郭钊寻求解决办法，但郭钊只给他一个字"等"。可到底等什么呢？李恒心中充满了疑惑。但不久后，他就知道了答案。宪宗竟然突然驾崩了。

　　李恒开始接到的信息就是宪宗服食丹药过量，气血上涌，暴疾而亡。这并非空穴来风，宪宗此前就一直身体欠佳，连之前的朝会都没能参加。前两天撑着病体见了见入朝的刘悟，也不过是勉力而为安定人心罢了。只不过听说宪宗最近有了好转，不知怎地又突然爆发了。

　　这时母亲郭氏的养子刘承偕突然来访，并带了更为详尽的消息：最近圣上心情一直不太好，动辄打骂身边下人，他身边伺候的小宦官都被杖毙了好几个。今晚本是陈弘庆伺候陛下，听说殿中又传来一阵怒吼骂声，但突然就没了声音。过了一会儿，就见陈弘庆哭着跑出来，喊着陛下驾崩了。现在整个宫里都乱成一团，殿下您可要早拿主意。毕竟澧王那边……

　　这下一语惊醒梦中人，李恒立刻就明白了此时不是追究宪宗死因的时候，澧王和吐突承璀才是心腹大患。正在焦急之际，突然又有人来报，神策军右军中尉梁守谦带着其他几个大宦官王守澄、马进潭、韦元素等求见。李恒连忙将几人请了进来，询问现在宫中情况。

梁守谦回答道："殿下请节哀！圣上驾崩，事出突然，我已下令诸军严守宫门，绝不让一只苍蝇飞出宫去。外面暂时还不会知道消息，只不过天一亮，宫门就要打开，百官就要上朝，事情便再也瞒不住。在此之前，我们得商量个对策出来。"

李恒现在六神无主，哪里还顾得上这些？只是小声道："那澧王那边怎么办？"

梁守谦却不慌不忙，答道："殿下您是太子，合该正位大统。我们在座的都是忠义之士，是一定会遵从圣上遗愿，拥护您的。至于澧王那边，他得知圣上驾崩的消息，悲痛万分，昏厥在地，再也醒不过来了。"

"醒不过来？"李恒重复了一遍后，明白了梁守谦的意思。"那吐突承璀又该怎么处置？"

"吐突承璀吗？他得知圣上驾崩，竟然不顾往日恩德，竟想调动禁军，企图谋立澧王，不过阴谋已经被我们识破，当场被斩杀了。"

"那就好，那就好！"李恒听到最大的两个政敌竟然一扫而空，心中不由得一阵快意。这时刘承偕却道："我们要不要把圣上被害之事推到他们身上？"

"你在胡说什么！？"梁守谦听到这个建议，立刻大怒道："圣上是服食丹药而升遐登天，此乃天意。哪有什么被害一说？就算有问题，那也是进奉丹药的柳泌、大通的责任，和澧王、吐突承璀又有什么关系！你说先帝被害，传出去让外面的百官怎么想？"

李恒立马道："梁中尉说得是。父皇就是服食丹药而死，澧王伤心过度而昏厥，吐突承璀虽趁乱谋反，也是在父皇驾崩之后。诸位斩杀此人，是为国立下大功，我一定不会亏待诸位。"

于是，众人在商量好对外口径后，才打开宫门，将宪宗之死的消息公布出去。由于李恒太子之位早定，澧王又始终没有出现在众人眼前，所以李恒继承皇位的过程没有遭到任何阻碍。李恒于元和十五年（820）闰正月初三，正式于太极殿登基为帝，是为穆宗。

这里需要说明一下，由于宪宗之死事涉宫廷隐秘，而相关史料也随之后政局变化几经修改，所以其中不乏矛盾抵牾之处。目前学界对当日之真相也是众说纷纭，难有定论。以上描绘也只是在现存史料上的通融解释，有一定的演绎成分，但背后反映的各种矛盾，如澧王与穆宗皇位之争、宦官与士大夫以及宦官内部之间（吐突承璀与梁守谦等）的斗争，则是真实存在的，并且深刻影响着之后数朝的政局。

穆宗上台之后，对拥立自己的宦官投桃报李，都加以门前立戟之殊荣，而这都是官至三品的象征。与宪宗之死最为关系紧密的陈弘志更是被授予淮南监军使。这是一个公认的肥缺，将陈弘庆安排至此，一是为了酬报他的拥立之功，二来也是让他远离政治旋涡中心，不要暴露宪宗去世当夜的详情。刘承偕则被任命为昭义节度监军，亦是宦官序列中迁转的重要一步。

不仅宦官得到了提拔，就连禁军也连带有了丰厚赏赐。参与政变的左右神策军士每人获赐50缗钱，六军、威远军人均30缗，左右金吾卫，也有人均15缗的赏赐。当时神策军总人数在18万左右，即使只算在长安城内的部分，也有10万左右，仅这部分的赏赐，就达到了500万缗，加上六军、威远军、金吾卫的部分，总数就更为惊人了。需知当年宪宗讨伐王承宗未果，其中一个重要原因就是军费开销太高，达到了700万缗。穆宗这一上台，就轻易地花掉了这个数量，朝廷府库为之一空。

接下来就轮到了穆宗身边的近臣。兵部郎中薛放、驾部郎中丁公著都曾是穆宗在东宫时的侍读，知晓很多穆宗的机密。现在穆宗准备将此二人放到宰相的位置上去，但被二人坚决推辞。另一个翰林学士杜元颖竟一年三迁，位至宰辅。有学者怀疑，宪宗之遗诏可能即是其所伪造。

最后便是穆宗的生母郭氏。她一辈子没能当上皇后，但穆宗上台后，不过十天，便将其册封为皇太后。而且穆宗对郭太后颇为孝顺，时常率领百官赴兴庆宫为太后祝寿，以此弥补她早年的遗憾。外祖父郭暧被追赠为太尉，舅舅郭钊则从司农卿转为刑部尚书。

在大肆封赏之时，穆宗也没忘了清算罪臣。宪宗的死因既然被定为服食金丹而死，那么为其炼丹的柳泌、僧人大通，自然要为此负最大的责任，被乱杖处死。其余方士也被贬窜岭南。而举荐庇护他们的皇甫镈，本来也要被处以死刑，但经人相救，最终被贬崖州司户，李道古则被贬循州司马。

至此，李恒算是坐稳了皇位，大唐帝国也彻底进入穆宗时代。

二、长庆元年的科场案

或许真是子承父业，穆宗上台后面临的第一个难题就和宪宗一样，在选拔人才的科举考试上出了状况，从而再次引发激烈党争。只不过与元和三年（808）的制举案不同的是，这次问题更加严重，不仅是参与者更为普遍的进士科考试，涉案焦点也不再是考生政见的不同，而有着更为复杂的政治背景与党争痕迹。

事情的大致经过是这样的。长庆元年（821）二月，贡举正式开始。前文大致提到过一些制举与贡举的区别，这里还需做一点补充，以使大家明白关窍所在。首先，制举多由官员参加，中举者即可授官，走上仕途的快车道。而参加贡举考生基本为平民白身，中举后才获得做官资格，即是我们较为熟悉的进士与明经。前者可以算作锦上添花，后者则是真正改变命运提升阶层的龙门一跃。可以说，贡举尤其是进士科的收益才是决定性的，这使得考生往往会竭尽全力地调动身边的一切资源进行争取。另外，制举名义上是皇帝主持，试卷皇帝也要阅览评判，而贡举则是由主考官主持阅卷，公布中举名单后，再由中书门下复核。由于行政惯性，其结果一般也不轻易改动。这就在制度上赋予了主考官极高的权力，当然也就有了营私舞弊的空间。一边是需求迫切的考生，一边是手握大权的考官，再加上唐代不糊名的考试流程。三者结合之下，在考前四处请托，就成为士林中的常态。

这次主考官正是由礼部侍郎钱徽和右补阙杨汝士。消息流传开来后，钱家的门槛就被宾客们踩破了。各路官员纷纷拜访，希望给自家子侄谋一个好出身，甚至为此还层层转托，四处找路子与钱徽搭上关系。当时刑部侍郎杨凭为了帮自己儿子杨深之考上进士，便想起了走当时宰相段文昌的门路。得知段文昌酷爱书法，便将自家世代珍藏的钟繇、王羲之的字帖送与段文昌，只求他帮忙说两句好话。段文昌收了礼物，倒也尽心尽力，便当面向钱徽托付叮嘱，之后还不忘写私信敦促。另一个举子周汉宾则找上了翰林学士李绅，李绅也帮忙请托。

结果二月二十七日，正式公布了新科进士名单，杨深之、周汉宾都名落孙山，无缘进士。段文昌、李绅不由得心想难道钱徽真是公正不阿，不为请托所动？再仔细一看名单，尴尬立马转为怒火：这钱徽哪里是不受请托，只不过不受我二人请托罢了。原来中举名单上竟都是权贵子弟，有宰相裴度的儿子裴譔，有谏议大夫郑覃的弟弟郑朗，还有中书舍人李宗闵的女婿苏巢。主考官杨汝士也不避嫌，竟然把自己的弟弟杨殷士也举为进士。这群人平日里也文名不显，能得中进士，显然是因为他们和权贵都是真正的血缘姻亲，比杨深之之于段文昌、周汉宾之于李绅的朋友关系，要亲密许多。

不过这下就大大扫了段、李二人的面子，加之其中李宗闵又与李绅的好友元稹不和，于是就由段文昌首先发难，李绅、元稹等人随后响应，直接弹劾钱徽此次考试不公。段文昌本来是要去做西川节度使的，赴任之前，他利用最后面圣的机会，直接对穆宗说道："这次贡举实在是太不像话、太不公平了。最后录取的都是些公卿子弟，实在是没有什么才能，都是靠着关系上来的。"穆宗听闻后，便询问身边的翰林学士李绅、元稹、李德裕的意见。三人众口一词，都称确实是和段文昌说的一样，钱徽取士不公。于是穆宗在三月二十三日正式下诏，让中书舍人王起、主客郎中知制诰白居易对录取的十四名进士重新进行考试，来看钱徽到底有没有在中间营私舞弊。

下诏复试，看起来比较公平，但其实诸多细节表示，这只是一场早已结果注定的作秀。因为就在当天，穆宗还将李德裕从屯田员外郎（从六品上）升任了考功郎中（从五品上），李绅则由左补阙（从七品上）升任司勋员外郎（从六品上）。两人同时提升一品两阶，显然是在奖励其检举之功。既然李德裕等受赏升官，自然也就证明了他们检举之事真实无虚，对应的钱徽自然也是罪证确凿。

果不其然，在复试细则上也作出了对考生不利的改变。首先，原本考试是允许携带一些参考书入场的，算是开卷考试，写作时可随时翻阅典故，也能核查韵脚是否准确，这次复试却禁止携带相关书籍。其次，之前考试多在晚上举行，以三根蜡烛为时限，但这次复试却只给两根蜡烛，时间上缩短了三分之一。最后，题目其实也比之前的要更为冷僻，是要求以"孤竹管"为题作一篇赋，再以"鸟散余花落"为题作一首诗。诗倒还好，只是这赋中的"孤竹管"虽然出自《周礼》，却只出现过一次，其他典籍中使用得也很少。比之往年的《洪钟待撞赋》（元和五年）、《乡老献贤能书赋》（元和十年）、《王师如时雨赋》（元和十四年）等一看便知大意的题目实在要难得太多。弄得考生们都不知道"孤竹管"到底是什么意思，自然也难以回答得上来。

复试主考官白居易和元和三年制举案一样，又一次为考生们求情，指出这次复试确实难度较大，希望穆宗大度一些从宽发落，不要剥夺考生们的进士身份。但穆宗却不予理会，最后十四名考生中，只有孔温业、赵处约、窦洵直、裴譔四人被授予进士衔，其余的全部被黜落。而裴譔还是因为其父亲裴度是三朝元老，立有大功，特意被赐予的进士及第出身。

白居易的求情并非无的放矢，实在是因其和弹劾双方都关系匪浅。主张严惩的段文昌是他的上司，李绅、元稹是他的多年好友，而科举舞弊这边的杨汝士是他的连襟，李宗闵是他的门生，裴度则当年对他有大恩，所以他采取和稀泥的态度毫不稀奇。

但作为直接对抗的两党之间，就只有旧怨，没有什么感情可言了。李绅、元稹、李德裕三人同气连枝，交情甚密，不久前又都被任命为翰林学士，号为"三俊"。在此次党争中，便团结起来，一致希望打倒对方。李绅是当事人，自不用说。元稹此前和李宗闵倒是关系不错，但最近都急于进取，已将彼此视为了竞争对手，开始了互相攻击。而且裴度不久前还上书弹劾元稹与宦官魏弘简相勾结，最终使得元稹从翰林学士的位置上被罢了下来。李德裕和李宗闵也算是世仇。在元和三年制举案中，李宗闵和牛僧孺、皇甫湜等人就激烈抨击当时的权贵，虽未明言，但隐约指向了李吉甫，最后以李宗闵等人被贬为结局。李吉甫则是怎么也说不清了，声誉上严重受损。而李德裕正是李吉甫之子，这次又在科举案中抓到了李宗闵的把柄，自然也乐得落井下石。

不久后，穆宗宣布了对钱徽等人的处置结果，钱徽被贬为江州刺史，杨汝士被贬为开江县令，李宗闵也被贬为剑州刺史。而贬官诏书正是元稹所起草的，将此次事件又提升了一个高度，将钱徽等人定义为朋党，还说有人升官了，他们就站出来说是自己的功劳，有人贬官了，就出来说是政敌的攻击，完全是操弄百官欺瞒圣上。而这种行为其实也和当年李绛、裴度屡屡所言之君子之党是相符的，也最为皇帝所忌惮。

此次科举案背后除了李绅、元稹等对李宗闵、裴度的私人恩怨之外，其实还有着许多复杂的背景。比如其中的两个关键人物段文昌和李德裕，就不是进士出身。他们对依靠科举入仕，结成门生故吏，然后在朝堂上呼朋引伴的所谓"浮薄"作风其实是颇有意见的。特别是李德裕，他对进士的偏见几乎可以算得上是家传。他的祖父李栖筠就是进士出身，但却觉得参加科举考试是为了生计迫不得已，考中之后，立刻就把家中的《文选》扔掉，认为这种文辞之术根本不是治国之大道。李栖筠还曾上疏请求罢掉科举，恢复到汉代的察举制。李德裕少年时也以文学知名，参加科举拿个进士应该是水到渠成之事。但他却坚持以门荫的身份入仕，并称"好骡马不入行"，也就是说真正的好马是不会进入市场上任人挑选的。真正的世家子弟学习的是朝廷的典章故事，是不用去和擅长文章的寒士去争夺进士出身的。那些寒士即使凭借文辞做了官，但是不懂朝堂运作的规则，又有什么用呢？而此次涉及的杨、钱、郑等家族，掌握了不少考试的心得，并以此为家学，成为进士家族。所以长庆元年这次围绕科举案展开的交锋中，又带上了非进士科官僚对进士科官僚的争端意味。

最后，穆宗本人的心思也是值得玩味的。他在这次党争中很明显地站在了李绅、元稹一党的这边。这或许和他谋划清洗宪宗旧臣令狐楚、皇甫镈一党有关。令狐楚、皇甫镈、钱徽三人是同年进士，关系颇为密切。宪宗驾崩后，当时的宰相令狐楚为主持丧礼的山陵使。送葬途中，突发大雨，群臣都四处躲雨，唯有令狐楚趴在宪宗灵柩上为其遮雨。上节我们对宪宗之死有所推测，是宦官主导穆宗默许的结果。现在令狐楚如此表现对宪宗的忠心，就不能不引起穆宗等人的猜忌。再者，元稹当时为山陵使判官，即令狐楚的副手，后被宦官崔潭峻推荐给穆宗，成为翰林学士。只是依附于宦官而进，终究不大好听，所以元稹希望令狐楚能帮忙举荐，却遭到令狐楚的拒绝。这其实也是令狐楚表明自己与宦官划清界限的决心。这就又遭到了元稹、崔潭峻乃至背后穆宗的嫉恨。当然最关键的是，宪宗之死需要有人负责，推荐了道士柳泌的皇甫镈就是最好的人选。所以很快皇甫镈就被贬为崖州司户，而与之过从甚密的令狐楚也随即被罢相。巧合的是，撰写诏书的人依旧是元稹。这次又轮到皇甫镈、令狐楚的同年钱徽出了问题，穆宗会如何选择简直一目了然。

长庆元年的科举案因为牵扯到李德裕（李党）以及李宗闵（牛党），被后世史家认作是开启了长达二三十年的牛李党争的序幕。但在当时而言，其实还只能算是一场小小的风波，更大的危机正在逼近，朝局也变得越发混乱。

三、中书省的骂声

长庆元年（821）十二月的某天，宰相王播、崔植、杜元颖正在中书省中办公。忽然听得门外一片喧闹，正要出去看看，就见得一群官员不顾卫兵的阻拦，面色通红地冲了进来，再一闻，这些官员竟是浑身酒气。崔植定睛一看，认得了为首的正是谏议大夫李景俭，心中便是一悚，知道此人素来狂傲，对谁都是一副看不惯的样子，时不时地便攻击朝政，实在是个不好惹的刺头。现在看他气冲冲的样子，一定又是在哪喝多了，要来胡闹，必须要把他的气焰给压下去，要不然恐怕又是麻烦。

于是崔植脸色一板，开口喝道："李景俭！你也不看看这是什么地方，是你能乱闯的吗？还不赶快退下！"

只是那李景俭喝多了酒，心中又是一团怒火，哪里还管得了什么礼仪规矩，直接嚷道："崔植！你做的'好事'还怕人说吗？"

崔植一下子被弄得丈二和尚摸不着头脑，只得没好气道："你到底在说什么？我做了什么'好事'了？"

李景俭继续骂道："你这个昏庸误国的措大。身居宰相高位，不尽心王事，却把朱克融这样的人放回幽州，章武皇帝（宪宗）平定的江山毁于一旦，你还敢说你无罪吗？"

崔植听得此语，如遭雷击，脸色一下子变得惨白，再也说不出话来。旁边的杜元颖见状连忙一指李景俭，对旁边的卫兵吼道："还不速速将此人拖下去！"随后又扭头安慰崔植道："崔兄不要听李景俭在此胡言乱语。此人素来狂傲，听得两三句闲言碎语就敢到中书省来闹事，实在是太放肆了，这次一定要好好惩治一番。"

崔植愣了半晌，才缓过神来，喃喃道："李景俭这一闹，他固然得不了好。只是我们的位子恐怕就再也坐不安稳了。"

之后果如崔植所料，李景俭因在中书省醉酒闹事，被出贬为楚州刺史。不仅如此，那天和李景俭一起来到中书省闹事的官员也纷纷被贬，如员外郎独孤朗出为韶州刺史，起居舍人温造出为朗州刺史，司勋员外郎李肇出为沣州刺史，刑部员外郎王镒出为郢州刺史。甚至就连那天和李景俭一起喝酒，但因先行离开而没有去中书省闹事的兵部郎中知制诰冯宿、库部郎中知制诰杨嗣复也被罚了一个季度的俸禄。波及面不可谓不大。只是，就在两个月后的长庆二年（822）二月，崔植也被罢相。这次醉酒风波可谓是两败俱伤。

那么到底是什么原因会促使李景俭醉骂宰相，大闹中书省，崔植又因何被罢相？这一切还要从宪宗平定藩镇上面说起。

元和十二年（817），宪宗平定淮西之后，引发天下诸侯震动。有的还心怀侥幸，继续拥兵作乱，其代表人物便是淄青节度使李师道，但是他马上被朝廷派军平定，并将其所辖的淄青道一分为三，割郓、曹、濮三州为天平军节度使，割沂、海、兖、密四州为兖海观察使，后建号泰宁军，原本下辖十二州的淄青节度使就只剩下淄、青、齐、登、莱五州。一个大藩镇，就此便分为三个小型藩镇，在之后的历史中就再难掀起风浪了。

更多的藩镇选择了归顺朝廷，如成德镇的王承宗就此派儿子王知感、王知信入朝，并献上德、棣二州图籍，之前屡次被朝廷大军围剿的成德镇就此降服。魏博镇的田弘正举族入朝，宪宗大喜，但考虑到河北人心向背，最后还是放田弘正归藩，继续担任魏博节度使。幽州的刘总见此情景，知道重归一统乃是大势所趋，加之自己此前谋杀父亲刘济，心中怀有愧疚，总是梦见父亲鬼魂索命。一时间心灰意冷，竟决定献上幽州图籍，并请求仿效淄青之例，将幽州一分为三。自己则举家入朝，出家为僧。

但河朔三镇自安史之乱后与中央离心离德已有 70 余年，骄兵悍将无数，上下胶固，远不是几个最上层节度使的意志可以轻易左右。所以归顺后的安置措施就显得尤为重要。刘总在入朝时，已经对此有着充分的考虑。他将军中刺头的名单整理了出来，悉数向朝廷举荐，希望带着他们入朝。这样一方面可以用高官厚禄安抚住这些军将，另一方面也是将这些不稳定因素与幽州土地分离开来。与此同时，还向中央上表，正式请求将幽州分为三道，以幽州、涿州、营州为一道，建议由张弘靖担任节度使；平州、蓟州、妫州、檀州为一道，由平卢节度使薛平担任节度使；瀛州、莫州为一道，由卢士玫担任观察使。

这些人中，张弘靖的祖父张嘉贞、父亲张延赏以及他自己，三代都是宰相，算是中央的高级文官世家。薛平是代宗朝相卫节度使薛嵩之子，是武将之代表。而卢士玫则是刘总之妻弟，算是幽州的本土派。这三人分别节制幽州，算是将各方势力都做了妥善的安排。

总而言之，刘总对幽州事务的安排已经是颇为妥帖，各方面因素都予以了考虑，可见他的归顺之心确实非常诚恳。只是朝廷对这种凭空而来的倒贴却没有给予充分的重视，不仅没有像宪宗那样对田弘正予以嘉奖安抚，反而得寸进尺地采用了"销兵"的策略。

所谓"销兵"就是宰相萧俛、段文昌见到天下安定，所提出的偃武修文的政策，密令天下节度，允许军队中每年每百人中有八人"逃死"，也即是逃兵或者死亡。逃死之后，中央自然也就不再拨付对应的钱粮，所以实际上就是依照每年8%的速率削减兵额。长此以往，自然就达到"销兵"的结果。设想很美好，但现实很骨感，各地被裁撤的士兵呼啸山林沦为盗匪，有心作乱的节度使只要振臂一呼，就能从山中拉出一批精锐老兵。而朝廷想要调派顺藩节度使去平叛，却因兵额不足，需要重新招募，军队战斗力严重不足。一正一反间，宣告了销兵策略的彻底失败。

再说回刘总带回长安的幽州军将。此前刘总向他们许诺，会得到朝廷的优待，留在繁华的长安城中当官。可真等这些军将到了长安，去中书省求官之时，却发现各个衙门推三阻四，根本不给他们授官，而且正所谓"长安居，大不易"，京城之中，物价高昂，衣食住行都是一笔不小的开销。求官请托，也少不得要有人情往来。时间稍久，以朱克融为代表的幽州军将就再也支撑不住，甚至沦落到要借贷乞讨为生。

这时朝中的宰相正是崔植、杜元颖等人，他们也毫无远虑，认为现在天下太平了，没有必要再拉拢重用朱克融等军将，于是直接就下令其重回幽州，不要留在长安闹事了。如此一来，朱克融等于是白白空跑一趟，耗费了不少钱财，除了一肚子怨气之外，什么也没得到。抱着高期待来到长安，最终失意而归，他对朝廷的态度也就可想而知了。

这时派去幽州接替刘总的张弘靖也出了问题。本来刘总计划将幽州分为三道，但朝廷为了重用张弘靖，修改了这个方案，只是将卢士玫任命为瀛莫观察使，其余诸州都划归到张弘靖名下管理。张弘靖此人是世家子弟出身，也曾当过宣武节度使，颇得众心。结果他可能认为幽州脱离中央日久，亟须重新确立朝廷权威。于是到了幽州之后，就开始作威作福，经常折辱幽州军士，激化了矛盾。

当朱克融回到幽州之后，向军士们述说了在长安的遭遇，立马点燃了同僚的怒火。于是众将冲进了节度使衙，囚禁了张弘靖，并拥立朱克融为节度使。幽州归顺中央不过半年，就再次成为了半独立的藩镇。

就在同一时间，镇州方面也传来噩耗。原来成德军节度使王承宗在元和十五年时去世，穆宗任命田弘正为成德军节度使，并答应赐予100万贯军费作为赏赐。但是这笔款项迟迟没有下发，田弘正屡次上表申请，却都被度支使崔倰给瞒了下来。如此一来，自然也引发了镇州军将的不满。于是在长庆元年（821）七月，成德军军将王廷凑诛杀田弘正一族300余口，自称为成德留后。该镇在中央的不当处置下，又脱离了中央的管辖。

朝廷的无能引发了连锁反应。得知成德军叛变之后，穆宗赶忙任命田弘正之子田布为魏博节度使，并令其出兵镇州，但却依旧不能保证对魏博的粮草供应，使得魏博军队也产生了哗变。魏博兵马使史宪诚公开威胁田布，称如果能恢复之前的河朔旧事，即施行魏博自治状态，就可以帮忙出兵平叛，如不同意，则是不可能发兵救援镇州的。田布自知已经彻底失去了对手下军队的控制，羞愧之下竟拔剑自刎。史宪诚便自称留后，时在长庆二年（822）正月。

至此，幽州、成德、魏博三镇在元和末年上表归顺之后一两年内，由于中枢的处置不当，先后反叛。穆宗也开始派出大军平叛，不料叛乱此起彼伏，大军劳而无功，反而屡屡战败，最终无可奈何之下，只得承认了朱克融、王廷凑、史宪诚三人的节度使头衔，河朔三镇再次独立。宪宗辛苦十五年的成果一朝散尽，这自然引发了朝中不少官员的不满，而矛头便直指当时的宰相崔植、杜元颖等人，故而才有本节开头李景俭怒斥宰相的桥段。

这里还有一些细节有待补充。幽州、镇州军乱在长庆元年（821）七月，消息也早已传回长安，为何李景俭等人要在十二月才开始闹事呢？这就和他们当时一起喝酒聚会的空间与参会者有关了。

先说空间问题。李景俭等人聚集喝酒的地方是在史馆，其地理位置在唐代时屡次调整。穆宗时期，史馆的位置就在大明宫西侧的延英门内，其北边就是皇帝接见大臣的延英殿，其南面就是宰相们办公的中书省，可以说是一个非常接近皇帝重臣的场所。

空间上的特殊性还带来了消息往来的灵通。唐代非常重视史书修撰，规定了各个部门都要按月、季度、年向史馆汇总工作报告，所以史馆的官员们掌握的局势信息反而可能比一些尚书侍郎更为全面。就在长庆元年（821）四月，崔植、杜元颖向穆宗建议，要将君臣的对话记录下来，编为《圣政纪》，年末的时候送往史馆，作为编修国史的资料。

之前也有人提议要编类似的史料，但往往不能施行。其原因就在于这些对话不同于一般的君臣问对，往往涉及一些机密事宜。比如之前萧俛、段文昌提议的"销兵"之策，就是以密诏的形式下发的。而崔植、杜元颖有关将朱克融放回幽州的建议，大概也属于这类机密谈话，外臣轻易不得而知。故而当朱克融回到幽州后，群臣也不知道主谋者是谁，甚至可能都不知道朱克融等来过长安，受到了不公正的待遇。

然而这种机密事件现在被编入了《圣政纪》，并在年末的时候送到了史馆之中，被李景俭等所翻看，一下子就知道了导致幽州叛乱的罪魁祸首竟是当朝宰相。这下纸包不住火，群情激奋之下，李景俭等人便冲向了南边不远处的中书省要个说法。

其实即使没有《圣政纪》，李景俭等人还是会很快知悉其中关节。因为当日宴饮者当中，还有熟知情形的当事人存在。此人便是温造。早在刘总请求归顺之时，穆宗便派出了温造进行宣抚，其实也就是进行幽州的交接工作。之后温造随着刘总一起回到长安，随行的还有朱克融，他当然是知道幽州情形和刘总的意图。之后幽州、镇州叛乱，温造又奉旨到周边河东、魏博、横海、泽潞、易定、深冀等藩镇请求援军，可谓是身临前线，深知各地虚实。当他回到长安后，带回的消息中，必然有着藩镇将士对宰相的强烈不满（例如魏博在随后就发生了军变），这当然又成了崔植等人的罪过。

李景俭等人怒骂宰相事件发生之后，立刻在朝堂中产生了重大影响。长庆元年（821）正月，魏博反叛成为压倒崔植一派的最后稻草，故而崔植于二月被罢相，算是为这次失利揽下了全部责任。

同一时间，元稹升任宰相，而他正是李景俭的好友。上台后便下诏将李景俭等人召回。更为关键的是，元稹一改崔植等认为天下太平，应该偃武修文的观点，力主对河朔用兵。只不过此时国力已不可和宪宗时相比，穆宗很快便对藩镇妥协，而元稹也在与李逢吉的斗争中败下阵来。二月为相，六月即被罢免。之后很长一段时间内，中央对藩镇又回到了姑息的状态之中。而造成这一切的直接负责人唐穆宗李恒，也迎来了他人生中的最后时光。

四、穆宗敬宗之死

河朔三镇得而复失，带给穆宗的并非挫折与沮丧，反而使得他越发地放纵起来。穆宗深知自己没有父亲宪宗的才干，甚至也比不上德宗、代宗等人，既然他们都搞不定国内强藩，自己又何苦费力不讨好地去折腾呢？在此思想的指导下，加之年轻人本身爱玩的天性，使得穆宗开始沉湎于各类娱乐活动之中。

就在宪宗刚刚去世的元和十五年（820）二月，丧期刚过，穆宗就下诏大赦天下，同时将许多俳优杂技演员请入皇宫之内，观赏表演。第二天又去到左神策军的驻地，看军士们进行摔跤杂耍，一直到天黑才回宫。之后类似活动更是始终未能停歇，往往过不了三两天就要去大摆筵席，观看各类百戏表演。

除此之外，穆宗还在宫中大兴土木，修建了永安殿、宝庆殿等。当永安殿新修成的时候，他在那里观百戏，极欢尽兴。在永安殿，穆宗还与中宫贵主设"密宴"以取乐，连他的嫔妃都参加。除此之外，他还用重金整修装饰京城内的安国、慈恩、千福、开业、章敬等寺院，甚至还特意邀请了吐蕃使者前往观看。

到了长庆元年（821）十一月，他突然率领神策军及宦官、宫女等千余人前往长安城外的华清宫。华清宫在骊山脚下，是玄宗修建的大型疗养行宫。天宝后期，唐玄宗常常和杨贵妃在此处嬉戏居住。白居易的名篇《长恨歌》中对此场景进行过经典描绘："春寒赐浴华清池，温泉水滑洗凝脂。侍儿扶起娇无力，始是新承恩泽时。云鬓花颜金步摇，芙蓉帐暖度春宵。春宵苦短日高起，从此君王不早朝。"之后安史之乱的爆发，华清宫也在战火中毁于一旦。故而华清宫在唐人记忆中可谓是直接与沉湎女色、不理朝政、天下大乱联系在了一起。

加上此时朝局也并不稳定，幽州、镇州已在叛乱之中，西边吐蕃也在不断入侵骚扰。在此敏感时刻，穆宗突然率领军队要离开京城，前往几十里外已经废弃几十年的、充满着亡国象征的华清宫，这显然会引起群臣的惊惧。当即便有大臣李绛、崔元略上书，请求穆宗回宫，但穆宗却一意孤行，坚持前往。只不过到了华清宫，穆宗也没待上多久，当晚便又回到了长安皇宫之中。考虑到两地之间的路程，加上军队、侍从的大规模调动时间，可以说穆宗是一去即回，让人莫名其妙。

看到穆宗如此表现，群臣自然忧心忡忡，不时便有大臣上疏劝谏。穆宗每次都是笑呵呵地满口答应会改过自新，往往还对劝谏者加以赏赐，但转头就把谏言抛之脑后，继续我行我素不断召开宴会、观赏百戏乃至于修建宫室，甚至还宣扬君臣终日欢宴，正是天下太平无事的表现。

只不过穆宗这种醉生梦死的生活很快就被一次偶然事件所打断。长庆二年（822）十一月，穆宗像往常一样在禁中和宦官、军士们一起打马球。突然一名宦官摔下马来，把穆宗吓了一跳，穆宗还没回过神来，就感到一阵头昏目眩，张开口想要说些什么，却说不出话来。原来是李氏家族高发病发作，中风了。

穆宗中风后，完全处理不了朝政。于是宦官、大臣都开始考虑拥立新的继承人，虽然有传言牛僧孺、李绅等人有意册立穆宗的其他诸子为帝，但实际上当时景王李湛是穆宗当王时王妃所生，在诸子中年纪最大，既嫡且长，是无可争议的太子人选。牛僧孺、李绅别有所图的说法，不过是后来党争互相攻讦时编造的黑料。

十二月，宦官梁守谦、刘弘规、王守澄和宰相李逢吉商量后，正式向穆宗提议立景王李湛为太子，穆宗当时已经说不出话，只是点头应允，国统便算正式定了下来。只不过虽然景王身居嫡长，又有宦官、宰相的支持，但仍有人在暗中谋划进行政变。

长庆三年（823）正月，嗣郢王李佐宜因泄露禁中语被贬为崖州司户，说明外界有人打听宫内消息。不久后竟然有贼人突入通化门，造成 1 人死亡，6 人重伤的惨剧。通化门是通往穆宗之母郭太后寝宫的要道，这批贼人到底意欲何为已经难以查究，但宫中防备松懈，甚至有人暗中接应则是不争的事实。

大明宫就在这种紧张气氛中过了一年，到了长庆四年（824）正月时，穆宗身体似有一些好转，还在元会时召见了百官。只是又开始服食丹药，处士张皋上书劝谏，穆宗又表现出非常高兴的样子，还下诏将张皋征召入宫。不过过了几天，穆宗的身体状况就急转直下，暴病而亡，终年 30 岁。而太子李湛顺利即位，是为敬宗，当时年仅 16 岁。

敬宗和穆宗一样，都是年纪轻轻由宦官势力扶持上台，又没有什么大的志向，全部心思都放在了宴饮游猎之上，故而政事都交由身边的宦官处置，外朝大臣们都不得觐见。但宦官内部也不是铁板一块，存在着不少派系。就以神策军为例，分为左军与右军，宪宗时两军势力基本保持了平衡。但宪宗去世之时，右军中尉梁守谦等人打着诛杀乱党的理由，诛杀了左军的吐突承璀等人，右军就此占据了优势。梁守谦等人在皇位政变中占尽了便宜，这就容易引发其他人的模仿。长庆三年（823）的通化门事件或许就是一次不成功的预演。而在上台之后，敬宗也同样遭受到了刺杀。

长庆四年（824）四月，一位卜者苏玄明对染坊供人张韶说："我算过了，你有坐上皇座的命，只要和我一起干，一定就能成功。现在天子经常出宫打猎，正是我们起事的好时机啊。"张韶听信了苏玄明的话，立刻纠合了染坊中的无赖百余人，藏在草车中，企图潜入皇宫。不过半路被人发现诘问，张韶也当机立断，立刻杀死卫兵，直接向皇宫杀去。

当时敬宗正在清思殿中打球，忽然听得外面杀声四起，知道有人作乱，一下子吓得六神无主，潜意识地就想跑向神策右军的驻地。但这时身边人说道，右军太远了，万一碰到贼匪就不好了，而左军就在附近，不如先去左军暂避。敬宗一听有理，就投奔左军而去。左神策军中尉马存亮见敬宗危难之际首先想到的是左军，心中激动万分，立马派遣大将康艺全率军平叛。

这边张韶竟然一路顺利地攻到了清思殿中，张韶还坐上了皇帝的御榻，苏玄明一下子脸色大变，难道所谓的坐上皇座就是指此吗？果不其然，张韶还没坐上多久，康艺全便领兵杀到，乱党一哄而散，张韶等人也被擒获。

张韶这种闹剧式的政变自然没有成功的可能，但他何以能轻易地进入皇宫之内，又何以能得知敬宗正在清思殿打球？张韶所在的染坊正是宦官控制下的内作坊之一，还专门设有染房使进行管理，故张韶肯定是和部分宦官有着密切的往来。这一偶发性作乱的背后，其实是宦官内部管理混乱的体现。

神策左军平定了叛乱，但其中尉马存亮却没有更进一步跻身权宦的行列。反而是向敬宗请求为当年的老上司吐突承璀平反。这个问题涉及当权派梁守谦等人的根本合法性的问题。当年正是他们把宪宗之死的责任全部推给了吐突承璀，才能扶持穆宗、敬宗上台，掌握大权。现在要说吐突承璀是冤枉的，那岂不是轮到他们成了叛乱者？因此这一请求并未得到允许。当然马存亮立有大功，一点面子不给他也是不合适的，于是允许让吐突承璀的儿子为父亲收葬，算是为此事画上一个句号。而马存亮自知得罪了梁守谦等人，不等其发难，便主动请求外放淮南监军使，以逃脱中枢的斗争旋涡。

宦官们见这次张韶作乱，竟然差点引出当年元和旧事，便不愿在此案上再多做纠缠。本来正在追查的张韶乱党，也"并许自新，不须堪问"，也就不再追究了。此前皇宫中35名负责管理诸门的监门官，因出现重大疏漏，本该处死，现在也只是处以杖刑，甚至还让他们继续管理宫门。整个事件就此大事化小，小事化了。

这种姑息的态度引来了更多的动乱。长庆四年（824）八月，马文忠率领1400多人作乱，事败后皆被杖刑一百处死。之后又有其余党李文德等七人作乱，被杖杀于内廷。宝历元年（825）七月，又有统军王佖之子王正慕等七人被告谋乱，最后定性为是诬告。以上种种表明，当时内廷斗争已经到达白热化阶段，敬宗的生命安全不断受到威胁，但在一些宦官的推动下，乱党并未得到彻底的整治。

终于到了宝历二年（826）十二月，敬宗在一次宴饮中被身边的宦官刘克明所杀害。据说刘克明要弑杀敬宗的原因是因为敬宗经常打骂周边的宦官，这点就和当年宪宗之死的动机是一样的，很大程度上是事后找补的借口。因为刘克明是很受敬宗信重的，许多大臣都不敢得罪刘克明，他不像是能被敬宗随时打骂的角色。而且后续上台的文宗还嘉奖过刘克明的母亲，理由是刘克明要谋逆时，刘母进行了劝谏阻止。由此可见刘克明弑君是早有图谋的，而非一起偶发事件。

那么刘克明为何要弑杀对其宠信有加的皇帝的？其原因就在于敬宗没有掌握实权，不能将自己身边亲信安排到实职高位上去。神策军的军权还是牢牢掌握在老一辈的宦官梁守谦等人手中。刘克明想要上位，就只能通过政变的方式另立新君，在混乱的过程中打击梁守谦等人。就像梁在宪宗之死事件中对付吐突承璀一般。

在弑君之后，刘克明选择了拥立宪宗第六子绛王李悟做皇帝。但当年穆宗是早已定下的太子，具有充分的合法性。绛王只不过是普通皇子，根本没有政治号召力，得不到群臣的支持。而手握兵权的梁守谦也回过神来，立刻反戈一击，就将绛王和刘克明处死。之后又和其他大宦官王守澄、杨承和、魏从简等人商议，拥立敬宗的弟弟江王李昂为帝，是为文宗。

通过连续三代的拥立新君，宦官彻底控制住了内廷中的政局，皇帝的废立都在其掌控之中。但是就像几次皇位更迭中所展现的那样，宦官内部也存在诸多派系，彼此斗争不休。同时由于宦官对朝政的不断干预，使得内廷官与外朝大臣也在不断地斗争与结合，朋党之争发展到了一个新的高度。

第三章

党争不断的文宗政局

一、李宗闵与牛僧孺之得势

李宗闵与牛僧孺作为"牛李党争"中"牛党"的魁首，经历了穆宗时期的沉沦，终于在文宗皇帝上台后获得了大展拳脚的机会。唐文宗为穆宗第二子，敬宗之弟。宝历二年（826）十二月初八日，宦官刘克明等杀死唐敬宗，伪造遗旨，欲迎唐宪宗之子绛王李悟入宫为帝。两天后，宦官王守澄、梁守谦又指挥神策军入宫杀死刘克明和绛王李悟，拥立李昂为帝，改年号为"大和"。文宗最初在老臣裴度的推举下本欲征召浙西道观察使李德裕，回京当兵部侍郎。但吏部侍郎李宗闵在宦官协助下取得胜利。于是文宗在登基第二年就提拔李宗闵为吏部侍郎、同平章事，守中书侍郎、集贤殿大学士。唐文宗为人恭俭儒雅，博通群书，加之年轻好学，因此登基之初颇为亲近文士。而牛僧孺、李宗闵以进士科登第，精通诗词歌赋，可谓是君臣相合。李宗闵得势后，厌恶李德裕威胁到自己的地位，于是就让李德裕出任义成军节度使，借以远离中央。而他也没有忘记自己的老朋友牛僧孺，积极向文宗引荐牛僧孺入朝参政，巩固自己的势力。

此时的牛僧孺被外放为武昌军节度使已有五年之久，这些年来，他一方面积极治理地方、造福百姓；另一方面则纵情于武昌的山水，倾心于所爱的文学创作之中。但当敬宗被弑，文宗被拥立登基的消息传来，他也敏锐地意识到朝野之中即将迎来大的变动，而自己恐怕也不能再独善其身。果然，不久之后的大和四年（830），武昌军节度使牛僧孺被征入朝，在好朋友李宗闵的引荐下，牛僧孺被任命为兵部尚书、同平章事，成为宰相。

牛僧孺、李宗闵二人成为年轻文宗皇帝的宰相后，一方面在朝堂之中清理李德裕一党之人，党同伐异；另一方面则将自己的亲信安排在朝中重要机构上。文宗登基不久，负责监修国史的宰相路隋就将撰好的《宪宗实录》进上，文宗看过后非常高兴，赐予史官等五人锦绣、银器。之后，文宗又令改修韩愈所撰《顺宗实录》，以其论述宦官之事过于直接，引起宦官集团的不满。但牛僧孺和李宗闵二人认为，修史之事牵涉在朝宦官和大臣太多，不可轻举妄动。因为史官秉笔直书则必然会与引起宦官集团的不满，与之交恶；而若有所隐晦，则会有阿谀宦官的嫌疑，这在无形之中就会给予政敌攻讦的把柄。改撰《顺宗实录》无疑是一块烫手山芋，牛僧孺、李宗闵二人刚刚得势，自然不会自找没趣。因此，即使文宗皇帝有着诸般兴趣，牛、李二人也是极力推脱、敷衍，希望年轻的皇帝早日把这件事抛之九霄云外。

正当牛、李二人积极巩固权势，打击李德裕一党时。大和五年（831）正月，河北的幽州爆发军乱，节度使李载义跟宦官在参加宴会，副兵马使杨志诚率领兵众发动叛乱，李载义被迫带着家眷逃往易州。杨志诚又诛杀莫州刺史张庆初，自立为留后。安史之乱后，河北三镇一直是唐王朝的眼中钉、肉中刺。虽然宪宗时期曾短暂平定，但到了穆宗又很快退化为过去的状态。面对此次幽州军乱，文宗迅速召集牛僧孺等人商议对策。牛僧孺得知皇帝有诏进宫议事，急急赶来，跑得上气不接下气。见到文宗后才发现自己竟是第一个到的，其他大臣还未赶到。文宗看到牛僧孺，仿佛看到救星，急急问他如何处理幽州军乱一事。牛僧孺缓缓道："此事不难，请容微臣缓口气，再为陛下详细拆解。"文宗见牛僧孺不慌不忙，知道自己前面有些失态了。此时坐回龙椅，舒展下眉头，故作老成，缓缓问道："牛爱卿，有何高见？"牛僧孺看到皇帝坐定，整整衣冠，举笏向前，朗声道："臣有一论，请陛下圣裁。皇上担忧幽州的逆顺，依微臣看来，此事不足为论。何以言之，幽州自安史之乱后早已不接受中央政府的管辖，刘总任节度使时虽然短暂回归但中央支付巨资却毫无收获。如今被杨志诚窃取跟之前被李载义霸占又有什么区别，最好的解决方案就是安抚他们，让他们去抵御北方游牧势力，不需要计较他们是顺从还是叛逆！"文宗听完后豁然开朗，大喜道："牛爱卿所言甚是，朕明白了！"于是文宗就以嘉王李运遥领幽州节度使，而以杨志诚为节度留后。

对于兵变的处理，后世多认为牛僧孺是在姑息藩镇，如司马光在《资治通鉴》中就说道："李载义作为幽州节度使被杨志诚发动兵变驱逐，皇帝对此却无动于衷，而是顺势将土地、百姓和官位赏赐给杨志诚。如此则统帅将领的生身性命皆出于士卒之手，天子虽然高高在上，又有什么作为？国家设置官爵难道只是为了收取赋税，像牛僧孺的说法，不过是偷安姑息之策，岂是宰相辅佐天子经邦治国之道！"后世学者据此多认为对于藩镇割据问题，李党主张坚决予以平定，而牛党则多寻求姑息偷安。上述观点其实并不完全符合当时的政治情形。牛僧孺在此次事件中采取如此策略，乃是当时国家形势使然，并不只是单纯的朋党意气之争。自安史之乱以来，幽州作为河北三镇之一，虽然曾短暂的归顺，但大部分时间里都游离于中央统治之外，而朝廷亦无足够的兵力、财力去平定他们。另一方面，幽州虽然保持内部的独立性，但在名义上还是拥护唐王朝的统治，并且时常派遣防秋兵帮助朝廷抵御吐蕃、回鹘等的入侵。可以说强行出兵削藩，成本和风险极大，而收益极小，在此基础上，牛僧孺选择绥靖安抚的策略也就不难理解了。总的来看，幽州事件的处理符合当时形势，牛僧孺只是顺势而为。

经历此事后牛僧孺加中书侍郎、弘文馆大学士，成为文宗最信任的宰相。而他的好友李宗闵也在朝中积极树立党羽，扩大势力，二人权势可谓滔天。

二、维州归降的大讨论

李德裕入朝复相之前，于西川担任节度使，在西南边境上积极应对南诏、吐蕃的侵扰，一举扭转了唐王朝过去因所选非人而造成的被动挨打局面。大和六年（832）九月吐蕃维州守城副使悉怛谋请求归降，李德裕命虞藏俭率军接应，并趁机接管了维州，并将悉怛谋部接入成都安置。李德裕在给文宗的上疏中建议："只要派遣羌族部落三千人，焚烧十三桥，就可以直捣吐蕃心脏，以雪多年来的耻辱。"奏章交尚书省后文宗集合百官讨论此事，大部分人都赞成李德裕的策略，牛僧孺却表示反对。他认为："吐蕃国境广袤，即使损失一个维州也不会对国势造成任何影响。更为重要的是最近两国关系缓和，如果我们违背之前的承诺，擅开边衅，到时候他们来责备我们为什么失信，并因此发兵攻打边境。并因此在蔚茹川牧马，向平凉阪推进，用万名骑兵封锁关中，用不了三天，前锋就能到达长安。到那个时候，即使我们得到一百个维州，又有什么用呢？"文宗认为牛僧孺说得有道理，于是下诏命李德裕将维州城和悉怛谋部众都归还给吐蕃。吐蕃在边境上将他们全部残酷屠杀。李德裕因此事对牛僧孺更加怨恨。

本来事件到此，就应该画上一个句号，但之后西川节度使的监军宦官王践言调回京师，被文宗任命为知枢密使。王践言在西川时与李德裕交好，又曾接受其贿赂，如今在皇帝身边，就屡次向文宗报告：数次向文宗说："归还维州和悉怛谋部众不仅使吐蕃称心如意，而且关闭了日后吐蕃人归顺的门路，并不是好的策略。"文宗听后亦颇感后悔，抱怨宰相牛僧孺决策失误。这些话和情绪逐渐被依附李德裕的人所知悉，这些人向文宗上书说是牛僧孺对李德裕抱有私怨，因而害怕他建功后顺势入朝为相。这也就使文宗怀疑牛僧孺有私心，对他不够忠诚，越发疏远起来。这也为日后牛僧孺罢相埋下了伏笔。

关于"维州公案"的是非曲直，历来颇多争议。当代史学家岑仲勉就牛僧孺要求归还维州颇有非议，其评论说："大中三年（849），正牛党执政时期，离归还维州仅仅18年，而这次吐蕃秦、原、安乐三州及石门等七关来投，急诏令尽力收复。为何此次便不再'守信为上'？李德裕要收复维州时，牛党说'维州缓而关中急'，此时怎么来个180度大转变？！收复维州，在于制衡吐蕃向东发展的趋势，割断其与西山八国蕃落的联系，李德裕数年苦心孤诣，经营剑南边疆，刚有好转，牛僧孺几句话便让他所有的努力化为泡影，李德裕怎么能不恨牛僧孺。归还维州带来的另一个严重后果就是断绝了外族内附之心——来投靠也让你给遣送回去给宰了！谁还敢叛族内附？后来文宗意识到这一点，对牛僧孺相当不满。综上所述，牛让李归还维州纯粹因私怨，以私害公。"但也有学者指出，自穆宗长庆元年（821）与吐蕃会盟，唐蕃边境获得了十余年的安定，双方关系和谐，往来遣使不绝。牛僧孺在这样的背景下，认为要信守与吐蕃的盟约，维护两国之间和平的状态，不允许李德裕收纳悉怛谋降众，并主动送还维州。这个决策是有可取之处的。对此，后世如司马光亦表示赞同。但亦有很多人指责牛僧孺建议归还吐蕃维州是"弃信偷安"之举，这一说法应当最早见于李德裕在会昌三年（843）上书的追论维州事宜的《状》中。在《状》中李德裕声明自己与吐蕃降将悉怛谋有约在先，自己会保障他们的安全。但悉怛谋最终被送还且遭到虐杀，这就使李德裕觉得自己背负上了不信不义的骂名，使自己非常难堪。其二为指责牛僧孺因嫉妒李德裕立功而从中作梗。其实，认为牛僧孺嫉妒李德裕功的大多为依附李德裕者所为，此点大概只是李党之人的猜测。唐代西川与淮南二镇作为地理和形势上极为重要的两个方镇，素有"宰相回翔之地"之称。如果牛僧孺害怕李德裕立功，又岂会让其担任西川节度使一职，实际上在牛僧孺两次为相期间，李德裕不仅未遭遇贬谪，反而屡有升迁。从当时形势来看，文宗采纳牛僧孺归还维州的建议，主要考虑到遵守与吐蕃盟约的问题，此时若因维州问题与吐蕃擅开战端，无疑会对国家带来重大危害，因而文宗决定采纳牛僧孺的建议，要求李德裕归还维州给吐蕃。

牛僧孺意识到文宗对自己日益疏远，内心颇为不安。正巧有一日，文宗开延英奏对与宰相议论国事，文宗叹息着对宰相们说："天下到何时才能太平？你们是不是应该有意于此！"文宗这样说，实际上是在敲打牛僧孺、李宗闵这些人，责备他们尸位素餐，毫无进取之心。但牛僧孺显然没有注意到皇帝意有所指，语中带刺。仍旧照本宣科地回答道："目前还没有天下太平的预兆。所幸现在四方没有蛮夷侵略，百姓也没有大规模流散，虽然称不上是太平盛世，但也勉强可称为'小康'。陛下如若追求更胜于此的天下太平，恐怕就不是我们这些人的能力所可以办得到的。"牛僧孺这一番消极的言论，着实让年轻、锐意进取的文宗皇帝感到不快，看着台下这些老臣，都在官场混迹几十年，说话难免老气横秋。文宗摇了摇头表示无奈，挥手宣布此次延英奏对结束。退朝之后，牛僧孺悠悠地跟李宗闵等人说："皇上对我们的责备和期望如此之高，我们在宰相位置上恐怕坐不久了。"自此之后，牛僧孺知道文宗皇帝已经对他疏远，自己不再受信任，是到了离开朝堂的时候。因此不断上疏请求辞职，而文宗也已决定由李德裕来顶替牛僧孺空出来的位置，外放牛僧孺任淮南节度使，朝堂之上即将迎来新的风暴。

三、李德裕之入相

维州事件之后，文宗越发感觉牛僧孺、李宗闵等人无法辅佐自己实现宏图伟业，对他们不满情绪日增。而牛、李二人也察觉到自己正在被年轻的皇帝所疏远，但二人的想法却大相径庭。牛僧孺想尽力摆脱朝野中的政治漩涡，回到地方，去做一些真正造福百姓的事情，而李宗闵则在想方设法巩固自己的权力。他已经预感到自己的政敌李德裕不久就会回到朝堂，他虽然尽力阻止文宗将李德裕召回来，但皇帝决心已下，李德裕的回归只是时间的问题，他已无力改变。作为最好的政治伙伴，牛僧孺已无心于争权夺利，李宗闵只能将目光放到朝堂，尽力拉拢那些可能成为盟友的人，来对付李德裕这个精明强干，又富有野心的对手。

李德裕出身于唐代一流高门赵郡李氏，其祖父李栖筠曾官至御史大夫，而父亲则是宪宗朝的首席宰相。如此辉煌的身世，使李德裕凭借父祖的恩荫就可以入朝为官，而无需像牛僧孺、李宗闵那样去参加科举考试。但这并不代表李德裕没有文采，实际上他是一个非常出色的文学家，其大多数作品被收入《会昌一品集》中。跟他的父亲一样，李德裕一直以平定藩镇，重振大唐的声威为己任。他很关心边疆安全和河朔藩镇的动向，自从接替玩忽职守的杜元颖出任西川节度使后，李德裕积极训练士兵，加强武备，以应对南诏和吐蕃可能的侵略，西南边境也获得一时的安定。但李德裕显然不满足于此，他想回到长安，回到朝堂之上，那才是真正能够实现自己理想的地方。维州事件中，李德裕本想趁机向文宗皇帝展示自己卓越的政治才能，但牛僧孺的一番大道理却毁了一切。不仅让自己背负了不信不义、轻起边衅的骂名，还失去了宝贵的调回京城的机会。因此，当得知自己的同僚，西川监军使王践言即将回京担任知枢密一职时，李德裕毫不犹豫地选择贿赂他。因为他知道自己所渴望的回京，在王践言那里只不过是在皇帝身边说几句话的事情。

而事情确实如此，王践言得了李德裕好处之后，在文宗面前盛赞李德裕治蜀的文治武功，同时也为文宗在维州事件上向吐蕃示弱表示惋惜。因为他知道，自从吐蕃虐杀维州降将后，朝野上已经有很多人质疑文宗皇帝的这个决策。但他知道责任绝对不能归咎于皇帝，因此他们将黑锅都甩给策略的制定者牛僧孺身上，是他懦弱的决定让皇帝颜面扫地。文宗确实听信了王践言的一番说辞，但这还不足以完全使李德裕回来。实际上，文宗对牛僧孺等人缓和、平稳的治国理念的厌倦，让文宗下定决心改变朝堂这一潭死水。他希望有人能够协助自己进行大刀阔斧的改革，而王践言适时地推荐了李德裕。李德裕不仅熟谙政治又有丰富的军事经验，相比牛僧孺、李宗闵这些文人，确实是实现自己宏伟目标的不二人选。李德裕回京，已经被摆上时间议程。

大和六年（832）十二月，牛僧孺被文宗罢相，出为淮南节度使。不久，李德裕就被征召入京任兵部尚书。面对自己的政治盟友牛僧孺被罢相外放，而自己的政敌却回京担任要职这一尴尬局面，李宗闵此时已然如坐针毡。李宗闵跟李德裕积怨已久，现如今李德裕又从西川返回京城，皇帝对他的能力和人品都非常看重，出任宰相只是时间问题。李宗闵虽然百般反对，但都无法动摇文宗的想法。因此，李宗闵日益担忧自己会被李德裕拉下马。有一日，其死党京兆尹杜悰来拜访他，见他忧形于色，问他是不是因李德裕入京而烦恼，李宗闵说："确实如此，可我又有什么好的解决方法呢？"杜悰回答道："我有一个好办法可以化解你们二人之间的恩怨，但恐怕你觉得不能接受。"李宗闵说："是什么办法？"杜悰说："李德裕喜爱文学，但因自己不是科举进士出身，一直深以为憾，如若我们推举他主持科举考试，他一定会喜不自胜。"李宗闵默然不应，又问道："还有更好的办法吗？"杜悰说："那就只能举荐他当御史大夫了。"李宗闵点头："这倒可以。"之后不久，杜悰就去拜访李德裕，李德裕迎接道："你怎么会想起来看我？"杜悰说："李相公（李宗闵）让我来向您致意。"于是把推荐他担任御史大夫的信息告诉李德裕。李德裕听完后既惊且喜，回答道："御史大夫是大门官，我这个后进怎么有资格担任！"请杜悰再三向李宗闵表示感谢。然而，当李宗闵与杨虞卿商量时，杨虞卿作为牛党的核心成员之一表示坚决反对，事情遂中途变卦。李宗闵就此错失一个和自己的政敌和解的良好机会。面对李德裕朝堂之上步步紧逼，李宗闵也只能被迫应对，将自己的一些亲信安插到重要机构，如户部郎中杨汉公任史馆修撰，吏部侍郎、知制诰李汉为御史中丞。

大和七年（833）二月，文宗以兵部尚书李德裕守本官，同中书门下平章事，正式复相。李德裕进宫面圣，与文宗讨论官吏拉帮结派的问题。李德裕回答说："中央政府机构的官员、长官，他们当中有三分之一以上的人都是结党的！"这一时期，给事中杨虞卿跟堂兄中书舍人杨汝士、户部郎中杨汉公等都依附于有权势的人物，交友广博，与宰相交朋友，干预政府高层。保举官职或赞助知识分子参加科举考试，没有不得偿所愿的。文宗知悉后很是反感，就在找李德裕说话的时候，先提到这件事。最初，左散骑常侍张仲方曾经反驳李德裕的父亲李吉甫的谥号。李吉甫去世后，主管部门提出了"敬宪"的谥号。当时张仲方反驳说褒奖太过，宪宗宠幸李吉甫，所以张仲方被贬黜，而李吉甫的谥号也被改为"忠懿"。现在，当李德裕当上宰相，张仲方就声称自己生病，无法继续工作。不久，张仲方就被调任为太子宾客，到东都洛阳办事。

有一天，文宗又说到结党营私的问题，李宗闵说："我一直看得很清楚，所以我不给杨虞卿这样人好的官职！"李德裕说："给事中、中书舍人，这些难道不是好的官职吗？"李宗闵的脸色变得苍白，无法回答。不久后，杨虞卿和张元夫就被外放为刺史。李德裕又举荐为官清廉的郑覃任御史大夫。起初，宰相李宗闵对郑覃在宫中不断当着皇帝的面批评时务感到十分反感，于是请求文宗免除郑覃兼任的翰林侍讲学士，文宗表示批准，郑覃于是被逐出朝廷。后来，文宗有一次不经意间对大臣们说："殷侑的才学与郑覃非常相似。"李宗闵答道："郑覃、殷侑对经学很熟悉，但他们的见解不值得重视。"李德裕说："郑覃、殷侑的意见不为别人所重视，只有陛下才重视。"十天后，文宗就直接下了命令，提拔郑覃为御史大夫。李宗闵对此很不满意，对任枢密使的大宦官崔潭峻说："一切都由着皇帝去办，那还要宰相干什么？"崔潭峻答道："都当了八年的皇帝，也可以自己当家做主了。"李宗闵听了，一脸担心，不再说话。不久之后，李宗闵果然被文宗外放为山南西道节度使。

李德裕上台之初，就开始对朝政进行改革。过去，三省的丞官和郎官拜访宰相，需要等候一段时间才能够通报，因此郎官若非公事不敢去谒见宰相。李宗闵任宰相期间，喜欢交往宾客。李听作为太子太傅，经常招徕朋友带着酒在李宗闵办公的厅阁聚会，一直喝到酣醉才离去。李德裕复相后就命令御史："如果有事要见宰相，必先通知御史台才可以。罢朝之后，百官也必须由龙尾道出去。"自此之后，再没有官员敢随便无故拜访宰相。李德裕又取消了过去皇帝拜宰相而令京兆府修筑沙堤的卫兵，以及上朝时两街负责翊卫的士兵，借以减少政府开支。李德裕曾说过："朝廷只有奸邪和正直两种人，正直的必定要除去奸邪的，奸邪的也肯定要陷害正直的。然而双方的话听起来好像都不错，希望皇上能仔细考虑取舍。否则，两者如果同时进用，即使是圣人管理，也没有办法成功。"这就是李德裕的计划。破除朋党，任用人才这一原则也是根据大和时期的实际情况提出的。大和时期，首先是李宗闵在宦官的帮助下，成为宰相，李又建议引入牛僧孺共同治理国家。在李、牛二人的控制下，他们排挤了李德裕、裴度、李绅、元稹等人，又任用了杨虞卿、张元夫、萧澣、李汉等党人。朝中几乎一半的官员都是牛僧孺、李宗闵之党。文宗皇帝也意识到了这一点，所以在上一年十二月，他了解维州事件真相后就出牛僧孺于淮南，召李德裕进京。李德裕被文宗任命为宰相后，在与李宗闵一起执政的这一时期，如果不借机在这个时候将牛僧孺、李宗闵排斥出朝廷，那么李德裕就无法施展自己的政治抱负。于是李德裕就出李宗闵之党杨虞卿、杨汝士、杨汉公、张元夫、萧澣等人于外任。除了将结党营私之人清出朝堂外，李德裕为相期间还进用了李回、沈传师、韦温、王质等人。这些人大多是聪明、有能力、实干的人才，在当时也以中正的品性为人所赞誉，不依靠权贵来寻求上进。

大和七年（833）六月，自牛僧孺罢相之后，李宗闵也被出为山南西道节度使。两个主要政敌离开中枢，李德裕终于可以放开手脚，有所作为。首先面对的是藩镇问题，宣武军节度使杨元卿病了，文宗与宰相讨论继任人选。李德裕建议调任昭义节度使刘从谏接替他的职务，从而使昭义地区回归中央的掌控，这样也切断了刘从谏与山东各藩镇的联系。对于李德裕的建议，文宗认为时机尚未成熟，没有同意。接着是科举考试中暴露的问题。文宗对于最近知识分子中大量文人对时务不了解的状况感到忧虑。对此，李德裕请求采纳杨绾的建议，在"进士科"考试中，改考时务策，而不再是诗歌。李德裕还指出："以前玄宗作为临淄王，平定内乱，从那之后，他就对王室成员持怀疑态度，阻止他们离开宫廷担任政府职务。这种囚禁骨肉的行为，伤害人伦天理。回想当初，安史之乱和泾原兵变中，如果皇室子弟分散在全国各地，虽然不一定能够保卫中央政府，但每个人至少可以挽救自己的生命。结果都被安禄山和朱泚残忍杀害，只是因为他们聚集在一起。陛下最好在册立太子的同时，在诏书中允许年老而疏远的宗室离开宫廷，或者任命他们为地方高级官员，允许他们带孩子出宫结婚，这个实行百年之久的积弊一旦除去，四海之内就没有不高兴的。"文宗皇帝说："我早就知道它的不合理，难道现在宗室中就没有可用的人才吗？只是没有机会让他们表现出来。"不久之后，文宗册立太子的同时又下诏说："以后每个亲王都要按顺序出宫，出任地方刺史或者僚佐。"十六宅县主也应及时出嫁，进士科也不再只考诗赋。但是，亲王何时出宫以及担任地方官的问题久久无法解决，因此最终也不了了之。此外，李德裕还积极禁抑两淮大贾在朝堂上的势力，起初，中书、门下二省给江淮大商人发符，叫他们为政事堂宰相公厨赚取利钱，他们由此带钱四处活动，在所到州镇成为上客，富人靠他们来抬高自己。李德裕则将这些旧习全部废除。

牛李党争在这一时期，李德裕占了上风，但这一局面并没有维持多久。很快，两个躁动的新贵就要在文宗朝堂之上掀起新的波澜，而这场波澜带来的不仅是激烈的权力争斗亦有残酷的政治牺牲。

四、郑注、李训的崛起

郑注本姓鱼，冒姓郑氏，家境贫寒，相貌丑陋。在成为官员之前，他依靠医术在江湖上生活。元和十三年（818），郑注来到襄阳。李愬任襄阳节度使时患有痿病，郑注用民间处方为其制药，李愬服用后效果很好，所以他很受李愬宠任，被任命为衙推。后来李愬调任到徐州，郑注也跟着他一起去。军事和政治事务李愬都要和郑注商量，而郑注的意见、建议也往往让李愬满意。但郑注因为医者的身份，出身不好，虽然李愬对其评价很高，但郑注也招致了许多人的批评。人们说郑注狐假虎威、专权作福。当时大宦官王守澄任徐州监军，非常痛恨郑注的为人，多次想要杀掉他。李愬则极言郑注是奇才，天下难得。所以，李愬把郑注介绍给王守澄。起初，王守澄还有点不情愿，但和郑注交谈后，他发现郑注颇具才能，所说的都符合自己的心意，于是马上把他请入内室，促膝交谈、相见恨晚。第二天，王守澄就对李恳说："确实如您所说，郑注真是奇才啊。"从那以后，郑注就经常去拜见王守澄，二人关系十分融洽。李恳于是任命郑注为巡官，让他得以列为宾客。

元和十五年（820），王守澄调任回京，郑注随其前往长安。不久，王守澄、陈弘志等宦官杀了宪宗，立太子为皇帝，也就是唐穆宗。王守澄被擢升为枢密使，郑注趁机进入朝廷，穆宗也厚待郑注。王守澄本人很是器重郑注，两人经常从白天聊到晚上。郑注依靠王守澄的权力结交朝臣，几年之后，大臣们都渴望结交他。后来，郑注又在其他方镇担任幕僚，历任诸宦，为昭义节度副使。文宗登基后王守澄因拥立之功，擢升骠骑大将军，任右神策军中尉，郑注借机又回到了王守澄身边。

郑注仗恃右神策军总指挥宦官王守澄的支持，权势炙热，连文宗都对他厌恶。侍御史李款弹劾郑注："内与宦官勾结，外与官员往来，往来于北宫与南衙之间。谋取钱财，收受贿赂，白天躲躲藏藏，夜间活动，窃取权力，无人敢提出批评，连路上的行人也只敢侧身观察，不敢抬头直视，请皇上将郑注移交御史台处理！"李款在十天之内接连呈上几十份奏章，王守澄见舆论紧张，就把郑注藏在右神策军中。左神策军中尉韦元素，枢密使杨承和、王践言等宦官也对郑注十分厌恶。左神策军将领李弘楚对韦元素说道："郑注狡猾奸诈，天下无双。如果现在不把他除掉，等到日后他羽翼渐丰，有了强硬势力后定会给国家带来危害。现在他已经被御史弹劾，躲在军营中。我想借用您的名义假装生病，请他过来治疗。郑注一旦到达，您先请他坐下，我在一旁等候。只要您给我个眼神，我就马上把他拖出去打死。到时候您就去觐见皇帝，叩头请求宽恕，把他所有的恶行都告诉皇帝，杨承和和王践言一定会帮您向皇帝求情的。而且您有拥护皇帝的功绩，怎么会因为除奸而受到惩罚呢？"韦元素认为李弘楚说得有理，于是就召见郑注。郑注来的时候态度很谦卑，不断说着谄媚的话，韦元素不知不觉握住他的手，不知疲倦地听着郑注演讲。李弘楚在一旁再三提醒韦元素，韦元素却不理睬。最后，韦元素赠与郑注大量的金银、丝绸并送他回去。李弘楚大怒说："您今天不能果断行事除掉郑注，已经失去了最好的机会，日后等您大难临头定会难逃一死！"之后就辞去军职离开。没过多久，李弘楚就因背上长疮而去世。

王涯能当上宰相，郑注也出了力，而王涯害怕王守澄的势力，所以对李款弹劾郑注的奏章一律不予理会。王守澄借机向文宗解释，文宗也不再追究郑注。后来，王守澄又推荐郑注担任通王府司马，充任右神策军判官，朝野上下听说了这个消息，都惊讶地叹气。后来，文宗突然中风，说不出话来。在王守澄的推荐下，让郑注治疗文宗的病。文宗吃了郑注的药效果很好。因此，郑注又得到了文宗的恩宠。

大和八年（834）九月，郑注总结自己治疗疾病的经验，撰写一卷《药方》奏上。文宗在浴堂门召见郑注，与其商量富国利民之术，郑注提出当时饮茶盛行，茶叶生产也有了很大的进步，建议文宗恢复茶叶税的政策。利用老百姓的茶园，由官吏负责加工茶叶，直接分配数量，并派专使加以管理。文宗采纳了他的建议，任命宰相王涯为榷茶使，并赐予郑注许多奖赏。

文宗喜爱诗词歌赋，杜甫在《曲江辞》中写道："江头宫殿锁千门，细柳新蒲为谁绿。"玄宗时期曲江沿岸遍布楼台、行宫、府署等建筑，文宗心里很是羡慕当时的盛况。郑注明白文宗想在曲江沿岸建造宫室，于是在大和九年（835）正月上奏称秦中有灾，应当兴造工役来禳除灾祸。郑注上言切合文宗心意，文宗就以此为由，命左右神策军派军士疏浚曲江和昆明池，并修造了紫云楼、彩霞亭等建筑。郑注进而让公卿百官在河堤上修建府舍，文宗大为欢喜。四月，文宗任命郑注为太仆卿，兼御史大夫。九月，郑注被擢升为工部尚书，翰林学士。文宗亲自于九仙门前召见他，当面赐予他告身文书。从这时起，郑注就可以充任侍从，文宗也非常依赖他。郑注得到文宗的宠信后，更加为所欲为，不加遮掩地卖官受贿。他在京师善和里建的府邸华丽异常，没有人能与之相提并论。与此同时，郑注还勾结京师猾吏和各方镇驻京将吏，经常邀请他们到家中聚会，让他们为自己扩大声势。郑注还经常出入于左右神策军，无人敢问。他和宦官王守澄夜以继日地密谈，谁也不知道他们在商量什么。

李训，本名李仲言，出身陇西李氏，是右仆射李逢吉的从子。李训年轻时考中进士，补任太学助教，后被辟为河阳节度使幕僚。他形貌魁梧，善于辩论，但好说大话，自以为是。阴险善谋，深受叔父李逢吉信任，与张又新、李续等人并称"八关十六子"。宝历元年（825），石州刺史武昭罢为袁王府长史，并对宰相产生怨恨之情。当时，宰相李程与李逢吉不和，李程族人李仍叔故意激怒武昭，称李程曾欲授其官职，但被李逢吉所阻。武昭醉后，向左金吾兵曹茅汇狂言，称要刺杀李逢吉，结果被人告发。李训胁迫茅汇帮助自己，诬告李程与武昭合谋，但茅汇表示拒绝。不久之后，武昭就因罪被朝廷杖杀，李训也被流放到象州。

宝历二年（826），文宗登基后大赦，李训得以回到北方。在母亲去世后，他留在东都洛阳。当时郑注得到大宦官王守澄的青睐，李训叹息道："当权者尽皆龌龊，我听说郑注重视士人，又有宦官相助，可以共事。"他便前去求见郑注，二人相处甚欢。大和七年（833），东都留守李逢吉将价值数百万的金帛珠宝交付李训，让他去长安贿赂郑注，希望能帮助自己再次成为宰相。郑注大喜，将李训引荐给王守澄。王守澄便以郑注善于炼药、李训善讲《周易》为由，将他们引荐给文宗。当时，李训正在服丧，便改换民服，号称王山人，与郑注进入禁中。大和八年（834）秋，文宗打算任命李训为御史，在翰林院任职。宰相李德裕表示反对："李训过去所做的一切陛下您想必都知道，既然如此又怎能让他陪伴在您身边呢？"文宗说："一个人难道不会变的吗？"李德裕回答道："我曾经听说只有圣贤如颜回才能停止犯错。圣人会犯错只是因为他们没有深思熟虑，即使偶尔会失败，也只是失去公允之心。现如今李训的错误却是来自他邪恶的思想，这又怎么能改正呢？"文宗说："他是由李逢吉推荐的，我已经答应过李逢吉，不能失信于人。"李德裕回答："李逢吉是相国，竟推荐错的人，这是对国家和百姓的背叛，李逢吉也是罪人！"文宗说："那么，就再给李训一个别的官职吧。"李德裕说："这也不可！"文宗于是回头看向另外一位宰相王涯，王涯说："这当然可以。"李德裕听完急忙向王涯摆手示意，阻止他继续说下去。恰巧文宗转过头来，看到了他的行为，很是不高兴，于是宣布退朝。起初，王涯听到文宗想重用李训，还加以劝说。然而，当他发现文宗的态度很是坚决，同时他也惧怕李训党羽的势力，所以中途改变了主意。文宗于是任命李训任四门助教、给事中，获赐绯衣、鱼袋。

　　王守澄、李训、郑注都讨厌李德裕，因山南西道节度使李宗闵与李德裕相互排斥，几人决定将李宗闵召回京城，扩大反对李德裕的势力。不久，李宗闵复相，李德裕则被出为山南西道节度使。李德裕不想离开中枢，于是就面见文宗，请求留在京师。文宗答应了李德裕，重新任命他为兵部尚书。但宰相李宗闵向文宗提出抗议，李德裕的任命已经公布，不应该根据他的意愿改变。文宗无奈，就再命李德裕当镇海军节度使，但没有兼宰相。同年十月，唐文宗又改任李训为国子监周易博士、翰林院侍讲学士。

给事中郑肃、韩佽等人极力劝谏，认为李训是天下皆知的奸佞之徒，不宜留在皇帝左右，文宗不听。

郑注和李训控制朝政后，文宗受其迷惑，对二人十分信任。李训、郑注上台后以通过亲疏关系任用和罢免大臣，并根据他俩的喜恶随意破坏朝堂制度和法规。为了加强自己的权力，郑注等人大力扶植自身党羽，以个人恩怨，消除持有异议者，任何反对他们的人，不是被杀，就是被驱逐。郑注求任两省官，宰相李宗闵认为不可，郑注在文宗面前加倍对李宗闵进行诽谤。李宗闵也被贬为明州刺史，之后又被贬为处州长史。当时凡是郑注和李训不喜欢的官员都一律被视为"二李"之党，被贬逐出朝堂。被贬官员之多，以至于文宗朝会期间一些应该安排官员的地方却空无一人，这也引起朝野一片恐慌。文宗也意识到这一问题，李训和郑注担心自己的地位受到动摇，就建议文宗下旨说："李德裕和李宗闵的亲戚、朋友以及他们的子弟和部下，除了今天以前被流放的，其他都不再予以追究。"文宗皇帝同意不再进行任何调查，人们的心才稍稍稳定了下来。自此，牛李两党的核心人物，基本都被外放。

当时，宦官飞扬跋扈，杀害宪宗的凶手仍然逍遥法外。文宗虽然在表面上对宦官们表现出信任，但他内心却十分想除掉他们。但文宗深居内宫，难以对将相明言。此前，文宗与宰相宋申锡密谋诛灭宦官，但京兆尹王璠把这个密谋泄露给了郑注。结果王守澄得知了这一密谋，立即命令军吏豆卢著诬告宋申锡与漳王谋反。结果宋申锡被贬为开州司马，不久就死于冤狱。参与者晏敬则等人则被处死或流放，将近一百多人都受到迫害。文宗谋除宦官的计划也就此破产。自宋申锡获罪后，宦官势力更加猖獗，文宗悔恨不已。李训、郑注得宠后，揣知文宗心意，便在文宗面前指斥宦官擅政。当文宗见到李训时认为可以与他密谋。同时李训和郑注都是由王守澄介绍的，不会引起宦官们的怀疑。文宗于是以实情相告，李训、郑注慨然应诺。他们积极为文宗筹划太平之策，认为应首先诛除宦官，其次收复河湟失地，再清除河北藩镇。李训和郑注在宫中秘密计划，文宗担心会引起宦官的怀疑，故意将六条《易经》义理诏示百官，表示自己只是以师友对待李训，以此掩人耳目。而郑注则大肆招权纳贿，当时人们只知道李训和郑注两人依靠宦官，但却没意识到他们正在与文宗密谋消灭宦官。

郑注与李训日夜密谋剪灭宦官。襄阳监军陈弘志此前曾弑杀宪宗，李训将其召还，杖杀陈弘志于青泥驿。他们二人又利用宦官内部的派别和矛盾，因右神策军中尉王守澄与左领军将军仇士良意见相左，郑注建议文宗任命仇士良为左神策军中尉，借以分散王守澄之权；又以王守澄为左右神策观军容使，假借虚名夺取王守澄实权。他们还设计诛杀大宦官韦元素、杨承和等人，最后又设计鸩杀了宦官头子王守澄，进而诬陷左神策中尉韦元素与枢密使杨承和、王践言皆为李宗闵在宫中的党羽，文宗就将杨、王二人分别贬往地方任监军。李训、郑注发动这一系列雷霆行动后，宦官、禁军都非常恐惧，路上遇见他俩都要恭敬的揖拜。此后，李训、郑注更受文宗宠信，每逢别殿奏对，同僚宰相都不得不顺从其意。时人虽为王守澄等宦官被杀和被贬而拍手称快，但对李训、郑注的阴险狡诈也非常厌恶。当时，李训门下虽多是趋炎附势的狂怪险异之徒。但郑、李二人有时为了顺应人心，也会举荐一些元老，如裴度、令狐楚、郑覃等人。牛李二党当政时期这些人都被安置在闲散职位上，李训则推荐他们重居高位。因此，不仅是文宗被李训、郑注二人迷惑，一部分士人也希望他们能真正给国家带来和平。但有识之士注意到郑、李二人不可一世的专横和傲慢的态度，预测他们注定要失败。

李训虽因郑注引荐得以重用，但他拜相之后，为与郑注争权夺势，二人也成势不两立之态。当时人们都说郑注迟早会当宰相。侍御史李甘在官府里宣布："如果任命郑注任宰相的谕旨发下，我就当众将其撕毁。"不久，李甘就被贬到封州任司马。不过李训对郑注也有猜忌，并不想看到他做宰相，这件事因此被搁置。为了将宦官一网打尽，李训以中外呼应为名，任命郑注为凤翔节度使。郑注出镇时，曾与李训约定：王守澄在浐水下葬时，由李训上奏文宗，要求中尉以下的宦官都去送葬，而郑注到时候要求以自己的士兵护送丧事，然后命令自己的士兵用利斧杀死宦官。但是，李训为争夺功劳，却私自改变计划，决定提前发动。他任命亲信郭行余、王璠为节度使，让他们招募士卒，与金吾卫、御史台、京兆府吏卒一同诛除宦官，并要将郑注一并除去。

大和九年（835）十一月二十一日，文宗到紫宸殿例行早朝。金吾将军韩约上奏称金吾左仗院内石榴树上夜降甘露，并舞蹈拜贺，百官也相继称贺。李训乘机劝文宗亲自前往观看。文宗到达含元殿，命宰相和中书门下官员先去查看。李训回来后，对文宗道："我们检查过了，不像是真正的甘露。"文宗命仇士良、鱼弘志等宦官前去查看，李训立即部署，召见郭行馀、王璠，向他们宣布："听候圣旨！"王璠双腿颤抖，不敢上前，只有郭行馀跪在大厅前。当时丹凤门外站着两人数百名部下，手里都拿着武器。他们被召集到含元殿接受圣旨，但只有王璠的河东军在，郭行馀的邠宁军没有进去。仇士良等人来到左仗院前，查看甘露，看到韩约惊慌失措，情绪异常，心里不禁疑虑。又听闻幕下有兵戈之声，察觉有变，立即逃走，看门人刚要关门，仇士良就对他大喊大叫，门关不上。仇士良等人跑到含元殿，把这件事报告给文宗。李训见状，急急地向金吾卫喊道："赶快到宫中保护皇上，每人赏百串钱！"宦官们则嚷道："事情紧急。请回到宫殿里去！"立刻将软轿抬起来，扶文宗上去，冲破殿后的网幕，向北飞奔。李训则用手抓住软轿喊道："我还没报告完，陛下不能回宫！"这时，金吾卫已经登上皇宫，罗立言率金吾卫三百余人从东边增援，李孝本率御史台警卫士卒二百余人从西边增援，挥舞着刀进行攻击。有十余名宦官被杀或受伤，流着血倒在地上，大声叫屈。但这并没有阻止文宗的软轿，它摇晃着进入宣政门。李训没有松手，攀上那顶软轿，焦急地喊着文宗停下来。软轿进入宫城，宫门立刻关上，宦官们齐声喊着"万岁"。站列在含元殿的文武官员呆立在那里，随后都四处逃窜。李训知道大势已去，急忙换了一个侍从的绿衣服，骑马飞奔出宫门，一路上大声抱怨道："我犯了什么罪，却被贬出京城？"没有人怀疑他造成了一场可怕的灾难。王涯、贾餗、舒元舆回到中书省，彼此说："皇上要开延英，集合我们商量后续事宜。"两省的官员都来问丞相到底发生了什么事，他们三个人说："我们不知道发生了什么，大家都心平气和地工作吧。"

此时，仇士良等人已经发现文宗实际上是背后的主谋，他们的怨恨和愤怒爆发了，向皇帝恶言相向，文宗又羞又怕，不敢说话。仇士良等命左、右神策军副使臣刘泰伦、魏仲卿各自率领五百兵士，带着武器从紫宸宫冲出来讨伐逆党。这时王涯等宰相在政事堂正准备吃饭，一个官员突然报告说一大群士兵从宫里冲出来，遇见谁就杀谁。王涯等人听完都狼狈地逃走。中书省和金吾卫手下的一千多名兵士和官员都争先恐后地向门口逃去。不一会儿，大门就关上，六百多名还没逃出来的人就全部被杀。仇士良下令分兵查封各宫门，搜查南衙各部门，逮捕逆党。负责安全的各部门官员和士兵，以及里面一千多名平民和卖酒的商人全部被杀，尸体散落，到处是血迹。印章、地图还有户口簿、衙门门帘、办公设施等都遭到破坏和抢劫。仇士良等人命令左、右神策军派出一千多名骑兵追击城中逃跑的逆党，同时也派军队在京城进行大规模的搜捕。舒元舆换上平民的衣服，一人骑马从安化门逃走，被骑兵追上逮捕。王涯走到永昌里的一家茶馆被禁军逮捕并押送到左神策军。王涯已经七十多岁了，戴着脚镣和手铐，遭受毒打。他忍无可忍，勉强承认与李训合谋，企图立郑注为皇帝。王璠回到长兴里的家后紧闭家门，并招募私兵来保护自己。神策军将寻到他门口，向门里大声喊道："王涯等人谋反，宫里准备任命您为宰相，中尉鱼弘志派我们来迎接您。"王璠听后大喜过望，马上出来迎接。而王璠发现被骗之后，含泪随神策军离去。到了左神策军，见到了王涯，王璠说："你参与谋反为什么要牵连我？"王涯答道："你过去任京兆尹的时候，如果不把宋申锡诛灭宦官的计划透露给王守澄，哪里还会发生今天的事！"王璠意识到自己的错误，低下了头，不再说话。神策军还在太平里逮捕了罗立言和王涯的亲属、仆人，两人都被关押在左右神策军中。而户部员外郎李元皋是李训的远房表亲，事实上，李训既没有提拔他也没有重用他，但他也被抓起来杀死。

　　前岭南节度使胡证是京城的富翁，禁军士兵以贾𫗧藏在他家为借口搜查他家，掠夺胡证的财产，他的儿子胡溵也被抓住杀害。禁军又去左常侍罗让、太子詹事浑镈、翰林学士黎埴等人家中，洗劫了他们的财物。这时京城的恶少也趁机为报私仇而随意杀人，掠夺商人百姓财物，甚至彼此互相厮杀。第二天早上官员们开始上朝，直到太阳出来的时候大明宫右侧的建福门才刚刚打开。宫殿里传出信息说每个官员只允许带一名随从进来，警卫们手持刀枪在街道两旁列队。到了宣政门的时候，门还没有打开。此时，因为没有宰相和御史大夫引领，所有官员的队伍都混乱不堪。文宗到了紫宸殿，问道："宰相为什么还不来？"仇士良回答说："王涯等人密谋造反，已被逮捕入狱。"接着他将王涯的供词呈上给文宗看，文宗叫左仆射令狐楚、右仆射郑覃上前，让他们看王涯的供词。文宗悲愤交加，几乎按捺不住情绪，问令狐楚、郑覃："这是王涯的笔迹吗？"两个人回答说："是的。"文宗说："如果这是真的，那就罪不容诛！"

于是文宗命令两人留在政事堂，参与决策。同时他还命令狐楚起草诏书，将李训、王涯等人叛乱以及被镇压的事情向朝廷内外宣布。令狐楚在诏书中叙述了王涯和贾𫗧相互勾结的事实，但都含糊其词，仇士良等人对此非常不满，这就妨碍了令狐楚升任宰相。此时，都城街头和市场上剽掠的行为仍然没有停止。朝廷命令左右神策军将军杨震和靳遂良每人率领五百人把守大街上的主要路口，敲响街鼓警告，并同时斩首十余罪犯，这样才安顿下来。贾餗换下官服后，躲在民宅中。一夜之后，他感觉无法逃脱，便穿上丧服，骑上驴来到兴安门前，说："我是被奸人诽谤的宰相贾餗，你们抓住我，把我送到左右神策军。"守门人立刻把他送到右神策军。李孝本换上六、七品官员穿的绿色官服，但仍戴着只有五品以上官员才能戴的金带，用帽子蒙住脸，骑马直奔凤翔，打算投靠郑注，到了咸阳城西，也被追捕者逮捕。李训一直与终南山的僧人关系密切，所以他逃亡到了终南山中。僧人宗密想为李训剃发，打扮成和尚的样子躲进庙里。他的弟子们都认为这样不合适，李训不得不离开。他原打算到凤翔投靠郑注，却被周至镇遏使宋楚抓住，被戴上脚镣和手铐押送到京城。到了昆明池，李训怕被神策军凌辱，就对押送他的人说："谁来抓我都能得到丰厚的回报和财富！我听说禁军正在到处搜查，他们一定会把我带走，你们为什么不先杀了我？"押送他的人表示同意，于是砍下李训的头送到了京城。这时左神策军派出三百人，由李训的首级引导，后面跟着王涯、王璠、罗立言、郭行余，右神策军则派出三百人，押贾餗、舒元舆和李孝本，分别昭告太庙和太社，然后在东、西两市游街示众，官员们都被命令去观看。

在京城的独柳树下将这些"叛臣"腰斩，再把他们的头挂在兴安门外示众。李训等人的亲人不论亲疏老幼，男子都被杀害。妻女没有死的，也被没收为官奴婢。

在此之前，郑注按照事先与李训的约定，率领五百名士兵从凤翔来到扶风县。扶风县令韩辽知道郑李二人的阴谋，所以没有接待他，而是带着县印和属下的官吏士兵逃到武功。这时郑注得到李训失败的消息，于是他率兵返回凤翔。仇士良等人派亲信携带文宗给凤翔监军张仲清一道密敕，命令他处死郑注。张仲清吓得不知所措，押衙李叔和劝张仲清道："我以您的名义好言召来郑注，然后设计让他的亲兵退下，我们就趁机在座位上杀了他，叛乱就会立即平息！"张仲清表示同意。

于是张仲清设下伏兵，等着郑注。郑注带着自己的士兵，毫不怀疑，直接进入凤翔城来见张仲清。李叔和领着郑注的亲兵在门外招待他们，只有郑注和几个侍从进入了监军庭院。郑注刚喝完茶就被李叔和砍了头，随后立即关闭外门，杀光郑注所有的士兵。随后张仲清将文宗的密令宣读给士兵们，之后就杀了郑注一家和节度副使钱可复、节度判官卢简能、观察判官萧杰、掌书记卢弘茂等人以及他们的同党，共计超过一千人。这其中，钱可复是钱徽的儿子；卢简能是卢纶的儿子；萧杰是萧俛的弟弟。此时，朝中还不知道郑注已经被杀。二十六日，文宗被迫下诏免去郑注的职务和爵位，命凤翔邻镇按兵不动，观察凤翔城中的动向，并任命左神策将军陈君奕为凤翔节度使。二十七日夜，张仲清派李叔和等人到京师献上郑注首级，朝廷下令将首级悬挂在兴安门上示众。于是京城的百姓渐渐安定下来，禁军的部队也开始返回军营。甘露之变这场闹剧就这样在李训、郑注和大量被牵连者的死亡中落下帷幕。

唐文宗励精图治，期望能改变唐朝积贫积弱的局面，他勤勉节俭，尽可能地模仿历代贤王，却因宦官和群臣的掣肘和自身的懦弱无能，在政治上毫无建树，留下了志大才疏的评语。而李训、郑注两人，也被无数文人墨客扫进了历史的垃圾堆，司马光就认为李训、郑注是为了谋取个人政治前途的小人，即"训、注小人，穷奸究险，力取将相"。而欧阳修亦认为"李训浮躁寡谋，郑注斩斩小人"。然而在宦官当权、藩镇割据的中唐时期，李训和郑注他们没有妥协，而是提出了对内惩罚宦官，对外切断强藩的"太平之策"。他们的"太平之策"针对的弊，彰显了他们的政治才能，且在诛灭宦官的过程中也取得了一定的成就。李训、郑注是中唐时期继王叔文、王伾等人之后，朝廷官员中敢于对抗宦官势力的进步力量。但他们也有诸多不足之处，如对宦官专政形成的根本原因缺乏科学认识，没有看到宦官的专权是因为他们掌握了禁军和枢密的位置，没有逐渐削弱并夺回上述两大权力。他们只是觉得杀几个傲慢的宦官就能大获成功，很难从根本上解决问题。特别是在最后消灭宦官的关键行动中，中途改变计划，仓促采取行动，导致失败，所谓的"太平之策"也付诸东流。

五、去此朋党难

以仇士良、鱼弘志为首的宦官集团在"甘露之变"中指挥禁军大肆屠杀长安公卿大臣，以李训、王涯、舒元舆、贾𫗧为首的四宰相被诛，除此之外还有大批官员遭牵连被杀，死者数千人，血流成河，朝堂为之一空。此后，中央政权在"北司"（皇宫）的宦官手中，"南衙"（政府）宰相只负责发布公文。宦官更加嚣张，要挟天子，蔑视宰相，文武百官形同虚设。每次在延英殿议政，仇士良等总是用李训、郑注堵住宰相的嘴。郑覃和李石则反驳道："祸乱之首自然是李训和郑注，但问题是当初是谁推荐和介绍的李训和郑注呢？"宦官们嚣张气焰才有所收敛，政府官员都依赖郑覃和李石的保护。甘露之变后，政事堂遭到洗劫，只剩下空荡荡的废弃房屋。

江西道、湖南道呈献一百二十人的衣服和粮食，供应宰相重组侍卫。对此李石拒绝说："宰相如果忠厚，天神都会保佑他，即使遇到强盗，也不会受到伤害。但如果他心怀背叛，即使被严密保护，鬼也会杀了他。我愿意尽我最大的努力向国家尽忠，按照以前的做法，用金吾卫士兵作引导还是足够的。两道赠送的衣服和食物，应当停止。"文宗同意了。当时宰相武元衡被刺杀，皇帝命令宫中军械库拿出弓箭、军刀送到金吾卫手中，由他们负责宰相的安全，从家门口一直送到建福门才退去，这一举指也全部撤销了。

昭义节度使刘从谏要求向全国人民公开宣布王涯等人到底犯了什么罪。他强烈地指责说："王涯等人只不过是受皇帝宠信、享受荣耀的书生。谁不想保护自己的家人，怎么会是叛徒呢？李训其实只想镇压两名宦官，以为他们可以救亡图存，却意外导致相互残杀，并被诬告造反。事实上，他并没有犯下被指控的罪行。即使宰相确实有所预谋，也应该移交给相关部门进行正式审判。怎么能允许宦官擅自出兵，随意掠夺，残害百姓？被残忍杀害于宫殿门口的人数以万计，朝廷又顺藤摸瓜地搜查着余党，无论中央还是地方，官员惊惧不安。我原打算亲自到中央去揭露是非善恶，但我害怕自己也会被陷害和杀害，所以这件事无法完成。我将仔细守卫边境，加强士兵的战斗训练，对内做陛下的知己，对外做陛下的篱笆。如果这些奸臣还难以控制，我就誓死消灭陛下身边这些蛀虫！"文宗听后深表欣慰，加授刘从谏检校司徒。不久，刘从谏派焦楚到京师呈递奏章，辞去中央给他的加衔并强调说："我所言事关国家大势，若陛下接受，王涯等人必定免罪，若陛下不接受，则不应该随便赏赐。怎么可以死的人还不昭雪，活着的人却还享受国家的俸禄！"进而强烈指责仇士良等人的罪行。文宗召见焦楚，安抚并解释，命令他回去。当时仇士良等人随心所欲地施暴和专断，政府官员每天都担心他们的家人安危。等到刘从谏奏章呈上后，仇士良等人开始有些畏惧，行为略有收敛。因此，宰相郑覃、李石才能够勉强执政，文宗也依靠刘从谏可以自己做些决定。

虽然宰相郑覃、李石尽力缓和与仇士良等宦官的矛盾，但双方仍互相怀疑、龃龉不断。有一天，文宗登上紫宸殿，宰相们向他叩头，感谢他的恩典。谣言立刻传开，说皇上打算把禁军交给宰相，宰相已经叩头感谢了！宦官和官员再次互相怀疑并对峙，进而引发了恐慌。官员们处于紧急状态，随时准备逃跑，连续几天都不敢脱衣服睡觉。李石只好请求文宗召见仇士良等人，当面说明误会。文宗命令仇士良等人出来，和李石一起向他们说明，仇士良等人才不再怀疑，事情终于解决。宰相李石向文宗指出，宋申锡为人忠厚正直，却被人诬告诽谤，被流放到遥远的边境，之后不公平地死去，到目前为止还没有洗冤昭雪。文宗低下头，沉默了很久，眼泪流了下来。他说："我早就知道这是个错误，我当时被奸邪逼迫，为了国家和社稷，我的兄弟几乎都不相容，更不用说宋申锡了。因为我无法辨别真相，当时不仅宦官陷害他，还有一些政府官员也落井下石攻击他。如果我是刘弗陵，就不会有这个冤狱了！"郑覃、李固言也为宋申锡伸冤，文宗深感悲痛，一脸羞愧。不久，诏令恢复了宋申锡的所有官衔，任命宋申锡之子宋慎微为固县尉。

自甘露之变以来，文宗神色凄凉，心情忧郁。左右神策军的马球比赛也减少了十之六七。即使在盛大的宴会上，音乐和杂技充斥于庭院，文宗也不再开心。无事可做时，他要么徘徊，要么眺望，要么自言自语独自叹息。一天，文宗在延英殿对宰相们说："每次和你们讨论重大的国事，我总是愁眉苦脸的。"宰相回答："治理一个国家，不可能立即取得美好的成果。"文宗继续说："我读了历史，自觉惭愧做了一个平庸的帝王。"李石说："宫内外官吏之中还有许多小人猜忌挑拨，希望陛下能以更宽容的态度对待彼此。他们中也有正直、诚实、守法的人，如刘弘逸和薛季稜。陛下应该表扬、奖励他们，鼓励他们做好事。"过了几天，文宗又对宰相们说："天下大事，我都和你们商量过了，有些事其实根本不能执行，只好退而饮酒，希望能醉而解千愁！"宰相们面对意志消沉的皇帝，也只能回答说："这些都是我们作臣子的过错！"

甘露之变后的乱局危在旦夕，人心惶惶。宦官专横而残暴。宰相李石不顾自己的安危，尽一切努力恢复一个基本的法治和社会秩序。仇士良对他深恶痛绝，暗地派人去刺杀他。尽管刺杀没有成功，但李石开始害怕，于是他多次上奏说自己生病了，要求辞职。文宗知道李石辞职背后真正的原因是什么，但他也无能为力。不久就命李石以宰相的身份出任荆南节度使。李石离开京城后，文宗想提拔其他人来作宰相，杨嗣复有意介绍李宗闵，又怕郑覃干涉，于是先通过宦官说服了文宗。早朝，文宗对宰相说：

"李宗闵被流放多年，不如提拔他为官。"郑覃反对说："陛下若可怜李宗闵流放得太远，只能将他向内地移几百里，但不能再重用了。如果要再次重用他，就请允许我离开现在的位置。"陈夷行也表示："李宗闵过去常常拉帮结派，扰乱政事。为什么陛下喜欢这样一个小人呢？"杨嗣复说："凡事要坚守中庸之道，不能以自己的爱恨为标准。"文宗说："不如给他一个州刺史。"郑覃说："那对他还是太慷慨了，最多任命他做洪州司马。"随后，他们互相指责对方拉帮结派，以权谋私。文宗说："给李宗闵一个州也没关系。"随后，文宗就任命衡州司马李宗闵为杭州刺史。李固言与杨嗣复、李珏交好，希望李宗闵能再次身登高位，共同排挤郑覃、陈夷行。因此，每次中央讨论任何事情时，不同的党派都会有不同的意见，这使得文宗的统治变得非常复杂和困难。

开成四年（839）夏季，文宗称赞判度支杜悰的能力，宰相杨嗣复、李珏推荐杜悰为户部尚书。宰相陈夷行说："仁心当发自皇帝，自古以来国家衰落就是因为权力交给了下属。"李珏说："陛下曾告诉我领导者应该任用了宰相后就不应该怀疑他！"后来，文宗与宰相商议政事，陈夷行再次强调权力不应该下放给臣子。李珏说："陈夷行特别坚持这一点，就是因为他认定朝廷中有人盗用了陛下的权力。我一再要求辞职，能让我给皇子当老师，我就心满意足了。"郑覃接着说："皇帝开成初年、开成二年政事最为完善，三年、四年则逐渐不如从前。"杨嗣复反驳道："第一年和第二年是郑覃、陈夷行主政当然完美，三年、四年我和李珏共治，自然不如从前，反正是我的罪过了？"于是叩头说："我不敢再踏入中书省！"随后急步退出。文宗马上派人去叫他回来，安慰他道："郑覃说错了，你为什么要这样做呢？"郑覃站起来道歉说："我性情愚笨，不是针对杨嗣复。杨嗣复的反应非常激烈，是他无法容忍我啊！"杨嗣复反驳说："郑覃指出时政不如往年好。我不但要承担责任，还会影响陛下的美德！"退朝以后，杨嗣复接连三次上疏要求辞职，文宗都派宦官把他的奏章退回来。

甘露之变后文宗就常郁郁不乐，加之太子李永突然死亡，这让文宗内心备受打击，以前的旧疾也就加重了。有一日，文宗病势稍轻，到思政殿闲坐，召见了当天翰林院当值学士周墀，赐给他酒，顺便问："我能与前朝哪个皇帝相比？"周墀回答："陛下当然比尧、舜好！"文宗说："我怎么敢跟尧舜相比呢！希望你告诉我，我能不能比得上周赧王和汉献帝？"周墀听了大吃一惊，回答说："他们都是堕落的君王。怎么能和陛下相比呢？"

文宗无奈地笑道："周赧王和汉献帝都被强大的军阀所控制，而我今天却被家奴所控。从这方面看，我恐怕还不如他们。"说完，眼泪禁不住流下来。周墀也跪着哭了起来。从那以后，文宗皇帝一直到死都没有出过宫。

文宗少年登基，目睹了当时朝政中的弊病，以兴复为己任。在位初期选任贤良、励精图治，朝政确实为之一新。但可惜志大才疏、多谋少断，加之年轻气盛，容易被外界所左右。初以宋申锡为相，欲铲除宦官，却轻信郑注和王守澄的诬陷，致宋申锡贬死，兄弟漳王李凑被杀，宦官集团的气焰也因此更加嚣张。后虽罢免牛僧孺，任李德裕为相，欲重振纲纪。但此时牛李党人竞入，在朝堂之上互相攻讦，众论纷纷，难以成事，反倒使文宗有"去河北贼易，去此朋党难！"之叹。随之又轻信郑注，重用李训，以李德裕、李宗闵各自结党为由，将二人及亲信都驱逐出京，导致朝野之中人人都惊恐害怕。朝野为之一空后，文宗又无奈诏令对李宗闵、李德裕的亲戚家属及门生故吏，从今日起一律不再追究，借以抚慰朝廷内外人心。之后日夜与郑注、李训谋划诛灭宦官，终因计划不周、仓促举事，酿成甘露之变。甘露之变后，不仅文宗受制于宦官，有不如周赧、汉献之叹，外朝公卿大臣也成为宦官集团的附庸，文宗最终也在极度抑郁之中病死。

纵观文宗的一生，使人不禁有"靡不有初，鲜克有终"之叹，故有学者评论道："唐文宗此人虽被称作明君，但其实为人优柔寡断，没有知人之明。对待贤臣，往往充满猜忌，对于一些奸臣，却又迁就纵容，所以常常被小人所利用，还不如蜀汉后主刘禅这种比较懦弱平庸的君主，反而能全心地信任贤臣。裴度之流不能稳定执政，甘露之祸之所以酿成，根子就在文宗的性格之上。"可谓卓见。但文宗为政时期，内朝宦官已经掌握军权，外朝牛李二党争权夺利又引宦官为内助，双方互为表里，文宗若想重振朝纲，自然只能从外部寻找帮手。可惜李训、郑注是阴险急躁之徒，而文宗又缺乏帝王应有的果敢和睿智，因此文宗的政治生涯注定会以失败收场。

第四章

武宗新政

一、武宗登基，李公复出

开成五年（840）正月，常常哀叹自己"受制于家奴"的唐文宗在正当壮年之时郁郁而终，享年 32 岁。文宗生前自怨自艾，自称比不上亡于秦朝的周赧王和禅于曹魏的汉献帝，这一方面固然是因为"甘露之变"后宦官权势更盛，气焰更嚣，但另一方面也是因为文宗遇挫之后心灰意冷，再也无复即位之初那气血方刚的姿态。《旧唐书》修撰史臣在对文宗的一生进行总结时，也不禁感慨文宗是"有帝王之道，而无帝王之才"，尽管宵衣旰食，时刻为朝政焦虑忧心，却不能消弭内外忧患，何其可惜又可悲。

文宗统治晚期，立储问题成为各方势力争斗的焦点。开成三年（838）十月，遭受猜忌而被禁锢的庄恪太子李永去世，内朝和外朝对于立储问题开始进行明争暗斗。文宗所宠爱的杨妃无子嗣，和文宗之弟安王李溶相结为盟。安王李溶之母杨氏（穆宗杨贤妃）与杨妃同宗，双方往来密切，杨妃因而大力支持立安王为储。外朝宰相杨嗣复借以同姓为由攀附杨妃，相互结为党援。杨嗣复是牛党核心人物之一，进士登科，又通过了吏部科目选中的博学宏词科。杨嗣复不仅才学卓越，家世背景亦非常显赫，其父杨于陵亦是进士登科，并通过博学宏词科，后来历任吏部、户部尚书，位登尚书左仆射。其母韩氏则是贞元时期坐拥天下半壁财赋、在建中之乱时拯救德宗于倒悬之际的权相韩滉之女。然而家世显贵，才学非凡的杨嗣复，却认杨妃为"姑姑"，并通过杨妃之弟杨玄思沟通内廷，在权势面前毫无风骨。与此同时，文宗亲信之一的内朝枢密使刘弘逸也暗中加入杨妃和安王一方。

安王势力越大，文宗就越警觉，当杨妃请求文宗立安王为储君时，文宗并未答应，而是转而和另一位宰相李珏进行商议。李珏亦是牛党核心人物之一，出于赵郡李氏，进士登科，又通过了吏部科目选中的书判拔萃科，随后一直供职于三省。在牛僧孺和李宗闵任宰相期间，李珏先出任知制诰，又任翰林学士、中书舍人，进入权力中枢。李宗闵被贬后，李珏也受牵连被贬，后来在李固言的帮助下重新入朝，又在杨嗣复的推荐下拜相。虽然李珏和李固言、杨嗣复相互援引，但在立储问题上李珏却并未和杨嗣复站在同一立场拥立安王李溶，而是支持立年幼的陈王李成美。李成美是敬宗之子，文宗之侄，开成二年（837）八月封为陈王。立陈王也得到了另一位内朝枢密使薛季稜的支持。开成四年（839）十月，陈王李成美被文宗立为皇太子。立皇太子的诏书虽然已经下达，但册封皇太子的册礼却因文宗身体原因而一直拖延，迟迟尚未施行。

陈王李成美被立为皇太子后仅仅两个月，开成五年（840）正月初二，文宗病入膏肓，准备让太子李成美监国，代理政事。此时安王一派仍虎视眈眈，杨妃之弟杨玄思还进入内廷侍奉文宗，沟通内外。神策军左右中尉仇士良和鱼弘志听闻消息后，深知无论是太子顺利即位，还是安王借机篡权，内朝的枢密使和外朝的宰相都稳居拥立之功。枢密使刘弘逸和薛季稜皆是文宗新近提拔的亲信，枢密使联合宰相之后，必然会对两军中尉的权势进行排挤和打压。而宦官集团内部，不少人对仇士良和鱼弘志这两位掌权多年的神策中尉的权位早已产生觊觎之心，包括两位枢密使在内，想要对两位中尉取而代之的不乏其人。更何况仇士良和鱼弘志曾经在"甘露之变"中掀起血雨腥风，使得文宗颇有"受制于家奴"的哀叹。一旦二人在新朝中失势，很有可能重复当年王守澄和陈弘志的命运，被新皇帝与新崛起的宦官联合起来密谋罢黜甚至处死。老谋深算的仇士良和鱼弘志自然不会坐以待毙，在听闻文宗病重、太子将监国的消息之后，当即决定发动政变夺权。仇士良和鱼弘志决定从穆宗的子嗣中选择拥立对象。除安王之外，穆宗诸子中健在的还有一位，即颍王李瀍。原本在储位之争中处于边缘地位的、势单力薄的颍王，此时顺利成为神策中尉选择的对象。宰相李珏等人知道后极为不满，称："太子之位已经确定下来了，岂能中途生变？"仇士良和鱼弘志却不顾李珏反对，派人重新草拟诏书，宣布立颍王为皇太弟，军国大事暂时由皇太弟负责处置，尚未行册礼的太子李成美则重新封为陈王，回归藩邸。当晚仇士良和鱼弘志就率神策军进入十六王宅，颍王贤妃王夫人赶紧出面迎接，随后颍王气定神闲地进入神策军，接受其拥戴。

于是仇士良和鱼弘志率军拥护颖王进入储君所居的少阳院。

正月初四，文宗驾崩，"遗诏"令颖王即位。文宗才驾崩不久，在仇士良等人的操纵之下，废太子陈王李成美、安王李溶和杨妃皆被赐死，连文宗生前亲近的乐官也纷纷被处死或贬黜。民间对此次皇位更迭传闻纷纷，当时泛海来唐朝求法、抵达登州（今山东烟台）的日本僧侣圆仁，在其行记中称听闻新皇帝在长安城中诛杀了先帝的"承恩者"4000余人。正月十四日，时年27岁的颖王正式即位，是为唐武宗。仇士良晋封楚国公，鱼弘志晋封韩国公，不久后仇士良又加为"观军容使"，获得了宦官系统中的最高级加官，稳居功勋之列。武宗还专门为仇士良竖立了纪功碑，对其大加褒赏赞扬。

武宗即位后不久，当年五月，曾支持安王的宰相杨嗣复被免去相位，转任吏部尚书。接替杨嗣复的是刑部尚书崔珙。崔珙出身博陵崔氏，进士登科，又通过了吏部科目选的书判拔萃科，是李党重要人物。当年八月，文宗下葬于章陵，刘弘逸和薛季棱两位枢密使率领部分禁军护灵柩前往陵墓所在之处。此时手中掌握部分军队的两位枢密使决定铤而走险，准备袭击仇士良和鱼弘志，发起最后一击。然而其谋划被主持负责车驾、侍卫、仪仗的卤簿使王起和主持修建陵墓和葬礼护送的山陵使崔郸所发觉。王起出身太原王氏，进士登科，曾是李德裕之父李吉甫出镇淮南时的旧僚，此时任兵部尚书。崔郸出身清河崔氏，进士登科，和李德裕向来关系友好，是李党重要人物。王起和崔郸一方面提前通知手下的仪仗队和侍卫队，对刘弘逸和薛季棱做好了防范准备，另一方面将二人的政变阴谋密奏于唐武宗，两位枢密使的军事政变未遂便失败，当日便被逮捕并诛杀。曾与二位枢密使关系匪浅的李珏和杨嗣复也受到牵连，从中央被下放到偏远藩镇。李珏被外放到岭南的桂州（今广西桂林）任桂管观察使，杨嗣复被外放到潭州（今湖南长沙）任湖南观察使。当年的安王党和陈王党或死或黜，韬光养晦已久的武宗准备开启属于自己的时代。

卷入开成末年立储斗争的两位牛党宰相李珏和杨嗣复，现在皆被剔除出权力中枢。李党宰相崔郸得以留任，并且在刘弘逸和薛季棱谋反事件中立下大功，另一位李党重臣崔珙也顺利晋升宰相行列。两党形势大为逆转，这些都为李德裕的复出做好了铺垫。早在七月之时，武宗就下诏让李德裕从淮南动身进京。当年九月，李德裕正式接替李珏的位置，再次拜为宰相。

牛党大臣在文宗开成年间盛极一时，并在开成末年的立储问题中与内朝枢密使结为同盟，却没料到当初位居边缘的颍王成为了九五之尊，而与牛党结盟的两位枢密使在大局已定时还困兽犹斗，试图发动政变，这些事情都使得武宗对牛党极为反感。武宗一方面起用李德裕，重用李党大臣，另一方面大力打压牛党大臣。杨嗣复一党的裴夷直与李中敏皆被外放。谏议大夫裴夷直进士登科，其母为举宗还朝、位居宰辅的义武军节度使张茂昭之女。裴夷直在武宗即位时拒绝参与中书省与门下省两省的署名，被外放为杭州刺史。给事中李中敏出身陇西李氏，进士登科，以耿直忠正闻名，因反对仇士良的养子享受恩荫入仕特权而被外放到婺州（今浙江金华）任刺史。武宗对李珏和杨嗣复余怒未消，将二人外放到边缘藩镇后，一度想要将两人在半途中赐死。杜佑之孙、时任户部尚书的杜悰听闻消息之后，深知能救下李珏和杨嗣复二人的唯有深得武宗信任的李德裕，于是赶紧快马加鞭去找到李德裕，请李德裕向武宗进谏求情。与此同时，李德裕历任藩镇时的旧部令狐梅也向李德裕建议救下二人。令狐梅是安史之乱时率滑州义成军举宗还朝的中兴名臣令狐彰之孙，其母是安史之乱时降唐的诸侯、相卫节度使薛嵩之女。李德裕被外放历任浙西、浙东、西川、淮南等藩镇时，令狐梅始终在其幕府任职，是李德裕的亲信故旧。李德裕再次入朝拜相后，令狐梅也随之入朝，拜为右卫将军。令狐梅听闻武宗要杀李珏和杨嗣复的消息后，也急忙赶来找到李德裕求情。李德裕起初感到不解与愤怒，令狐梅极力劝说李德裕既应当顾全大局，也应当"为子孙谋"，给已经失势的二人留一条生路。经过深思熟虑后，李德裕最终决定出面营救这两位昔日政敌。

　　李德裕联合其他几位宰相一同上奏为李珏和杨嗣复求情，并举德宗误杀刘晏，文宗冤贬宋申锡致其死为前例，请求武宗开延英殿召见宰相，面谈二人之事。入延英殿之前，李德裕和其他几位宰相以及中书省、门下省的官员们说："皇上性格刚烈倔强，这种时候如果你们其他人有人进状询问，皇上必然会坚持原来的决定不改。现在只能靠我来极力劝说以救解，不行的话就一直磕头磕到流血。如果连我这样都无能为力的话，其他人就更没办法了。"武宗召见宰相于延英殿奏对时，李德裕反复请求武宗收回成命，强调千万不可冤杀朝廷大臣，言辞极为恳切，以至于呜咽流涕。武宗多次让其坐下说话，李德裕和其他几位宰相始终站着不坐。一向执拗的武宗也被李德裕所说服和打动，说："这次就特意为了你，放过他们几人。"于是武宗收回赐死的决定，将杨嗣复贬去潮州（今广东潮州）任刺史，李珏贬去昭州（今广西平乐）任刺史，裴夷直也贬到了驩州（今越南乂安省荣市）任司户参军。虽然地势偏远险恶，但至少留得了性命。若不是作为政敌的李德裕出面营救，深陷绝境的李珏、杨嗣复等人必是在劫难逃。而李德裕能超越朋党之壁垒，顾全大局，可见其政治家的风范。

二、抑制权宦，革新内政

李德裕拜相之初，便向武宗提出了几条施政纲要，强调首先要"辨邪正"，防止小人相互援引，朋比为奸。其次要用人不疑，既然选择了宰相，就要信任宰相，切不能像德宗晚年那样，军国重事都只和身边的近幸商议，把宰相当成奉旨办事的人员。政出多门，只会导致施政的混乱。君主动辄即猜忌臣下，也会导致谗言和奸邪之徒兴盛。最后是宰相任职时间不宜过长，玄宗时期宰相李林甫当权 19 年，遂导致行政日益腐败。只要保证中书门下对政事的处理权不受干预，宰相的人选定期进行适当更迭，一切政务就会顺利运转。武宗的确虚心诚恳地接受了李德裕的建议，对李德裕始终信赖如一，使李德裕能够在政坛上大展身手，成就了一段君臣嘉话。欧阳修在修撰《新唐书·武宗本纪》时也将武宗和李德裕的关系比作是商朝明君武丁和贤相傅说，感慨道："武宗用一李德裕，遂成其功烈。"武宗时期有"会昌之治""会昌中兴"的美誉，与李德裕是分不开的。

然而，武宗和李德裕想要顺利地按照构想来施政，就不得不直面最大的阻碍——"杀二王、一妃、四宰相，贪酷二十余年"的权宦仇士良。武宗虽因仇士良、鱼弘志两位神策中尉的拥立才得以登大宝之位，然而他并非庸碌懦弱之主。而深受武宗信任的李德裕，政治手腕更是成熟老到。武宗和李德裕君臣一边隐忍二中尉的权势，一边想方设法削弱其羽翼。

仇士良首先不满于李德裕深受武宗信任，执掌朝廷大政。李德裕入朝并非仇士良的建议，反而和新任枢密使杨钦义有着密切关系。杨钦义出身于"宦官世家"，其养父杨志廉是德宗贞元后期的神策军左军中尉。李德裕在淮南当节度使时，杨钦义是淮南监军使，双方平时只是正常往来。文宗时期，杨钦义曾被征入朝，传闻要接任枢密使。践行之时，李德裕对其大加酬慰和赠予，言下之意是希望杨钦义帮他运作一下，早日征他还朝。然而杨钦义行至半路，又获诏停止入朝，重回淮南当监军使。回到淮南后，杨钦义将赠礼悉数退还给李德裕，李德裕却不肯接受，坚持让杨钦义收下，杨钦义大为感动。后来传闻李德裕从淮南入朝为相是杨钦义所荐，事实上李德裕入朝的时间要比杨钦义早，开成元年（836）七月李德裕就从淮南入朝待命了，而杨钦义入朝接任枢密使至少要等到当年八月以后，即前任枢密使刘弘逸、薛季稜政变未遂被处死之后。但新任枢密使杨钦义和新任宰相李德裕之间的关系紧密且良好，这是毋庸置疑的，这也是仇士良心怀忌惮的一点。

会昌二年（842）四月，群臣准备给唐武宗加尊号，加尊号后武宗要前往丹凤楼宣诏进行大赦。丹凤楼即是皇宫大明宫正南门丹凤门上的城楼，是国家举行大型典礼时皇帝亲临的重要场所。当时有人偷偷向仇士良泄密，说宰相正准备趁着武宗加尊号大赦时，在赦书中增加一条削减禁军的衣粮和马料等开支的内容。于是仇士良公开宣言说：“如果此事成真，禁军将士们在皇上加尊号的那天就会到丹凤楼去喧哗申辩。”仇士良言下之意，就是要在武宗加尊号大赦之日，在朝廷文武大臣和全长安的民众面前让李德裕下不了台。李德裕听闻后，急忙请求武宗开延英殿，亲自和武宗对此事进行申辩。武宗听李德裕说完来龙去脉后，也十分震怒，派遣使者前往神策军传旨，说：“赦书中并没有提过削减禁军待遇的事情，何况赦书是朕的旨意，而非出自宰相，你们怎能说出对赦书不敬的话？"在武宗强硬的态度之下，仇士良等人只好惶恐道歉。李德裕削减禁军开支的意图虽然最终未能实现，但武宗在对此事的态度上，明确表现出对李德裕的信任与支持，也进一步加深了对仇士良的厌恶和忌惮。

当年四月，李德裕举荐陈许节度使王茂元为河阳节度使。王茂元出身将门，其父王栖曜是安史之乱时期的勤王功臣，后来位居鄜坊节度使。王茂元在文宗时期，从禁军出镇到偏远的岭南任节度使。为了能够早日回到中原地区，王茂元广施钱财宝货和朝中权贵交结，大肆讨好当时正炙手可热的近幸权臣郑注。在郑注的帮助下，王茂元成功从岭南调回关中近畿地区，出任长安西邻的泾原节度使。然而"甘露之变"中郑注失败倒台，仇士良对依附郑注的官员进行残酷的报复，大兴冤狱，王茂元自然在牵连范围。为了躲过此劫，王茂元不惜向神策军献出家中所有财产，换了一条生路，被征入朝并贬为将作监（将作大匠），后来重新起用为陈许节度使。河阳是东都洛阳北边的门户，是连接洛阳和河东地区、河朔地区的战略要地，下辖著名的孟津、河阳关等渡口和关隘，河阳浮桥更是沟通黄河南北的关键通道。安史之乱后，唐朝在河阳地区设置节度使，以监督和控遏河南地区和河朔地区的骄藩军阀。河阳节度使的人选历来重要，而王茂元出身军将家庭，又历任多个藩镇，在岭南曾招抚过反叛的少数民族部落，政治军事经验丰富，因此李德裕想要举荐王茂元出任河阳节度使。然而李德裕也和武宗提到了自己的顾忌，说："王茂元曾经有一些污点，任用他当河阳节度使的话可能会引起许多争议。"但武宗却对此不在意，说："没关系，只要才能足以胜任，一些已经过去的小事又有什么好说的。"在武宗的认可下，王茂元成功调任河阳。仇士良听闻消息后勃然大怒，在浴室洗澡的时候就忍不住破口大骂，说："枢密使和宰相勾结在一起，居然让文宗时期的有罪之人去出任东都边上的重镇，这到底是想要干什么！"枢密使听说之后惶惶不安，面如土色，急匆匆地跑到中书门下告知李德裕。李德裕不紧不慢地回复道："王茂元如果是有罪之人，在文宗时期就应该被诛杀，怎么会活到今天。听说王茂元在江陵（今湖北荆州）有一间宅子，他当年在南方藩镇任职时从南中地区（今四川南部、云南一带）获得的犀角、象牙等宝物都收藏在宅子中。这套宅子连同里面的东西，当年可是全送给仇军容啊，既然收了人家的东西，怎么还说这样的话呢。"仇士良听闻李德裕的回复后，也自知理亏，不再多言，于是外界对王茂元出任河阳的争议也逐渐平息下来。武宗和李德裕在此次人事任免上挫灭了仇士良的气焰。

随着武宗在位时间逐渐增加，皇位日渐稳固，行政经验也逐渐丰富，武宗和李德裕君臣对仇士良的态度也越来越强硬。尚书省某司员外郎李胶，年少有才，风仪翩翩，李德裕原本想将其擢拔为谏议大夫，但李胶暗中却积极地攀附仇士良。仇士良特意写信嘱托时任户部侍郎、判度支的卢商，让卢商把李胶推荐到油水丰厚的盐铁系统去任职。卢商依嘱前往中书省，向李德裕推荐时，李德裕沉默不言，卢商遂不敢再提。李德裕说："我原本并不认识李胶，也没有机会认识，但曾经见过他，看他的风度、仪态和品性，很适合当谏官，正准备把他提拔当谏议大夫。怎么这时候你也准备把他借调过去充任盐使呢？"卢商也如实回答说："其实我也不认识李胶，只是因为有大人物的特意嘱托，不得推辞啊。"于是卢商从袖子里拿出了仇士良的信。李德裕了解情况后，对李胶的印象断崖式下降，回到宅邸后，吩咐看门的仆人说："如果有叫李胶的人前来拜访，把他拦出去就行，不要来通知我。"后来李德裕又借李胶的过失，将他贬谪到了三峡地区去当基层官。

会昌三年（843）六月，仇士良因病请辞，武宗遂顺水推舟，批准仇士良辞职退休。不久之后仇士良就因病去世。仇士良去世仅仅两天，武宗就毫不留情地将仇士良下属四个犯罪的孔目官处以死刑并且抄家。次年（844）六月，宦官系统内部有人告发仇士良私藏兵器，经过查核后，确实在仇士良家搜出了数千件兵器，武宗下诏削夺仇士良生前官爵和死后赠官，抄没其全部家产。仇士良的养子对此颇有怨言，在喝醉之后大放厥词，说："天子再怎么尊贵，还不是靠我老爹才册立的。"武宗得知后勃然大怒，下令让人当场将其乱棍打死，并将其家产全部抄没，家属或流放，或出家去看守陵墓。

仇士良死后被削夺官爵并抄家，其养子亦因酒后放肆而被处死并抄家。武宗所信任的枢密使杨钦义短暂接任了仇士良的神策左军中尉一职。武宗随即又下令让神策左军和神策右军把神策中尉所保管的军印交到中书门下，由宰相来保管。神策左军明白了武宗的强硬态度，在杨钦义的操作下恭顺地交出了军印。然而鱼弘志掌控的神策右军拒绝交出军印，武宗再三下诏催促，鱼弘志反而答复说："既然当初赐军印的时候是军队一同来受领的，那么交出军印的时候也要让军队一同来交纳。"言下之意是说，如果要强行让右军交印，那自己就只好率领右军一路杀到中书门下

来，让皇帝和宰相没法收场。武宗虽然暂且作罢，但并未放过鱼
弘志。不久之后就借机罢黜了鱼弘志，并将其处死，鱼弘志在右
军的党徒也一并被罢黜，终身不复录用。

　　扫清了仇士良和鱼弘志等专横权宦的障碍后，武宗和李德
裕君臣终于解除了军国政事中的掣肘，能够顺利地在军政活动
中大展身手。李德裕在政治制度和政务运行方面推行了一些整
顿和革新政策。首先是恢复中书舍人的议政权。中书舍人原本
有权参与宰相在政事堂的集体讨论活动，玄宗时期中书门下体
制逐渐确立，"中书门下"不仅仅是对政事堂的改名，而是成
为一个三省之上的独立机构，中书舍人不再能参与宰相在中书
门下的政务处理活动中，只能继续留在中书省负责草诏、处理
其他庶务。唐后期翰林学士制度逐渐发展，中书舍人的草诏权
也逐渐转移给了皇帝更亲信的翰林学士；原本设置六员的中书
舍人，由于事务减少，在唐后期常常阙员不置。李德裕奏请武
宗恢复中书舍人的议政权，让中书舍人重新参与到宰相政务处
理活动中，除了部分机密事务、藩镇军事事务和财政事务以外，
其他的日常政务如州县奏请、故事沿革、典章修订与参考、刑
狱事务等，中书舍人都可以参与讨论。虽然李德裕自己身为宰

相，因武宗的信任而揽大权于一身，但他却主动加强对宰相权力的监管，这是难能可贵的。

其次是裁减官员数额，这也是历代朝廷减少财政支出时常常推行的政策。州县官员的编制裁减了 1214 员，虽然受到地方藩镇和州县的抵制，后来又复置增加了 383 员，不久后又削减了县级官员的编制。

再者是整顿财政，设置备边库。李德裕以经营河陇地区，准备用兵为由，设置了备边库，要求户部、度支、盐铁三司将大量羡余存入备边库中，地方诸道给皇帝内库的进奉，也转移到备边库中。

再者是强化中书门下对神策军的管理。重新审定了神策军下辖的文官编制定额，规定左右神策军各自只能设置 3 员判官，1 员勾覆官，1 员支计官，1 员表奏官，2 员孔目官，2 员驱使官，计两军各设 10 员文官，由中书门下依据选任的资历进行注拟，不再由神策军自行推荐任免。年老、体弱、犯罪等无法任职者，不得参与选任，防止有人走关系占编吃饷而不理事。神策左右两军的军印也交付给中书门下，由宰相管理。由于神策军内部腐化严重，战斗力衰减，李德裕让各方镇州县从地方军队中拣选身强体壮者补入神策两军，既加强了神策军的战斗力，注入新鲜血液，也冲击了神策军的内部盘根错节的派系。

在武宗的支持下，李德裕以"政出中书门下"为宗旨进行内政革新，扫除权宦的掣肘，加强对神策军的控制，恢复中书舍人的议政权，从三司使和宦官管理的内库中夺取部分财政权，力图扭转德宗以来宰相、翰林学士、宦官等多方牵制，政出多门的现象，强化中书门下的权力与权威，提高施政能力和行政效率。这也是武宗能够顺利解决回鹘崩溃问题和昭义军叛乱问题的关键所在。

三、击破回鹘，安定边疆

北方草原上的回鹘汗国，在文宗时期就开始连年内乱。文宗大和六年（832），回鹘昭礼可汗被属下所谋杀，其侄子即位，是为彰信可汗。开成四年（839），回鹘宰相安允和发动叛乱，被彰信可汗所杀。领兵在外的另一位宰相掘罗勿向沙陀部落借兵，反攻彰信可汗，彰信可汗兵败自杀，回鹘王族拥立另一位贵族为㕎飐可汗。在回鹘政治内乱的同时，北方草原又经历了严重的瘟疫和雪灾，牲畜大多病死和冻死，引起了草原上严重的饥荒。㕎飐可汗在位仅仅一年，宰相掘罗勿的政敌，回鹘大将句录末贺逃往西部的黠戛斯部落借兵叛乱，反攻回鹘王庭，杀死了厖馺可汗和掘罗勿。黠戛斯部落大肆烧杀掠夺，回鹘王庭被摧毁，王族和将相大臣纷纷逃散，草原上的漠北回鹘汗国宣告灭亡，回鹘陷入各部割据分裂时代。

在回鹘王庭溃灭，各部分崩离析时，昭礼可汗之弟、彰信可汗之叔乌介自立为可汗，率领部众向南迁徙，抵达唐朝在阴山北麓设置的天德军（今内蒙古乌拉特前旗）和振武军（今内蒙古和林格尔）附近。黠戛斯部落洗劫回鹘之时，俘虏了唐朝与回鹘和亲的太和公主。太和公主是宪宗的女儿，穆宗的妹妹，文宗和武宗的姑姑。穆宗长庆元年（821）前往回鹘和亲，嫁给了回鹘崇德可汗，崇德可汗即昭礼可汗、乌介可汗的兄长。黠戛斯部落俘虏太和公主之后，为与唐朝建立友好关系，自称是汉将李陵的后裔，与唐朝皇室同姓，派遣使者护送太和公主返回唐朝。然而黠戛斯使团和乌介可汗势力中途相遇，乌介可汗袭击并打败了黠戛斯使团，抢得了太和公主。乌介可汗也准备利用太和公主，和唐朝建立友好关系，稳固自己的势力，遂请太和公主向唐武宗上表，奏请唐朝正式册命自己为回鹘可汗。武宗一方面让天德军与振武军加强警戒，监视这支回鹘部落的动向。武宗遣使宣谕乌介可汗的部落，要求其回归草原故土，不可侵扰唐朝边界，同时也不许唐朝边疆守将主动挑起事故。另一方面，武宗也让臣下和边疆军将积极打探回鹘的情报，了解草原上具体形势后再行决策。乌介可汗借助太和公主向唐朝请求册命后，武宗遣使宣慰并赐二万斛米进行赈济，但拒绝将振武军的军城借给其暂居，而是劝告乌介可汗回归草原，收复回鹘旧地。同时武宗下令修缮天德军军城，增兵镇守，防范回鹘势力。乌介可汗不甘心，再次向武宗借城暂居，武宗宣谕称粮食可以接应，但是军城绝不能借，并同意对乌介可汗进行册命。

乌介可汗南下的同时，盍馺可汗的兄弟嗢没斯和回鹘宰相赤心、仆固及特勤那颉啜率领部众一同南逃至天德军附近，并向唐朝请求归附。天德军想要出兵击破嗢没斯以邀功，上书奏请武宗。武宗让朝臣讨论是出兵击破，还是接受归附，朝臣大多认为嗢没斯在回鹘属于叛乱势力一方，应当出兵消灭。然而李德裕表示反对，并指出说："回鹘在本朝危难之时多次出兵救援帮助，现在回鹘被邻国击破，陷入分裂崩溃的状态。嗢没斯现在是穷鸟入怀，无处可归，前来归附天子，且并没有侵扰边境。何必趁人之危去攻击他呢。应该派遣使者去安抚嗢没斯，赐予其粮食进行赈济，这是汉宣帝能够收服呼韩邪单于的原因啊。"另一位宰相陈夷行则提出质疑，说："这岂不是把兵器借给强盗，把粮食资助给小偷吗？还是不如出兵消灭他们。"陈夷行进士及第，曾在文宗时期入相，因性情耿直而和牛党宰相李珏、杨嗣复不和，屡次批驳朝政，规劝文宗，于是被外放华州任刺史。李德裕入朝拜相之后，才将陈夷行征入朝并重新拜相。陈夷行虽然受惠于李德裕，但在具体大政方针上并不完全依附于李德裕，往往坚持自己的见解。李德裕解释说："如果真要进攻嗢没斯，天德军未必能够胜利。天德军附近虽然有一支依附于唐朝的吐谷浑部落，但吐谷浑向来是见利忘义，有利可图时就争相进取，无利可图时就作鸟兽散，怎么可能为国家拼命。天德军一共才1000多人，守城有余，进攻不足。如果出战不利，天德军城肯定就守不住。不如派遣使者去安抚嗢没斯，不让他侵扰边境。即便嗢没斯真的侵扰边境了，也得从各地调遣军队去讨伐他，光靠天德军肯定是不行的。"李德裕点出了边防的现实状况，虽然平时的防御警戒尚有余力，但并没有主动出击的实力。武宗接纳了李德裕的建议，派遣使者前往嗢没斯部落宣谕，并赐米二万斛进行赈济。嗢没斯得到唐朝的抚慰后，随即对内部势力进行整顿，杀死了别有二心的回鹘宰相赤心和仆固，兼并了其部众，那颉啜率领部众一路东逃到幽州附近，后米被幽州节度使张仲武击破，那颉啜在逃亡过程中被乌介可汗所截杀。随后嗢没斯率领部众 2600 余人正式归降于唐朝，并且亲自入朝觐见武宗，请求将家属安置到太原作为人质，自己率领部众捍卫边疆。武宗大喜，赐嗢没斯改姓李氏，赐名为李思忠，其三个弟弟皆赐姓名，嗢没斯及其部下皆封官授爵。嗢没斯的部众整编为军，赐名"归义军"，由嗢没斯出任节度使。嗢没斯和他麾下的归义军此后一直捍卫唐朝北部边疆。李德裕为此专门撰写了《异域归忠传序》，对嗢没斯归附唐朝且忠贞不贰，"保大节，成大勋"的事迹和品格大加赞扬。

嗢没斯归附唐朝并恪守臣节，守卫边境，但乌介可汗却始终心怀不轨。武宗原本很重视乌介可汗，想要扶持乌介可汗去收复回鹘旧地，多次下诏劝告乌介可汗不要偏安一隅，要北上草原复兴回鹘汗国，并准备让嗢没斯前往漠北助其一臂之力。然而乌介可汗想先在南边站稳脚跟，再图观望，一再向唐朝借军城暂居，都遭到了拒绝。不仅如此，乌介可汗还想让唐朝将嗢没斯部落交给他，实际上就是想兼并嗢没斯的军队，武宗和李德裕自然不会将诚心归附的嗢没斯送入虎口。乌介可汗还不断向唐朝索要粮食、牛羊牲畜，毫无寄人篱下的谦卑姿态，反而一直得寸进尺。武宗再次拨付粮食和绢帛进行赈济，但中原地区的牛羊牲畜原本就少，内供尚且不足，更无余力去供给乌介可汗部落。乌介可汗索要不成，开始在天德军、振武军、云州（今山西大同）边境一带侵扰掠夺，劫掠了河东节度使下辖诸蕃落的牛马，并把牙帐迁移在了云州北部，这引起了唐朝极大的警惕。

会昌二年（842）四月，李德裕向武宗提出了防御回鹘的几条纲要，指出回鹘善于野战而不善于攻城，因此应当对乌介可汗部进行战略包围，让天德军、振武军加强对军城的防守，调动嗢没斯、吐谷浑等诸蕃部落包围乌介，以守为攻，断其粮路，诱降其部。首先推荐起用骁勇善战的石雄为天德军防御副使，辅助天德军防御使田牟应对回鹘。石雄原本是徐州军将，文宗时期沧景节度使李同捷叛乱，石雄随徐州节度使王智兴率军平叛，势如破竹，立功颇丰，深受士卒敬仰爱戴，这也引起王智兴的猜忌。平定叛乱后，石雄因功授任壁州刺史，王智兴却处死了徐州军中与石雄关系良好的将士100余人，并上奏称石雄蛊惑士卒，动摇军心，导致石雄被流放到岭南。后来被征还到振武军，在与河西羌人部落的征战中立功卓著，但始终不受擢拔。李德裕听闻石雄的事迹后，深知他怀才不遇，一直想找机会提拔石雄。天德军防御使田牟，是宪宗时期以魏博归朝的中兴功臣田弘正之子，虽然出身将门，但性格躁进，屡次想要孤军深入进攻回鹘。李德裕深知田牟急于立功的心态，谨防他擅自打乱战略部署，因此起用经验老到的石雄为副使，落实以守为攻的战略计划。其次是禁止天德军使田牟擅自出兵，应当以保卫天德军城为最重要目标，擅自出兵会导致城中防守不足，让乌介部众有趁虚而入的机会。再者是尽快安抚嗢没斯部众，并联络吐谷浑部落，联合进攻乌介部。再者是优待俘虏，犒赏粮草，以此劝诱乌介可汗属下部众主动归降。

八月末九月初，武宗多次召集朝臣共同商议，讨论如何应对乌介部。以太子少师牛僧孺为首的一部分朝臣继续反对用兵，认为乌介部众强盛，流动性强，此时还不是用兵的时机，应当保持防守，继续观望。李德裕此前虽然主张安抚回鹘，但那时是为了防止边防军队擅自出击，打乱战略部署。现在乌介可汗不仅不接受唐朝的好意，还一再挑衅唐朝。既无意北上草原，又不打算归附唐朝，有在阴山北麓割据称雄之意。对于唐朝而言，这显然是一枚定时炸弹，乌介可汗这个眼中钉肉中刺，必须早日拔除才行。于是李德裕反驳了牛僧孺等人的看法，指出如果不迅速解决乌介可汗的问题，成天应付回鹘的游击战，唐朝边境不仅每天要耗费大量的军粮，也再无一日可以安宁。武宗最终采纳了李德裕的意见，准备用兵消灭乌介可汗部众。

在李德裕的主持下，唐朝开始针对乌介可汗部进行进攻的战略部署。首先从陈州（今河南淮阳）、许州（今河南许昌）、汝州（今河南汝州）、襄州（今湖北襄阳）等地征发军队，屯驻太原、天德军和振武军一带。随后任命河东节度使刘沔为诸道行营总帅，天德军和振武军也由其调遣。刘沔曾在宪宗时期参与讨伐淮西的战争，常常率军作为前锋杀敌，因功迁转为天德军使、振武军节度使，在北部边境屡立战功，因此武宗特意调任他为河东节度使，负责统筹前线战事。同时任命嗢没斯（李思忠）为西南面招讨使，并率领契苾、沙陀和吐谷浑等代北藩属部落军队。任命幽州节度使张仲武为东面招讨使，率领幽州军及奚、契丹、室韦等东北藩属部落军队。张仲武本是幽州军将，已经五十余岁，因机缘巧合而在幽州军乱中被推上节度使之位。张仲武性格沉稳，熟读儒家经典，亲自上表请求归附朝廷。李德裕认为张仲武尊重朝廷，举止得体，也能安抚军民，因此奏请武宗正式授予他节度使的旌节。张仲武心存感激，积极参与到征讨回鹘的战争中。先是击破了嗢没斯属下逃亡的那颉啜，又用反间计从回鹘间谍口中套取了情报。奚、契丹及室韦原本从属于回鹘，回鹘派遣监使对其进行管控，张仲武遣使向其宣谕劝勉，于是奚、契丹和室韦纷纷杀死回鹘监使，重新归附于唐朝，接受张仲武的调遣。

武宗让李德裕为其撰写诏书给太和公主，称："如今回鹘的所作所为，已经完全不顾两方曾经的友好关系，姑姑作为回鹘的国母，难道不畏惧我朝太祖、太宗皇帝的威灵吗，难道不怀念太皇太后（宪宗郭贵妃）的慈爱之情吗？如果回鹘不能恭顺，那就是要彻底和我朝断绝姻亲友好关系，既然如此，从今以后，回鹘就再也别想以姑姑为托词了。"以严厉的辞令让乌介可汗无法再拿太和公主当挡箭牌。与此同时，在李德裕的奏请下，武宗继续从内地征调军队赶赴前线，准备等严寒的冬天一过，就发动对回鹘的总攻。

会昌三年（843）正月，乌介可汗率部众逼近振武军，刘沔让石雄率领沙陀、契苾、党项诸部为前锋迎击回鹘军队。石雄在振武军城上遥望回鹘部众，发现有一支队伍人数较少且随从都穿着中原样式的服装，于是派遣间谍前去打探情报，得知原来是太和公主的营帐。石雄便派遣间谍向太和公主传话，说："公主来到这里，就是到了自己家，要准备踏上回家的路了。现在我们准备出兵去进攻可汗，请公主和侍从们暂且停留在此，不要移动。"石雄在辨别了可汗营帐之后，派遣工程队从城中挖了十几条出城的地洞，趁着夜晚时率领军队从地洞中潜伏而出，直接奇袭乌介可汗的营帐，一直杀到可汗营帐面前，他才发觉有军队袭来。乌介可汗惊慌失措，不知所为，丢下营帐和辎重赶紧撤离，石雄率军继续追击，一路追杀到振武军城北部的杀胡山，重创了乌介可汗部众。乌介可汗自己也负伤败亡，率领残兵紧急逃亡。石雄随即护送着太和公主而折返。此次奇袭斩杀了回鹘军队 1 万余人，招抚投降的部众 2 万余人，石雄凭此战威震塞北，被擢授为天德军都防御使。乌介可汗一路东逃，属下溃兵被幽州张仲武所招降，前后多达 3 万余人。乌介可汗自身逃到了东北地区的室韦黑车子部落，在会昌六年（846）七月被属下所杀，其残部后来辗转流离于室韦、奚各部之间，后来被室韦诸部蚕食瓜分，又被黠戛斯追击俘虏，从此销声匿迹。

乌介可汗被石雄奇袭击溃后，嗢没斯自知自己是回鹘降将，担心受到边境汉将的猜忌，请求入朝为官，武宗任命其为左监门卫上将军，在长安赐予他一套宅邸，对其诸弟和部将都大加赏赐。随即解散了嗢没斯属下被编为归义军的部众，将其分散到各个藩镇之下。然而一些回鹘酋长不肯从命，聚居在一起准备叛乱，被刘沔一并诛杀。

北方草原的黠戛斯在击败回鹘之后，准备继承回鹘汗国的霸业，四处征讨回鹘故地。李德裕在分析了北方军政形势后，主张和黠戛斯保持友好关系。武宗犹豫要不要接受黠戛斯的请求，册命其为可汗，担心册命之后黠戛斯会像回鹘汗国过去一样，和唐朝分庭抗礼，每年前来索取财货礼物，在边境市场上强行出售马匹。李德裕说："黠戛斯的情况和回鹘不同，回鹘之所以有底气年年来本朝索要绢帛财物，与本朝进行马匹贸易，是因为回鹘曾经在安史之乱期间援助了本朝平叛。黠戛斯对本朝并无功勋，哪来的底气像回鹘一样求取财货，进行贸易？更何况黠戛斯已经自称为可汗了，现在本朝也需要利用其军事实力，不如做个顺水推舟的人情。如果担心他们不敬，就事先进行约定，要求其像回鹘一样恪守臣礼，才能行册命。黠戛斯既然自称李陵之后，本朝也可以和他们以同姓之亲，让黠戛斯行子孙之礼。"武宗接纳了李德裕的建议，派遣使者前往黠戛斯进行册命。黠戛斯大军进攻西域，遣使向唐朝求援，武宗想借此机会收复安西都护府和北庭都护府，李德裕上书劝止说："安西离长安 7000 里，北庭离长安 5000 里，即便收回了两都护府，至少要派遣上万人的军队去屯戍，更别提每年的后勤补给。军队要从内地征发，粮草也要从内地转运，内地哪有藩镇和州县愿意做这样的事呢？以内地实际的军事和经济费用，换取安西和北庭的虚名，实在是不值得。"武宗深思熟虑之后，决定放弃这一计划。由于李德裕对于边疆事务的熟稔和真知灼见，武宗在处理回鹘和黠戛斯等边疆事务时，往往都不让翰林学士来草诏，而是让李德裕来草诏，说："学士替朕草拟的诏书都不尽如人意，还得让卿亲自来写才行。"

北方草原的回鹘汗国崩溃之后，回鹘各势力分散各地，割据一方，嗢没斯部众和乌介可汗部众南下阴山地区，成为唐朝北部边疆的隐患。在李德裕的安抚宣慰之下，嗢没斯率众归降，成为忠贞于唐的蕃将。乌介可汗心怀不轨，唐武宗多次遣使宣谕，都未起到效果。于是李德裕主持进行军事部署，从战略上将其包围，选贤举能，用人得当，一鼓作气消灭了乌介可汗部众，成功解决了边疆问题，促成了武宗的"会昌之治"。

四、平定昭义，收服藩镇

昭义军节度使，下辖泽州（今山西晋城）、潞州（今山西长治）、邢州（今河北邢台）、洺州（今河北邯郸永年区）、磁州（今河北磁县），地域横跨太行山东西，东临河朔三镇，是监督和控遏河朔三镇的军事前线，是唐朝在河朔地区打入的一枚楔子。会昌三年（843）四月，昭义军节度使刘从谏去世，其侄刘稹自称节度留后，要求朝廷任命他为节度使，授予他节度使的旌节，从而直接引发了昭义叛乱问题。

前任昭义军节度使刘从谏出身高级军将世家，其曾祖父刘正臣，本是平卢军将，在安史之乱期间没有跟随长官安禄山谋反，而是选择举兵勤王，被任命为平卢节度使。其从祖父，即刘正臣之子刘全谅，位居汴州（今河南开封）宣武军节度使。其父刘悟，本是淄青节度使李师道部将，宪宗发动削藩战争，李师道割据叛乱时，刘悟率军倒戈一击，生擒李师道，在平定淄青的战争中立下头功，被任命为义成军节度使，后来调任为昭义军节度使。刘悟去世后，刘从谏在昭义军将的拥护下自称留后，得到了敬宗朝廷的许可，被正式任命为节度使。文宗时期，朝廷政出多门，政治派系复杂，斗争激烈，掌握大权的牛党对于地方强藩多采取安抚态度。刘从谏因此得以在昭义军坐镇十九年，把自己当成了割据一方的诸侯，有效仿河朔三镇搞半独立、世袭化的意图。李训、郑注准备发动政变诛杀宦官之前，暗中联络了刘从谏一同起兵。"甘露之变"爆发后，李训、郑注迅速失败被杀，刘从谏上书朝廷痛斥仇士良等宦官之恶，替被杀害的宰相们伸冤，并收容受到牵连的朝臣子弟。然而刘从谏也并非纯臣，以武力对朝廷进行恐吓，口口声声要"清君侧"，颇有"挟天子以令诸侯"的架势。倘若刘从谏一时冲动真带兵杀入长安，那恐怕就是董卓、曹操再世了。朝廷只好对刘从谏加官晋爵，大加安抚。武宗时期，刘从谏仍希望参与朝廷政务，在回鹘侵扰边境时，主动请求率军北上征讨回鹘。然而李德裕深知刘从谏想要借机积攒声望，且从昭义调军到北方边境，沿途供给还得是朝廷出钱出粮，撤军之后还得大加赏赐，显然不划算。何况李德裕心中早已有战略部署，不需要刘从谏节外生枝，因此拒绝了他出兵的主张。刘从谏在昭义私自征收各种苛捐杂税，自行管控盐铁税收，并用军职大力笼络境内商人。武宗曾经退还了刘从谏进贡的骏马，刘从谏竟然一怒之下杀死骏马，公然整顿和修缮兵器装备，导致周边藩镇大加恐慌。好在刘从谏还没来得及正式叛乱，就因病去世，其侄刘稹延续了刘从谏的跋扈，效仿河朔三镇自称留后，想继续世袭节度使的位置。从刘悟到刘从谏，再到刘稹，刘氏家族在昭义军就已经沿袭三代，坐镇20余年了。

刘从谏死后，朝廷下诏让刘稹护丧到东都洛阳，试图将刘稹调离昭义军，遭到了刘稹的拒绝。随后又让刘从谏之弟，刘稹之父，在朝廷任右骁卫将军的刘从素写信劝诫刘稹归朝，刘稹依旧置若罔闻。刘稹的谋士向他献策说："只要学习敬宗宝历年间的先例（即刘从谏袭任），自称留后，向朝廷要求任命，不出百日，朝廷就会妥协，把节度使的旌节给我们送过来。"然而心怀宏图伟略的唐武宗和李德裕，这次是想要彻底地解决昭义军的问题。

当时北方又有回鹘带来的边疆问题，许多朝臣认为应当安抚昭义军，先解决回鹘问题，唯有李德裕反对安抚昭义，主张采取强硬政策进行削藩。李德裕指出："泽潞地区的情况和河朔三镇不同，河朔地区自立节度使，不听号令的风气已经很久了，人心难改，因此历代都不把河朔地区当成内地去看待。但泽潞地区战略位置极其重要，是朝廷的心腹之地，泽潞的昭义军也一直以忠义著称，在德宗时期勤王击败叛乱的幽州节度使朱滔，在宪宗时期擒拿了包藏祸心的昭义军节度使卢从史。过去往往用儒学出身的文臣为节度使，当年中兴名将李抱真创立昭义军的时候，德宗尚且不让他的家族承袭节度使之位。只是敬宗不懂朝政，当时的宰相们视野短浅，才导致刘从谏在刘悟死后得以继承节度使之位。刘从谏器张跋扈，多次上书威胁朝廷，言辞不敬。临死之前，又想把位置留给他的子辈，朝廷如果再次姑息忍让，答应刘稹的请求，那么各地的藩镇恐怕都会纷纷效仿，皇上的威信将会一落千丈。"武宗问李德裕是否已有对付刘稹的谋划，李德裕回答道："刘稹想要倚靠的，无非是河朔三镇。只要和昭义军接壤的成德镇和魏博镇不和他沆瀣一气，刘稹就无能为力了。需要派遣朝廷重臣去宣谕成德节度使王元逵、魏博节度使何弘敬，告诉他们河朔三镇自有惯例，和昭义军的情况不同。现在朝廷准备进攻昭义军，但并不准备越过太行山以东，不会对河朔地区造成威胁。昭义军在太行山以东的邢、洺、磁三州有劳成德和魏博进攻。平定昭义军后，一定会对两镇将士加官晋爵，赐予封赏。只要魏博和成德不阻挠官军，官军必然能够擒拿刘稹。"武宗听闻后大喜，接纳了李德裕的建议，坚定了讨伐昭义军的信心。当时群臣都以刘悟在宪宗时期有功于国，刘稹属于功臣之后，不可随意动兵讨伐，应当保留对功臣家族的尊重和礼遇。武宗不以为然，说："刘悟当年也只是为了救自己的性命，才倒戈勤王，又不是真心为国。就算刘悟有大功于国，他父子两人出将入相，在昭义军坐镇二十余年，朝廷对他们的回报还不算够吗？刘稹有什么资格再割据自立？有功是应当赏赐，但有罪也绝不能豁免。"并把与刘从谏、刘稹有密切来往的太子宾客李宗闵（当时分司东都洛阳）外放到湖州任刺史，以儆效尤。

武宗让李德裕撰写诏书，宣谕魏博节度使何弘敬和成德节度使王元逵。诏书言辞恳切，武宗读后连连称赞。同时宣谕正在讨伐回鹘的幽州节度使张仲武，让他专心对付回鹘，为朝廷分忧。会昌三年（843）五月，在李德裕的指挥下，朝廷对昭义军周围开始进行战略部署。王茂元调任为河阳节度使，邠宁节度使王宰调任为忠武军节度使。王宰是威震徐州的名将王智兴之子，长期屯驻在西北边疆，军事经验丰富。王茂元和王宰到任之后，就开始调兵遣将，进行军事部署。此时回鹘乌介可汗也已经被一战击溃，河东节度使刘沔也加入对昭义军的战略包围中。成德节度使王元逵受诏之后，也果断奉行诏令准备进攻刘稹。从宰相任上出镇河中的陈夷行，也调动军队参与围攻昭义军。徐州节度使李彦佐被调任到晋绛，参与前线战斗。于是河阳、河东、河中、晋绛、成德、忠武六个藩镇组成了对昭义军的包围网，唯有魏博节度使何弘敬表面上奉旨，实际上还在首鼠两端，骑墙观望。李德裕根据以往的经验，深知藩镇出兵讨叛时，往往占据一县就邀功请赏，迁延时间，于是奏请武宗下令给各镇分配军事任务，令成德王茂元攻打邢州，魏博何弘敬攻打洺州，河阳王茂元攻打泽州，晋绛李彦佐和河东刘沔攻打潞州。由于李彦佐在从徐州调任的路上一直拖延，怀有退缩之心，总以兵力不够为借口逗留不前，李德裕奏请调任讨伐回鹘时立下大功的石雄到晋绛，任李彦佐的副使，监督晋绛出兵。魏博节度使何弘敬接到指令后，依旧按兵不动，于是李德裕令王宰率兵从魏博借道进攻磁州，实际上是为了威慑何弘敬，警告他不要心怀异心。何弘敬迫不得已，开始出兵加入对昭义军的作战。

忠武王宰这一路军势如破竹，然而河阳王茂元这一路军却形势不利，被刘稹击退。王茂元此时又身患重病，河阳军情不稳，刘稹抓住包围网的弱点，对着河阳猛攻，朝中再次兴起退兵的议论。李德裕果断罢免王茂元的军权，把河阳军队统一转交给王宰来指挥。九月，王茂元因病去世，河南尹敬昕调任河阳节度使，敬昕只负责后勤转运，前线军事战斗都由王宰统一部署。同时李德裕让石雄正式代替李彦佐为晋绛节度使，统率军队对昭义军发起猛攻。王宰和石雄这两位驰骋于西北边疆，经验丰富而年富力强的名将，成为征讨刘稹的主力。石雄掌握兵权后，当即率军翻山越岭奇袭潞州，大破刘稹军，官军士气大涨。李德裕感慨道："攻下潞州，消灭刘稹的人，果然还得是石雄啊！"武宗也为之振奋，下诏赐予石雄大量的绢帛。石雄把武宗赐予的绢帛都放在军营门口，自己只取一匹，剩下的全部分给了将士们。由于石雄体恤士卒，不吝财货，将士们都愿意为其拼死效劳。

河东节度使刘沔和幽州节度使张仲武因回鹘之事争功不和，武宗遂将刘沔调任到义成军，将前任宰相、现任荆南节度使李石调到河东，参与讨伐刘稹的战争。李石的堂兄李恬，此时正在昭义军下辖洺州担任刺史，刘稹听闻李石调到河东来后，赶紧让李恬写信给李石，说自己愿意向河东投降。李石收到信件后不敢擅作主张，关押了刘稹的使者，把信件交给了朝廷。李德裕读了信件后，和武宗说："现在朝廷军队四面包围了刘稹，前线战事越发顺利，刘稹现在势单力孤，日益窘迫，因此才假装想要投降，行缓兵之计。一旦他在军政上缓和过来，马上又会恢复原来的跋扈，继续侵攻朝廷的领土。不如让李石这样回答刘稹：'如果你真能幡然悔悟，向朝廷归降的话，就用绳子把全族之人都绑起来，一同到边境上请罪，我就亲自前来受降，把你们送回朝廷。如果只是虚与委蛇，想要解除军事包围，还想骗朝廷洗清自己罪过的话，我可不敢拿自己全家人的性命替你做担保。'回复完之后，让各支军队继续加强进攻，不超过半个月，刘稹内部就一定会发生变乱。"武宗毫不犹豫地采纳了李德裕的计策，将仍在主张安抚和受降的朝臣贬谪外放。

然而此时河东也出现了军乱。刘沔调离河东之前，把能带走的财货全部都带走了，李石到任后才发现河东府库已经空虚，无法犒赏士卒，只好自费补给军用，但完全不够。河东戍卒在军将杨弁的领导下哗变，迫使李石仓皇出奔。杨弁占领太原府后，释放了刘稹的使者，并遣使和刘稹通好，相约为兄弟，原本投降朝廷的部分昭义军将，现在又重新加入叛乱阵营。河东军乱之后，朝议纷纷，主张罢兵安抚的议论甚嚣尘上。而王宰之子王晏实，此时在昭义军属下磁州任刺史，被刘稹挟持为人质，因此王宰在取得一定战功后，心怀顾忌，也开始迁延不进，主张对刘稹进行安抚和受降。王宰上书说："此前刘稹也向我军请求投降，我派遣使者前往泽、潞打探后，觉得刘稹确实是想投降，希望朝廷允许我招纳安抚。"李德裕听闻后十分愤怒，和武宗说："王宰擅自接受敌军的降表，擅自派使者进入敌境，此前都没有上奏告知朝廷。看王宰的意思，是想要独占招抚之功。当年韩信破田横，李靖灭突厥，都是趁着敌人请降的时候一举突袭，大获全胜。王宰即便失信于贼，那又能怎么样，难道还能为了他的颜面，损害了朝廷的威信吗？消灭刘稹的机会就在此时，决不能因为太原发生了一些变乱，就错失了此次机会。希望皇上派遣使者前往前线军营，督促出兵进攻，趁敌军没有防备之际一举拿下，一定要把刘稹和他属下部将以及他们的族人都一网打尽。同时可以派遣使者到石雄的军营，跟石雄说，如果刘稹向王宰投降，那石雄就没有任何功勋可算。石雄在这种激将法之下，必然会出兵立大功。"石雄当年就是遭到了王宰之父王智兴的陷害，才有功未赏，还被流放岭南。李德裕正是要借石雄来激王宰，借王宰来激石雄，让他们所率领的两支军队竞相立功。武宗接受了李德裕的计策。石雄果然受到激励，一举夺取了昭义军的三个城寨和一座堡垒，因功被调任为河中节度使，继续负责征讨潞州。

李德裕以中书门下的名义给王宰写信，信上说："刘稹现在既没有用绳子捆住自己亲自向你投降，也没有派遣他的至亲家属向你祈求，仅仅只是把降表放在大马路上，让你们去捡，这怎么可能是真心实意的呢？更何况刘稹和杨弁还在暗自交结，你们怎么能继续受骗。从今往后刘稹再有什么文件交上来，统统就地焚毁，除非他亲自绑着自己前来投降，才可以接受。"武宗又让李德裕草拟诏书赐予王宰，劝告王宰要顾全大局，申明大义，刘稹也绝不敢开罪于王宰，王晏实肯定性命无忧。并告诉王宰："现在满朝公卿都议论，说你王宰是因为王晏实陷在敌军中，而拖延不进兵，舆论对此颇有微词，如果你实在不想面临家国两难的困境，朝廷可以体谅这一点，把你调离前线去别的藩镇。"为了进一步敦促王宰进兵，李德裕奏请武宗将刘沔带着义成的军队调任到河阳，监制和警示王宰，意思是王宰要是再拖延，就让刘沔来主持前线军事，到时候王晏实的性命可就任由刘沔决定，不在朝廷考虑的范围之内了。

会昌四年（844）正月，河东各地的戍军在监军使吕义忠的率领下，纷纷杀回太原，生擒了杨弁，河东重新恢复稳定。四月，王宰在李德裕的多方刺激下，终于开始出兵进攻泽州。李德裕"剿""抚"并行，一边包围进攻昭义军，一边继续宣谕昭义军的将士，劝诫他们抛弃刘稹，归顺朝廷。七月，太行山以东的邢、洺、磁三州相继归降，李德裕奏请派遣朝臣去接收三州，以防止魏博和成德驻兵不退，借机占领。在李德裕的推荐下，武宗任命给事中卢弘止为使者前去接收三州。卢弘止是中唐著名诗人卢纶之子，和其兄卢简能、卢简辞，其弟卢简求四人皆进士登科，一时传为佳话。卢弘止曾经在刘悟的昭义军幕府里任过判官，对昭义军的形势较为熟知，因此李德裕推荐他去接领昭义军归降的三州。

　　八月，昭义军将郭谊杀死刘稹，向王宰请降。然而郭谊在刘稹叛乱之初就为他出谋划策，现在杀死刘稹，也只是想借此邀功，自己当昭义节度使。李德裕知道昭义军的问题不是诛杀一个刘稹就能够顺利解决的，根本问题还是出在昭义军将拥兵自重的心态上。因此奏请武宗，务必要彻底清理掉刘从谏家族在昭义军的余毒，将刘从谏和刘稹在昭义军培养出来的这批骄兵悍将一举扫除。因此郭谊投降之后，李德裕继续调遣石雄的军队前往潞州，准备诛杀郭谊等军将。郭谊原本以为武宗会任命他为节度使，然而久久没有消息，以为会将自己调任到别的藩镇或州郡，却没想到石雄会率军前来。石雄把曾经积极为刘稹谋划叛乱，抵御官军的军将全部捉捕擒拿，押送回长安，并将刘从谏开棺戮尸，以惩其生前之恶。待石雄清理完刘从谏家族的余毒之后，新任节度使卢钧才正式进入潞州，接管昭义军。郭谊等人被押送长安之后，悉数被处斩。武宗让李德裕撰写敕文，正式宣告历经一年多的讨叛战争取得胜利。

平定刘稹叛乱，是武宗"会昌中兴"的一项重要功绩，对各地藩镇都起到了警示的作用。武宗和李德裕坚定不移地采取强硬的削藩政策，坚持用兵彻底清除昭义军的割据叛乱因素。李德裕坚持政治和军事两手抓，不仅用武力，也用权谋和计策，使得刘稹叛乱能够在短短一年多内被平定，强有力地打击了割据势力，昭义军重新成为朝廷掌控的藩镇。河朔三镇也因此受到震慑，表现出恭顺的态度，中央权威大大增加，朝廷对地方的控制力显著增强。

五、会昌毁佛，昙花一现

唐代佛教盛行，佛教僧团和寺院逐渐成为强大的经济阶层和政治势力。由宦官出任的神策中尉同时兼任功德使，统筹管理佛教事务，佛教僧团和寺院在政治上也得到了宦官的庇护，势力越来越膨胀。早在会昌二年（842），武宗就发布了一系列限制佛教发展的诏令，核查僧侣违反戒律的情况，违反戒律的僧侣一律强制还俗。次年（843）又发布诏令对僧侣和寺院蓄养奴婢的情况进行限制。武宗笃信道教，沉迷于炼丹养生，对佛教本就不具好感。随着讨伐回鹘和平定昭义军叛乱的战争持续进行，朝廷的财政也开始捉襟见肘，坐拥大量田产和劳动力的佛教寺院成为武宗和李德裕瞄准的对象。

会昌五年（845）四月，武宗下令对全国的寺庙和僧尼数量进行核查，经统计，全国共有官立寺庙 4600 座，民间私立寺庙 4 万余座，僧尼共有 260500 人。眼见占据田产的寺庙和不从事劳动生产的僧尼数量如此众多，武宗下令让僧尼分批还俗，对寺庙进行整顿，开始拆毁佛寺，没收其财产，掀起了轰轰烈烈的毁佛运动。在李德裕的奏请下，武宗废除了宦官兼领的功德使制度，僧尼的籍贯不再单独归附于负责宗教的鸿胪寺与礼部祠部司，而是按照一般的户籍进行登记，废除了僧尼的户籍特权。七月，正式下令裁撤省并佛寺，长安和洛阳各保留两座寺庙，每座寺庙保留 30 名僧侣，其他各藩镇及近畿地区部分州保留一座寺庙，划分寺庙等级，按等级保留 5—20 名僧侣。其余佛寺尽数拆毁，财产土地都收归官府，佛教铜像和铜钟都熔化后用来铸造铜钱。不仅是佛教，景教（基督教聂斯托利派）和祆教（琐罗亚斯德教）的寺庙都按照佛教的做法一同被毁，僧侣尽数还俗。除了还俗的僧侣重新组建成户外，各地州县因此获得了数千万顷的佛教田产，以及十五万户依附于佛教寺院的奴婢。武宗即位之初，全国共有 2114900 余户，到武宗末年，全国共有 4955100 余户，户数增加了不止一倍。除了因国泰民安，人口自然增加和回鹘降附之外，其中相当一部分与毁佛运动之后，僧侣还俗，奴婢脱离寺院，重新为官府所掌控有关。

当然，也有许多地方并未严格执行武宗的毁佛诏令。朝廷管控力较弱的河朔三镇就对此阳奉阴违，私下里收容了许多因毁佛而逃亡的僧侣，对于拆毁寺庙的命令，也只是形式上敷衍一下。位于河东的佛教圣山五台山，山中僧侣纷纷逃亡到邻近的幽州。李德裕听闻后，召见幽州在长安的进奏官，说："回去派人告诉你们节度使，五台山的这群僧人，领兵打仗肯定不如你们幽州的将领，冲锋陷阵也比不上你们幽州的军卒，收留他们对你们有什么作用？难道不知道昭义军的刘从谏四处招揽闲杂人等，最后一点用场都没发挥出来吗？"幽州节度使张仲举本就心向朝廷，听到李德裕的传话后，下令派人在河东进入幽州的关卡居庸关严加看守，声称一旦有僧侣进来就当场斩杀。幽州虽然不再收容外来的僧侣，但还是没有严格按照规定拆毁寺庙，也没有逼迫僧侣还俗。至于魏博和成德，则成为保护佛寺佛法，收容僧侣信众的"圣地"。还有许多地方都暗中保护佛寺和僧侣，将佛教经典都封存贮藏起来，等待有朝一日重返于世。还有一些诚心礼佛的官员不顾禁令，私下里继续和僧侣们往来。日本入唐求法的僧侣圆仁被遣返回国的途中，记载称大理卿杨敬之的家中就藏匿了许多僧人，听闻圆仁被遣返回国后，还专门遣使来慰问圆仁，打听他的行程，送上赠礼，还附上手信让圆仁在沿途州县碰到自己的熟人时，可以有个凭证获得照应。职方郎中杨鲁士也给圆仁送了赠礼和手札。圆仁途经洛阳和郑州时，都得到了杨敬之和杨鲁士亲朋好友的关照。可见虽然武宗和李德裕主持毁佛，但事实上毁佛行为太过极端，很难得到朝廷官员和民间百姓诚心诚意的支持，因此在武宗驾崩，宣宗即位之后，佛教就重新得以复兴。

　　武宗因为修道大量服用丹药，导致性情躁急，喜怒无常，逐渐引发疾病。会昌六年（846）正月，武宗丹药中毒的情况逐渐加重，已经无法处理朝政，接见宰相。这样一连持续三个月，武宗甚至为此改名，根据阴阳五行说把名字从"瀍"改为"炎"，以增长王气，但并未能真正获得祈福效果。三月，武宗驾崩，享年33岁。武宗即位之初励精图治，性情果敢，处理政务时雷厉风行。在朝政上始终信任支持李德裕，李德裕虽然大权独揽，但亦是呕心沥血，鞠躬尽瘁。武宗之所以能实现"会昌中兴"，外平回鹘，内削藩镇，一方面是李德裕的赫赫功勋，一方面也是武宗有用人之明。武宗和李德裕这一对君相，到五代、北宋都还一直为人称道，视为是贤君名相的典范。然而武宗统治后期耽溺于道教金丹，大量服用丹药，在应对佛教事务上也操之过急，矫枉过正，引起多方不满。最终武宗不幸因丹药中毒而驾崩，作为佛教在政治上庇护者的宦官也迅速反扑，一举推翻武宗后期的毁佛政策，并将李德裕从朝中驱逐，对武宗时期的政治格局进行了重新洗牌。

　　武宗病危之际，在宦官的策划下，宪宗之子、穆宗之弟、武宗之叔光王李怡被矫诏立为皇太叔，在武宗驾崩后即位，改名李忱，是为唐宣宗。宣宗原本在皇位继承中属于边缘角色，却因宦官之力而骤登大宝，即位之初也顺应宦官之意，逐步推翻会昌时期的诸项政策，特别是毁佛政策。在高层宦官的建议下，宣宗马上停止了毁佛运动，在大赦之时宣布赦免所有僧尼，僧尼的籍贯重新由礼部祠部司单独登记，恢复神策中尉兼领功德使制度，恢复了宦官对佛教事务的管辖。武宗所信赖的道士赵归真等人被宣宗下令用乱杖打死，这也是宣宗打击武宗威信的方式。会昌时期大权在手的李德裕也被解除相位，外放到荆南任节度使。武宗时期在李德裕的建议下擢拔的中枢重臣，如工部尚书、判盐铁转运使薛元赏，虽为牛党但却受到李德裕礼遇的吏部尚书柳仲郢，李党核心人物宰相李让夷、宰相郑肃等人纷纷被外放到地方任节度使或刺史，牛党新一代核心人物白敏中、马植拜相，被武宗贬黜到边疆的牛僧孺、李宗闵、杨嗣复等人也被重新调任内地。

　　扫清了李德裕等人的障碍后，宣宗开始大力复兴佛教，下诏宣布所有会昌年间被拆毁和废止的寺庙，只要有德高望重的僧侣能够主持将其修复，就允许其担任该寺的住持。于是各地被废止的寺庙纷纷开始重建。此前被信众们保护起来的僧侣们又重新活跃起来，积极搜寻藏在各地的佛教经典，联络各地的高僧。此前被枢密使杨钦义暗中保护的高僧知玄，现在重新回到宝应寺，宣宗亲自捐献一座宅邸为他修建寺庙。民间纷纷传闻宣宗曾经在武宗时期遭受猜忌，一度被武宗下令处死，但宣宗在宦官的暗中救护下诈死，削发为僧并游历民间，游行到江淮地区，直到武宗去世后才回到长安，继承皇位。民间传闻虽然荒诞不经，但反映出当时人们对于宣宗重新任用宦官以及大力复兴佛教政策背后动机的臆想。

会昌毁佛被佛教称为是在中国的"四大法难"，与北魏太武帝毁佛、北周武帝毁佛、后周世宗毁佛并称为"三武一宗法难"。虽然毁佛运动的推行中，也有武宗个人情感的因素，但更多是出于国家政治和财政的考虑。会昌毁佛也取得了一定的效果，佛教寺庙的大量土地、人口、财产都回到了国家的掌控之中，缓解了讨伐回鹘和平定昭义军叛乱带来的财政压力。然而武宗因丹药中毒而突然驾崩，且会昌毁佛政策推行得过于急切，不得人心，因此在武宗驾崩后，在宣宗和宦官的支持下，佛教势力很快就恢复过来，会昌毁佛成为昙花一现的政治运动。

第五章

大中之政

一、皇位何来：武宗之死与宣宗即位

会昌六年（846）三月，年仅33岁的唐武宗因长期服食丹药驾崩，虽然武宗在病逝前因为身体原因长期未上朝，但由于他尚在壮年，也并没有册立太子，现今突然死亡，引起了朝野动荡，武宗生前有五子，他们分别是杞王李峻、益王李岘、兖王李岐、德王李峄、昌王李嵯，由于这些皇子年纪尚幼，所以传位诏书上写道："皇子冲幼，须选贤德，光王怡可立为皇太叔，更名忱，应军国政事令权句当。"但问题在于虽然武宗的诸位皇子年纪尚幼，但并非不能即位，在此前的诸多朝代都有过年幼的皇帝即位的史实，就算皇子年幼不堪重任，但亦有可以选辅政大臣以及外戚，退一万步说，就算因为皇子年幼，不可选任，依旧可以在武宗的侄子里面选择，因为作为亲兄弟的敬宗、文宗都有年纪较大的皇子在世，为何要将皇位向上传给武宗的叔叔，也就是日后的宣宗，而不是将皇位向下传给武宗的子侄辈，这一系列的匪夷所思、不合常规的传位，背后隐藏着怎样的政治暗流？宣宗如何登极？登极之后又是怎样逐渐扩充自己的政治势力？他在面对牛李党争时又是处于何种位置？这一切还得从宣宗即位说起。

宣宗讳怡，即位后改名忱，是宪宗的第十三子，在《旧唐书·宣宗本纪》说唐宣宗外晦而内朗，严重寡言，视瞻特异，幼时宫中以为不慧。早年的宣宗保持着低调的作风，他沉默寡言，不与外人言语，当时的朝廷皆认为宣宗不聪明，是痴呆。当宣宗当上了皇叔光王后，受到了武宗的忌讳，在大和会昌年间处事越发沉稳，在与他人交往时，也不曾说话，文宗与武宗曾经捉弄他，想让他说话。武宗认为宣宗沉默寡言，特别好欺负，对他尤为不礼貌。南唐尉迟偓《中朝故事》说宣宗为宪宗的少子，文宗、武宗相次登极后，宣宗皆是他们的叔父，武宗登极后对宣宗最为忌惮，有一天在禁苑蹴鞠，武宗召见宣宗想要杀掉他，宣宗在得到仇士良的保护后才得以幸免。《资治通鉴·考异》引韦昭度的《续皇王宝运录》也记载了文宗驾崩时，武宗忌惮宣宗，命令中常侍四个人在永巷中擒拿宣宗，将他幽禁了几个月，准备将宣宗沉杀于宫厕。宦官仇公武十分可怜宣宗，跑去对武宗说，宪宗的儿子不应该在厕所中被诛杀，武宗答应了，仇公武将宣宗接出宫，秘密地找了个地方安置宣宗。等到武宗死后，宣宗得立为皇帝，百官跪迎，宣宗立马提拔仇公武为军容使。

以上的记载虽然真实性存疑，但说明武宗确实对宣宗抱有强烈的忌惮心理，再者宣宗跟宦官的关系交好，特别是与仇士良的关系密切。仇士良作为权倾一时的大宦官，《新唐书》称他是杀二王、一妃、四个宰相，贪酷20余年，在甘露之变后，他软禁了文宗，使得文宗发出了自己被家奴所困的哀叹。武宗的即位也是仇士良拥立的结果，不过武宗是一个有想法的皇帝，登基之后对仇士良加官晋爵表示尊崇，但暗中严加防备，特别是在宦官中培植自己的势力，将仇士良的权力逐步架空，仇士良知道自己不为武宗所喜，于是告老还乡，退归私第，并在会昌三年六月死在家中。仇士良死后，武宗加大了对仇士良政治集团的打击力度，在当月就诛杀了仇士良手底下郑中丞、张端公四人，又在次年的六月，下令搜查仇士良的宅第，从中查出兵甲数千，武宗下令将仇士良追削官职，抄没全部家产。由此我们可以得到一条潜在的逻辑链，武宗对宣宗苛刻，武宗对仇士良也非常苛刻，而仇士良多次保护宣宗，而且仇士良死去，不代表背后经营了数十年的巨大政治集团瓦解，这也是为何仇士良死后，却依旧能从其家中抄到数千兵甲的原因。

现今有关宣宗即位背后是否有仇士良政治势力的暗中相助已经不可得知，但宣宗即位是源自宦官确实是明证。据《中朝故事》记载"会昌末，中人请还京，遂即位。"这里的中人便是指宦官。在《资治通鉴》中记载武宗病入膏肓，数日不能言，诸宦官在禁中密谋定策，最终下诏令宣宗即位。之所以会有这个结果，主要出于宣宗一直以来不慧、易于操控的考虑，亦应有当年与仇士良交好，从而与宦官集团较为和睦的缘故。不过宣宗在即位后即给仇士良平反，否定了武宗对仇士良及其家族的诸多打击，甚至亲自为已经死去数年的仇士良立神道碑，歌颂其功德，而仇士良的诸多养子也被宣宗提拔，他们的官运极为亨通。长子仇从广被任命为宣徽使，次子仇亢宗被外放到曹州担任刺史，三子仇从源担任阁门使，四子仇从渭派去藩镇，担任邠宁监军使，幼子仇从濮虽然没有记载担任何职，但他早通诗礼，承恩入仕。换言之，宣宗在即位后，将武宗打击仇士良的诸多举措全部推翻，这不但是宣宗对武宗当日打击的报复性心理，而且也是宣宗受到仇士良诸多恩遇的回报。

在宣宗登基的合法性构建上，也离不开其母郑氏的帮助，据裴庭裕的《东观奏记》说孝明郑太后系润州人，本来姓尔朱氏。当李锜据浙西谋反时，相面的人对李锜说尔朱氏有奇相，当生天子。李锜就把她娶回家，李锜既死，郑后被没入掖庭，成为郭太后的侍儿。宪宗皇帝爱而幸之，生宣宗皇帝，为母天下14年。懿宗即位，尊为太皇太后。又7年，薨。以郭太后配享宪宗庙，出祭别庙。《东观奏记》作为《宣宗实录》的初稿，其事件的记载多有源头，而非虚妄。郑后是北朝尔朱氏后裔，最先为李锜的小妾，李锜谋反被诛，郑后以罪人家属的身份充入掖庭，侍奉郭太后，机缘巧合之下被宪宗纳入后宫，生了宣宗。李肇《国史补》记载了李锜裂襟书的故事，在文中写到李锜被擒拿时，有一个侍奉的婢女跟随着他，当天夜晚，李锜撕裂自己的衣服，在布料上写下了自己曾经为朝廷立功，自己被捕也是被张子良出卖，并让侍女将这块布料带出去，自称说如若自己获得了释放，终将当上宰相，如若不被释放的话，最终也将被杀，等到我被杀的时候，皇上必定回来询问你，你就将这块布料上承皇上。等到李锜被杀的时候，京城起大雾，三日不散开。宪宗得到了这块衣料上的文书，怀疑李锜被杀是冤枉的，于是厚葬了李锜，善待其后世子孙。这里的侍婢为郑后无疑，此故事将郑后打扮成一个有情义的女子，同时亦将李锜塑造成一个被人蒙蔽出卖，最终含冤而死的功臣形象。无论如何，郑后作为罪臣之妾，她的身份是相当卑微的，她拥有的一切全部来自于儿子，于是她为儿子登极的正统性也在竭尽全力进行宣传。

据苏鹗的《杜阳杂编》的记载，宣宗为人英明节俭，德行才干俱优，往日在当王爷时，便是诸多王爷里面的典范。突然有一天宣宗生病，身上散发出神光，在南面自言自语地说话，就好像在对百官说话一样。郑太后十分惊慌，害怕有人把这件事告发给皇帝，于是自己就上奏给了文宗，说宣宗身体不好，有心脏病，文宗于是立马召见了宣宗，看到宣宗的样貌，用如意抚摸了宣宗的后背，并对宣宗说你是我们李唐皇室的英明之主，怎么能有心脏病呢？并立马赐予了宣宗马匹、金腰带等物品，选了一帮良家子弟给宣宗府邸任用。按照文宗、武宗二人对宣宗的提防心态来看，是不太可能在宣宗生病的时候问候他的，而且也不会以玉如意抚摸宣宗的后背，夸奖宣宗为他日英主。按照中古时期的夸奖某人为家族未来栋梁的叙事模式，基本上都是长辈抚摸晚辈进行勉励，此处吊诡之处在于作为晚辈的文宗居然去抚摸作为长辈的宣宗，夸奖宣宗是李唐皇室未来的明君，这种与中古叙事模式抵牾的做法，表明这段史料来自他人的编造，而编造者则最有可能是当时的第三个见证者郑后，她想意图将宣宗的登极，描述成文宗多年前的勉励与夸奖，从而表明宣宗皇位的合法性。

相似的故事还有《旧唐书·宣宗本纪》记载皇上外表隐晦而内心明朗，为人不爱言语，看问题比较透彻。小时候大家都认为宣宗是一个智商很低的人，在他十几岁的时候身体发病很严重，但突然有一天身体里面就像有光照耀出来了一般，马上一个鲤鱼打挺从床上面蹦起来，然后端端正正地对着一个小角落作揖，给人的感觉就像是有底下的臣子跑过来找他一样。某一天唐穆宗听说宣宗生病了，于是就跑来看宣宗，并摸着他的背夸奖地说这是我们家很厉害的人，得的不是心病。穆宗于是赐给了他很多东西，有玉如意、玉马等东西。宣宗有时候经常会梦到自己骑着一条龙飞上天空，就跑去告诉他的母亲郑皇后，郑皇后知道这种话不能乱说，于是就告诫宣宗你做的这个梦以后不能告诉别人。在经过文宗与武宗两朝皇帝对他的虐待以后，宣宗就更不喜欢说话了，曾经文宗跟武宗到十六王宅喝酒聚会，不断试探地想要他说话。这个故事与上述极为相似，都是宣宗生病后，身体突然出现神光，时任皇帝前来问候，并对宣宗进行夸奖。故事中出现的第三者永远是郑后，这表明这群叙事文本当出自同一个或者同一批文人之手，他们的创作带有极大的倾向性，即描述宣宗生病而有神光护体，引起了皇帝的关注，皇帝对宣宗会进行勉励与夸耀，从而塑造出宣宗政权的合法性。但是这群文人的破绽在于他们使用的故事模板，都是长辈对晚辈的勉励与夸耀，而非晚辈对长辈、平辈对平辈之间的夸耀，这种吊诡的叙事模式，表明作为第三人见证者的郑后，意图将突然即位的宣宗，打造成多年前就得到了当时皇帝认可的形象，从而显示其合法性。

由此可见，宣宗的即位与宦官、太后的关系密不可分，这群人团结在宣宗周围，为他的登基制造舆论，将宣宗塑造成不善言辞，成竹在胸的角色，在宣宗即位后，又为他制造了神灵故事与先帝仰叹的故事，维持其皇权的合法性。

二、旧勋之后：宣宗的择人偏好

宣宗作为宪宗的庶子，其登基本身就是宦官博弈的结果，又经过各种神灵渲染，制造出自己的合法性，但是宣宗依旧存在着危机感。他为了巩固自己的皇位，不得不采取多番手段进行政治宣传，首先便是推崇宪宗的祭祀活动。《唐语林》记载了宣宗在祭天的前一天，拜谒太庙。到宪宗神主室，捧斝而入，涕泪交下。左右的人不能抬头看。然后宣宗又说：宪宗曾经拿出内府财物建报圣寺，将这座寺庙建设得金碧辉煌，宪宗皇帝的神像也挂在这里，看到神像便想起了宪宗。从这个故事可见，宣宗得位不正，故必须加强自己是宪宗儿子的身份认同，以强化即位的合法性。宪宗元和之治，是唐后期国力较为强盛的时期，宪宗对内削平藩镇割据，对外又击退少数民族政权的进攻。宣宗追崇宪宗，一方面是向天下臣民表明自己作为宪宗的儿子，宪宗是他皇位合法性的根源；另一方面，借助宪宗的民声，在一系列祭天活动中不断强化宪宗的地位，从而彰显自己的至孝的品德，也是无声地告诉天下人，自己暗地里摒弃承认穆宗、文宗、武宗三朝的成绩，以重回元和之治为目标，为其接下来的改革活动奠定基础。

在《唐会要》中记载了宣宗将穆宗、敬宗、文宗、武宗四位皇帝的祭祀祝词更改的事迹。而在《东观奏记》里面也记载宣宗动辄遵循宪宗时期的规矩，感怀元和年间的故事。在《旧唐书》也记载宣宗重新制定宪宗时期的郊庙，将高崇文、裴度等人配享宪宗庙的事情。而宣宗祭祀太庙时，直接称穆宗为皇兄，去掉了"孝"字，表现出对穆宗的回避态度，虽然没有直接否定穆宗，但去孝字，就意味着将穆宗连带着穆宗的儿子文宗与武宗的地位一并降低，这样既是报复了文宗、武宗当年的欺辱，也标志着宣宗要甩掉穆宗以来的政治包袱，直接从宪宗开始重新构建起一套政治模式。怀念宪宗元和之治，将元和年间的大臣如裴度、杜黄裳、李想、高崇文等人配享宪宗庙，这无疑是向天下昭告自己将带领着唐王朝再次走向盛世，这也给经历过动荡的臣民带去了希望，宣宗以此为未来13年的执政做好了舆论导向。

既然元和之治是宣宗的理想，重新回到元和之治就离不开当时元和年间的一批功臣，这批功臣虽然早已去世，但他们的子孙尚留在人间，于是宣宗在选人上做的导向便是选用旧勋之后，将他们带到朝廷，希望他们能像自己的父祖一样为自己创造属于自己的"元和之治"，据《东观奏记》记载：宣宗追感元和过去的事，只听说是宪宗朝名臣的子孙，一定要加以提拔任用。杜胜的父亲是杜黄裳，于是宣宗任他为刑部员外，令狐绹是令狐楚的儿子，于是特意提拔他为考功员外郎，并在次年给他宰相之位。宪宗年间江西观察使韦丹颇有操守，于是宣宗任命他的儿子韦宙为御史。除此之外，还有宰相裴度的儿子裴谂，被提拔为翰林学士，元和宰相韦贯的儿子韦澳、皇甫镈的儿子皇甫理，两人皆在大中初俱入充翰林学士，成为宣宗侍臣。除了官员外，宦官的养子也被提拔，如宪宗信任的宦官吐突承璀，其子吐突士晔被提拔为右军中尉。凡此种种可见，从南衙到北司到处充斥着宪宗时期的旧勋之子孙，这些官二代、官三代全面上位，这一方面表明宣宗对宪宗元和之治的追念，企图将宪宗时期的旧勋之子提拔上位，以此君臣团结，重新为唐朝创造辉煌，另一方面也表明宣宗即位时，事发偶然，他并未能培植出自己的势力，于是即位后，亟须一批效忠自己的臣子上位，以此培养自己的亲信官僚。

只提拔旧勋之子孙，对于宣宗意图重回元和之治，显然是不够的，他还需要一场胜仗为自己的改革与皇位提供坚实的基础。于是在宣宗登极三年后，吐蕃决定归还河西之地，这些地方是自安史之乱以来被吐蕃占据长达百年之久，这些土地重入唐朝无疑是完成了宪宗未竟之事业，也一雪前耻。据《收复河湟德音》记载宣宗在收服河湟时，将功绩归给宪宗，认为自己在其中并无可以称道的地方。这表现出宣宗在取得如此大功的时候，依旧保持着沉稳的态度，据《新唐书·礼乐志》云宣宗收复三州七关之后，将功劳归给了宪宗，于是将宪宗的谥号进行了更改，并重新制作了神主，以表明宪宗特殊的地位。宣宗保持了一贯以来沉稳的态度，且故作谦虚地表示这份功业是顺宗、宪宗的功劳，并给顺宗、宪宗追加了谥号，并在太庙中举行了盛大仪式，以此表明自己的孝心。

由此可见，宣宗在即位后，为了巩固自己的统治，一方面抬升了宪宗的地位，宣示自己要重回元和之治的政治意图，将元和时期的功臣后代提拔进入南衙北司，构建起属于自己的亲信团体，另一方面他借助收复河湟的契机，将功劳归于顺宗、宪宗，以此表明自己的孝心，再次凸显出自己即位的合法性，并由此贬低穆宗、文宗、武宗的三朝之治，确立了自己的地位。

三、重牛贬李：牛李党争背后的宣宗站位

　　牛李党争作为唐后期影响极大的政治事件，一度让文宗发出"去河北贼易，去朝廷朋党难"的哀叹，而李德裕作为李党的代表人物，在武宗时期获得了压倒性胜利，由于李德裕与穆宗以后的诸位皇帝都有着深厚的政治情谊，宣宗即位后便展开了对李党的打击，首先便是提拔白敏中等牛党的人上台执政，白敏中为白居易从父弟，与牛党有关联。白居易的老婆是牛党杨颖士的从父妹，白居易也是惧以党人见斥，固求散地，但白敏中却不同，他孜孜于官场，热衷权位，积极投靠牛党，其仕途得力于牛僧孺的提携关照。实际上早期的李德裕也提携过白敏中，据《旧唐书·白敏中传》记载李德裕推举白敏中的事情：武宗皇帝一向听说过白居易的名字，等到即位，想请他出山任官。宰相李德裕说白居易衰老病到不能上朝谒见，因此将白居易的弟弟白敏中提拔为知制诰，召入翰林充任学士，升任中书舍人。后来累任为兵部侍郎、翰林学士承旨。可见在初期的时候，白敏中与李德裕应该保持着良好的关系。

随着党争的加剧，二人的关系也走向破裂，特别是李德裕久在宰相位，无疑是阻碍了来者的仕途，白敏中此时为翰林学士，他想通过翰林学士之位，以词臣的身份转到中书门下，但李德裕却大力削弱翰林学士的权威，据《旧唐书·武宗本纪》记载，给事中韦弘质上疏认为中书权力重要，因此三司钱谷不应该由宰相府兼领，李德裕认为在很久之前的天宝年间，中书省除了秘密地给某个人升官之外，其他的很多事情都交给中书舍人一起看怎么办，但是自从安史之乱以后，为了快速地处理政务，就把很多事情都跟军事战争的时间挂钩，决定很多事情的时候，也不再进行广泛的讨论了，因此李德裕认为这种现象十分不好，决定以后除了很机密的事务，包括各个地方藩镇上奏的表章，各个官员递交的奏章，以及包括钱粮食刑事案件等诸多的事情，都要让中书舍人按照原来的办法，提前商量一下可行性，再交给中书省进行商量，最后跟皇上汇报。由此可见，李德裕要求恢复中书舍人的职位，目的在于中书舍人是中书门下的官职，宰相可以直接掌握其动向，李德裕此番的目的无疑是加强对诏书文件的草拟之权的掌握，而翰林学士则成为李德裕改革的受害者，翰林学士作为词臣，本来清贵无比，他们掌握草拟诏书之权，随时侍奉皇帝左右，削去他们的草诏权，必定使得他们的地位削弱，这引起了翰林学士白敏中的反对，二人开始交恶。

等到宣宗上台后，白敏中迎来了自己政治的契机，宣宗将他提拔为宰相，他也积极地培植自己的势力，白敏中上台后，做的第一件事便是将李德裕提拔上来的人全部不用，将崔铉、徐商等人提拔上来，组成了宰相集团，又将自己的手下安插进入各个部门，并着重于藩镇节度使的选用。

在完成了宰相群体的组建后，宣宗不断剥夺李党的职权，会昌六年（846），罢免了李德裕的知政事，让他出镇荆南，其年九月改李德裕为东都留守，大中改元后，继续对李德裕进行贬谪，最终在宣宗的不断打击下，李德裕贬到了最南方的崖州，担任司户参军事。据《新唐书·李德裕传》记载前任永宁县县尉叫作吴汝纳，向刑部的人上诉喊冤，他说自己的弟弟叫吴湘，在会昌四年（844）担任扬州江都的一个小县尉，但是被他的上司，节度使李绅诬陷，说他犯罪了，而且犯的是贪赃枉法的罪过，最后案件上奏到朝廷，宰相李德裕附和李绅，也说吴湘该死，于是就把吴湘给杀了。宣宗听到了这个事情就开始下令让朝廷的官员重新审查这个案件。以此将吴湘案变为对李德裕一派的政治打压。李德裕指使御史台上陈复核结果，最终结果便是吴湘虽然确实有贪财之行，但是这种贪财的数量根本达不到把他处死的地步，因此宰相李德裕等人是将轻罪判成了重罪，这是对法制的破坏，于是御史台决定将原来审案的判官以及原推官元寿、吴珙、翁恭、太子少保分司李德裕、西川节度使李回、桂管观察使郑亚等人全部收到牢里面，等候皇上下旨处分。

宣宗立即下旨指出：李绅发起了这个冤案，根本情由不真实，现在既然李绅已死，不能再加刑。宣宗将怒火放到了李德裕的身上，决定把李德裕发配到更远的地方，其他的人因为官职较低，就暂且不处理。于是李德裕又贬为崖州司户参军事。

宣宗在诏书中披露了李德裕的几项罪名，其中揭露了李德裕参与吴湘案，篡改宪宗实录，结党营私等事，实际上李德裕为人孤僻高傲，未尝与他人来往，此番罪行指控莫须有的成分更大，如吴湘案的审理，在最初李德裕被贬的诏书中并未提及，而且李德裕位高权重，势必不会偏袒一个地方案件的审理。罪行指控坐实的仅有篡改宪宗实录，李德裕也只是为了给自己的父亲李吉甫留下一个好名声，难言罪大恶极，由此可见，宣宗要扳倒李德裕，最大的原因在于李德裕历任多朝宰相，位高权重，又为李党的领袖人物，其门生故吏遍及朝野，扳倒李德裕有利于自己的朝政实施。不过李德裕被贬到崖州，不久便死了，李党也纷纷作鸟兽散，持续了数十年之久的牛李党争也随着李德裕的逝世走向了落幕。

四、乾纲独断：大中政局的构建与更迭

赶走了李德裕，黜罢了李党，宣宗组建了自己的政治班底，首先便是将官员选拔收归自己手中，从《资治通鉴》记载牛丛从司勋员外郎出使为睦州刺史，进入朝谢，宣宗赐之紫色衣服。牛丛拜谢，并说："臣所穿着的绯色衣服，是刺史借给我的。"宣宗理解并说："且赐给你绯色。"宣宗重惜服章，官衙常有绯色、紫色的衣服数袭从行，以备赏赐，但或半年没有赐予一件，故在当时官员以衣绯、紫为荣。宣宗重翰林学士，在升任官员时，必须考校他的岁月，认为不可以将官爵私自赐给近臣也。可见宣宗对官员考察较为严苛，每每任官必须查验官员的资历、能力、声望，不会将重要的官位赐予他人，同时对宰相的任命是宣宗的重中之重，达到了"上每命相，左右无知者"的地步。《资治通鉴》

记载，曾以户部侍郎、判户部崔慎由担任工部尚书、同平章事，而在此前一日，下令枢密宣读旨意于学士院，以兵部侍郎、判度支萧邺为同平章事。枢密使王归长、马公儒复核上奏说："萧邺所判度支合不合适？"上以为王归长等人在庇护萧邺，于是随即写崔慎由的名字给学士院，让崔慎由"落判户部事"。可见宣宗防止宦官与宰相勾结，试图离间二者。现今统计宣宗朝新任宰相有十八人，他们大部分出自财臣系统，源自度支、盐铁、户部，而只有白敏中、韦琮、崔铉、令狐绹、郑朗五人没有财臣背景。唐后期的宰相一般人数为四个，其中出自财臣的宰相，虽然也是宰相群体之一，但是其权限往往较低，真正秉权者只有一两个，宣宗时期秉持权力的宰相，主要是白敏中、崔铉、令狐绹三人而已。

白敏中是最先上位的宰相，宣宗登极时就为宣宗摇旗呐喊，拜相之后，秉持着宣宗的旨意，打击武宗朝留下的旧臣，清洗李德裕旧党，可谓功劳最大。他积极配合宣宗实施裁减官员、重新修缮佛寺等行为，不过白敏中并无才干，他的起家完全是得益于在宣宗登极时的政治投机，他的诸多行为也引起了其他人的不满，如郑后本姓尔朱氏，又曾经为罪臣的侍妾，居然公然冒姓荥阳郑氏，引起了山东士族的不满，山东高门联合起来不与宣宗联姻。据《东观奏记》记载：宣宗的女儿万寿公主到了出嫁的年纪，白敏中为万寿公主挑选丈夫，他在当朝的未婚青年才俊里看了一圈，认为郑颢出身名门，才华横溢，而且模样俊美，是当地有名的文雅士人，但郑颢已经同范阳卢氏订婚，有了未婚妻，并且请了婚假，准备回家成亲。白敏中立即以宣宗的旨意，将郑颢叫了回来，让他退婚，娶万寿公主，郑颢很不高兴，他不想娶公主，更想娶那个高门女子，白敏中为了投宣宗所好，强行干预此次订婚，用堂帖将订婚退掉，强迫郑颢改娶万寿公主，这引起了郑颢的强烈不满，当宣宗任命郑颢后，他多次在宣宗面前诋毁白敏中。令狐绹亦如此，他虽然是白敏中提拔上来，但为了追求家势的上升，与郑颢联姻，站到了白敏中的对立面，为日后令狐绹拜相与白敏中退位埋下了伏笔。又如同为相的魏谟，他是由宦官杨嗣复引荐上台，于是魏谟为了知恩图报，想引荐杨嗣复的侄子杨思立为御史，可白敏中与杨思立有过节，魏谟的请求便遭到了白敏中的拒绝，魏谟只能就此罢休。随着宣宗组建完成专权的班底，白敏中便逐渐被宣宗抛弃。在宣宗上台时，西北的党项一族多次反叛，白敏中作为宰相却对此束手无策，于是政敌借口西北有战事，奏请宣宗将白敏中派到地方担任节度使，于是白敏中被贬出中央。崔铉借口西北叛乱让大臣镇守边关，这个计策不可谓不毒辣，宣宗也就坡下驴，同意了崔铉的意见，将白敏中派到地方担任邠宁节度使，兼充招讨党项行营都统制置使。大中四年（850），宣宗诏凤翔李业、河东李拭合兵讨伐党项，从此白敏中被排斥在权力中心之外，终宣宗一朝，他都没能再次入朝。等到宣宗逝世，懿宗继位，再次准备将白敏中召京城担任宰相，但是引起了朝臣的反对，最终白敏中病死，结束了一生。

继白敏中之后执政的是崔铉。崔铉原本是李宗闵的旧党，是李党的老人，曾经在武宗时期担任过宰相，后来与李德裕关系破裂，从而遭到李德裕的排斥，等到宣宗上位后，崔铉得到了机会，他用计将白敏中逐出中央，自己担任了宰相，他为罗织李德裕的罪名花费了极大的力气，得到了宣宗的赏识。等到崔铉执政时，西北的局势已经平息，宣宗的诸多改革举措显现成效，故崔铉在位时的大中政局最为平和，而崔铉本人也开始了结党营私，拉拢群臣。据《东观奏记》记载魏国公崔铉上台秉政后，一时之间就把郑鲁、杨绍复、段瓌、薛蒙全部安插到朝廷，而崔铉所取信的人，凡有补吏、议事，或与之参酌。当时人们对此还发明出了"炙手可热"的成语，以表示崔铉的任人唯亲。崔铉不但在外朝极力扩大朋党的影响，拉帮结派，甚至宣宗跑去御宸题诗这种小事情也能够被他知道，这表明崔铉跟宦官关系亦十分好，在会昌时期崔铉为了保护刘从谏，还跑去借宦官的权力把崔珙贬为了恩州司马。大中初年时期的宦官势力重新上升，对崔铉能够再度辅政帮助不小。

大中八年（834）宣宗决意对宦官进行打击，在《洗涤长庆乱臣支党德音》中宣宗对所谓"元和逆党"宣布大赦，下令长庆初年的乱臣贼子及其余党均被搜查干净，并流放到了远方，因此对于元和党人的余族从疏远者，一切不问。可见，宣宗认为随着自己的统治稳固，权力已经集中，开始逐渐消除宦官的势力，他将宦官调离职位，废黜不用，如《资治通鉴》记载，右散骑常侍高少逸升任陕虢观察使，在路过硖石馆时，因驿站小吏供给的饼黑，生气地将其鞭打出血。宣宗对他斥责道："深山老林中，这种吃食也是很难得的！你怎么能为难一个小吏呢？"将其谪配恭陵。《资治通鉴》里还记载，宣宗本人聪察强记，宫中小厮役从给洒扫的人，都能知道他们的姓名，对于他们的才能以及任官，呼召出使奉令之职务，都能记住几无差误。天下奏狱吏卒的姓名，宣宗都能一览皆记之。度支上奏渍污帛，误将渍写成了清，枢密承旨孙隐中以为宣宗看不到，辄足成之。等到中书复核时，宣宗大怒，推按擅改章奏者罚谪之。内园使李敬曾经遇到郑朗不避马，郑朗奏之，宣宗怪罪李敬，李敬对宣宗说："按照惯例，供奉官不应该回避。"宣宗对他说："你如果带着敕令出外宣旨，自然可以不对宰相行礼，但你现在因私事外出，怎么能不避让宰相呢？"于是下令将李敬官职剥夺，配到南牙司劳作。宣宗通过各种事件将宦官贬谪到地方或者掉到偏僻的部门，以此削弱宦官权力，在一定程度上预防了宦官势力对皇权的影响。

而崔铉对宦官的拉拢，无疑是触犯了宣宗的政治禁忌，于是在大中九年（855），崔铉被派到淮南担任节度使，宣宗重施明尊暗贬的伎俩，出镇之日，宣宗亲至太液亭宴饯，并赐诗勉励。崔铉此行与白敏中出讨党项如出一辙，终宣宗之世，一直在淮南任上，未能再立朝堂。

接替崔铉的秉政者为令狐绹。他也是李宗闵旧党，但他的派系色彩已经较淡薄了，他的起家完全是宣宗早年为了重回元和之治时，大量任用元和功臣导致的，令狐绹为人圆滑，擅长拉帮结派，不愿意得罪人，他对李德裕为代表的李党也较为宽容，这是他与坚定的牛党魏謩等人的不同之处，据《东观奏记》云：太尉、卫国公李德裕，在宣宗登极之后，被谪为崖州司户参军，死在了贬所。某一天，丞相令狐绹梦到德裕对他说希望令狐绹你可怜我，准许我归葬故里。令狐绹将这个梦告诉了儿子令狐滈，令狐滈说李德裕触犯了众怒，又跟宰相崔铉、魏謩等人为仇敌，倘若你答应了这个请求，那么崔铉等人必定会同你争论，因此不可以答应。又过了几天，宣宗即将在延英殿召见宰相时，令狐绹又梦见了李德裕再次请求他归葬故里。令狐绹醒了之后，对儿子令狐滈说，李德裕虽然死了，但他的鬼魂尤可畏惧，如果我不答应，一定会招来祸事。等到第二天延英奏对的时候，他向皇帝请求李德裕归葬，最终其子蒙州立山县尉护丧归葬。由此可见令狐绹积极为李德裕的归葬出力，这表明他名义上为牛党，但实际上派系色彩较轻，同时也说明令狐绹为人较为圆滑，左右逢源，不愿得罪他人。

令狐绹为政无能，不愿体恤民生，引发了庞勋起义。咸通九年（868），徐州戍兵庞勋从桂州擅自回来。七月到达浙西，沿着江水从白沙河进入浊河，掠夺船只前进。令狐绹听说庞勋到了，派遣使者安抚，供给他粮草。都押衙李湘对令狐绹说："徐州兵擅自回来，肯定没安好心。虽然没有诏命要求讨伐，但是随机应变应当由藩镇来决定。昨天徐州兵的同党前来投降，说他们军队数量不超过 2000 人，但是虚设船只旗帜，害怕别人看出自己的实际兵力。自从他们进入境内以来，我心中感到非常忧虑不安。我猜测他们所走的水路，一定会走出高邮县边境，（那里）河岸陡峭，河水深，河道窄。如果出动奇兵迎击他们，让载满茅草的船只在前面防火，精兵在后面奋力攻击，他们一定会战败逃走。如果不在此处诛灭除掉他们，等到他们渡过淮河、泗水，会合徐州那些满怀怨恨的乱民，不少于 10 万人，那么祸乱就不会小了。"令狐绹性情懦弱迟疑，又因为没有受到诏命，（所以）对李湘说："在淮河以南，他没有发动暴乱。任凭他们过境离开吧，其他的不关我的事。"这一年冬天，庞勋杀了崔彦曾，占领了徐州，聚合了六七万人。徐州没有兵粮，于是分别派遣贼兵统帅攻打劫掠淮南各郡，滁州、和州、楚州、寿州相继失陷。粮食吃完之后，叛军又开始食人。当时两淮的郡县大多陷落，只有杜慆守住泗州，贼兵攻打泗州一年，也不能攻下。这之前，皇帝下诏任命令狐绹为徐州南面招讨使。贼兵攻打泗州攻势紧急，令狐绹命令李湘率兵五千人救援泗州。贼兵听说李湘前来支援，派人送信给令狐绹，言辞和感情谦逊顺从，说："朝廷屡次下诏宽恕赦免（我们），只有三两个人在抵抗，不久之后等我们筹划除掉他们，就归顺听命，希望您为我们担保。"令狐绹随即上奏，请求赐给庞勋节钺，仍然命令李湘只守卫淮口，贼兵已经被招降，不能再有别的行动。这种愚蠢到相信敌人的话语，可见令狐绹对治国理政并不在行，并使得庞勋起义愈演愈烈。

而令狐绹为了保持自己的相位，不愿为国举才能，为了避免有人影响他的宰相之位，将有才之人多方压制，不让其担任高官。他虽精于抓权，但在政治上却昏聩无能，当宣宗与他商议压制宦官策略的时候，他唯唯诺诺，不敢言语，不赞同宣宗对宦官采取激烈的手段。令狐绹性格非常懦弱，也缺乏政治才干，很多朝廷的大事以及国家的政务都靠他的儿子令狐滈抉择。在令狐绹父子这长达十年的掌握权力时期，朝廷的政治局势日益衰败。特别是大中十年南方由于灾害，百姓都纷纷起义造反，甚至一些军将也趁机作乱。这使得宣宗感到十分担心，但是令狐绹对这些事情却完全拿不出办法处理。等到了大中十二年的时候，宣宗与兵部侍郎蒋伸一起讨论军事事务的时候，后者趁机把责任全部推到令狐绹身上，称"现在当官很是容易，大家都心怀幸进作乱之心。这都是令狐绹滥授官爵的原因啊"。这话简直说到了宣宗心里，于是就把蒋伸提拔为了宰相，令狐绹也受到了冷落。本来宣宗还打算继续追究令狐绹的责任，但突然暴毙，令狐绹这才逃过了这一劫。宣宗对令狐绹的认识也极为清楚：此人软弱不堪，难堪大用。据《东观奏记》记载宣宗治理国政之时，为了体现君王法度，每当宰相在延英殿奏事，被传唤到殿阶后的时候，身边前后没有一个人是站立的。在处理奏事的伊始，宰相便发现宣宗威严到不可仰视。等到奏事过了三四刻后，皇帝忽然龙颜欣悦，对宰相说：可以说些闲话了。自此，或是询问宫外民间俗事，或是闲话宫中燕饮游乐之事，无话不谈。又过了一刻时间，皇帝又变得端庄严肃，这是他将要回宫，而临行一定会说些劝诫勉励的话语。皇上每每对宰相说道："我经常担忧你会辜负我，干扰法纪，以致日后君臣不得相见！"由此可见，宣宗对于权力极为看重，无论是宰相的任命还是官员的任职，都源自他的亲自谋划，而宣宗为了防止宰相蒙蔽自己，也多次采取各种手段试探、敲打宰相，以至于令狐绹感叹自己担任宰相这十年，每次在延英奏对，接受宣宗单独问话时，依旧惶恐到汗流浃背。

通过以上我们对宣宗朝诸多问题的探讨，便可发现宣宗以皇叔身份荣登大宝，他的即位本身就是宦官拥立的结果，因此在即位之初，为了展现自己的合法性，他多番制造自己是天命所归的形象，这种特殊的接班现象成为后世史学家讨论宣宗朝政治的起点。宣宗在即位后，为了巩固自己的统治，一方面抬升了宪宗的地位，以宪宗皇子的身份正其血统，宣示自己要重回元和之治的政治意图，将元和时期的功臣后代提拔进入南衙北司，构建起属于自己的亲信团体，利用宪宗曾到过的青龙寺寺门复开之机，重新证明自己作为宪宗皇子继承大统的合理性。另一方面他借助收复河湟的契机，紧随宪宗遗志，完成其心愿，将功劳归于顺宗、宪宗，以此表明自己的孝心，再次凸显出自己即位的合法性，并由此贬低穆宗、文宗、武宗的三朝之治，确立了自己的地位。

在构建起了自己的政治基础后，宣宗开始大展身手，首先便是将李德裕贬谪出去，扶持白敏中上台，以此表明自己对前朝政治清洗，随着李德裕被贬崖州，并死在了当地，长达数十年之久的牛李党争也正式落下了帷幕。在利用白敏中清洗掉李德裕后，宣宗也将白敏中贬出了朝廷，让他担任西北藩镇的节度使，终其一生也再未回京。而后的崔铉接替白敏中上台，面对的是一个较为稳定的政治局势，但是崔铉对宦官的拉拢引起了宣宗的不快，于是宣宗借淮南兵变之机，将崔铉调到淮南担任节度使，并再也未将其召回京城。令狐绹作为宣宗任命的最后一个宰相，他任人唯亲，妒忌贤能，在政治上昏聩无能，但宣宗却较为依仗他，也许是令狐绹的弱势，才使得具有雄心壮志的宣宗并没有被宰相困囿。终宣宗一朝，便可明显地发现宣宗对任命宰相与臣子具有乾纲独断的特点，他总以旁敲侧击的形式，询问大臣的反应，使得大臣在猝不及防间难以欺骗宣宗。不管后世学者如何评判宣宗的政治表现，宣宗在位时期的唐王朝，国力确实是蒸蒸日上，无论是地方的藩镇动乱还是流民起义，都并没给唐王朝造成伤害，后世将其比作小太宗，可谓实至名归。

第六章

纷纭的传说

一、屡次改易的实录

　　牛李党争作为唐后期影响最为深远的事件，它对当时唐王朝的政治、经济、文化等方面的影响无疑是极为深远的，体现到文字上，便是从实录到传奇再到笔记小说，背后都有政敌意图通过掌握文字书写权，攻讦与抹黑对手。两党围绕着实录展开了多次的文本改定活动，诸多党争隐喻也留存到了当时的传奇、笔记小说之中。因此有必要对当时的史料修撰以及小说书写做一简要的介绍，以便读者更为准确地了解当时党争双方激烈的舆论攻防战。

实录作为专门记载先任皇帝统治时期事迹的文字，是对一朝皇帝政事的总结，具有弘扬帝德，为日后君主治政借鉴的作用，于是修撰实录常常作为次任皇帝较为重要的政治活动，围绕着实录修撰的斗争在牛李党争时期较为明显，其中以宪、穆、敬、文四朝实录最为典型，以下依次叙述。

首先为《宪宗实录》。《宪宗实录》先后经过三次编修，最初修撰是在穆宗的长庆二年（822），领衔的宰相为杜元颖，编修的大臣分别为翰林侍讲学士路随，中书舍人韦处厚，史官沈传师、郑瀚、宇文籍等人，由他们按照年月排序，分次编撰，不过朝局变动，史官或改任他职，或外放地方，所以此次修撰并未完成，等到再次接修时，已经是牛李党人斗争激烈的文宗大和年间了。大和四年（830），路随上呈《宪宗实录》40卷，目录1卷，朝廷对此进行了嘉奖，赐路随、苏景胤、陈夷行、李汉、蒋系等人为数不等的金银器、锦缎。不过此次修撰虽然昭示着《宪宗实录》的初步完工，但在《旧唐书·路随传》中却记载了他在大和七年（833）上史官所修宪宗、穆宗《实录》的事迹，这极有可能表明大和四年（830）路随只是完成了《宪宗实录》的初步工作，上奏朝廷后依旧在不停地刊削，直至大和七年（833），他将刊削完毕的《宪宗实录》与新修成的《穆宗实录》一并上交给了朝廷。而他完书后依旧不断删改四年的原因，当来自文宗的政治施压，《旧唐书·路随传》中记载了他多次劝告文宗修史不得虚载人君得失，之后便进言对于诏书中提及的"禁中事"的刊改，故可推测当时文宗希望掩盖一些宪宗时期的"禁中事"，联系到文宗上台依靠的是宦官，那么极有可能路随不断删改的部分，涉及了宪宗时期的宦官问题。由于史料残缺，对此问题注定难以寻到答案，但路随历经十余年不断刊削的《宪宗实录》，应当是体例完备、条理清晰的本子，这也是他在上表中无不自豪地表示在修撰时"博访遗逸""精加研核"的原因。而此本却在会昌元年（841）被批判为"未备"，并被武宗下令重修，这背后原因不可不察，重修的《宪宗实录》领修的宰相为李绅，史官为郑亚，在他们经过三年的努力后，终于在会昌三年（843）成书，并将新本与旧本一道上进朝廷。

经过以上叙述，我们便可明显看到旧本乃是路随持续十余年刊削的成果，理当不应有所谓的"不甚完备"的可能，因此武宗下令的缘由便只是一个借口，其根源则在于当时日益冲突的牛李党争。最初穆宗长庆年间领修的史官共7人，除宰臣杜元颖仅负责署名外，实际负责撰写的史官韦处厚、路随、沈传师与李德裕交好，特别是最终定本的路随，在大和九年他曾因为营救落难的李德裕遭到罢相出镇的惩罚，因此在长庆二年时期初次修撰《宪宗实录》时，其内容应当不可能有意诽谤李吉甫。到了大和四年情况则起了变化，当时领修的史官，除路随外，全部遭到了更换，这批新人中除了陈夷行外，大部分为李德裕的政敌牛党，如杨虞卿把持科场、恶名远扬；李汉诬告李德裕结交漳王图谋不轨；蒋系与李汉为亲家，被李德裕贬为桂管都防御使。凡此种种，皆可见大和年间的《宪宗实录》修撰者，其多数史官为牛党中人，与李德裕交恶，势必会在实录中攻讦李德裕之父李吉甫，这也成为李德裕在会昌年间要求重修的原因。会昌年间重修的主持者为李绅，他是李德裕的支持者，穆宗年间被招为翰林学士，与李德裕、元稹等人情意相善，时人称其为"三俊"，会昌元年李德裕执政，李党卷土重来，立马招李绅自淮南节度使入相，两人亲密程度可见一斑。而史官郑亚是李德裕在浙西任节度使的幕僚，是李德裕一手提拔起来的人，由此可见，武宗年间所谓的重修《宪宗实录》不过是李党卷土重来后，对牛党在史书编撰上的一次反击。不过随着武宗的去世，李德裕及其党徒全部被贬谪，牛党重新执政，新本实录遭到了废弃，路随等人领修的旧本重居正位，这场你方唱罢我方唱的大戏才落下帷幕。

然后为《穆宗实录》。《穆宗实录》于大和七年（833）由路随上呈，参与编撰的史官有苏景胤、王彦威、杨汉公、苏涤、裴休，除了王彦威、裴休未有明确派系色彩外，其余人等皆为牛党。如苏景胤是李逢吉的亲信，被人称为"八关十六子"；杨汉公是杨虞卿的弟弟，在登科及第后便被李绛招辟到幕府中担任幕僚，是铁杆的牛党；苏涤是苏冕的儿子，苏氏为儒学世家，与崇尚科举的牛党关系密切，在大和九年一同与杨虞卿被贬官下狱，经过李宗闵的极力解救才得以外放明州担任刺史。在牛党把持的情况下，《穆宗实录》的修撰自然朝着贬低李党的方向发展，如对李逢吉结交大宦官王守澄，李绅对其非常不屑，经常想要借内廷的力量压制他。对此《穆宗实录》与《资治通鉴》给出了截然不同的记载，《资治通鉴》的记载出自于《敬宗实录》，突出了李逢吉结交宦官权倾朝野，李绅是仗义执言、不避权贵的形象，但《穆宗实录》则将李绅塑造为性格阴险、嫉妒名士、培植党羽的小人形象，从而对李逢吉大加肯定。

　　又比如长庆元年的科场案是牛李党争最为集中的爆发点，礼部侍郎钱徽为主考官，右补阙杨汝士为考官，一同主持当年科考。宰相段文昌和翰林学士李绅拜托钱徽录取两个关系户。然而钱徽并未同意，将两人推荐的关系户全部落第，反而让李宗闵的女婿苏巢、杨汝士的弟弟杨殷士及宰相裴度之子裴譔等人中第，这引发了段文昌等人的强烈不满，找到穆宗诉苦，指责钱徽科举不公，李德裕、元稹等人趁机拱火，穆宗下令复核科举，结果原本 14 人中的 11 人被淘汰，仅有孔温业、赵存约、窦旬直三人勉强及第，为了照顾裴度的面子，特赐裴譔及第，郑朗等十人落第。面对此种情形，穆宗下令将钱徽贬为江州刺史、中书舍人李宗闵贬为剑州刺史、右补阙杨汝士被贬为开江令。《旧唐书·钱徽传》与《册府元龟》记载几乎一样，但二者的叙事风格却有差异，《册府元龟》所引《穆宗实录》详细记录了段文昌、李绅等人请托钱徽的过程，对李绅加以好恶颇乖的评价，而对李宗闵等人却只是说二人的女婿、弟弟中第，对二人是否请托过钱徽只字不提，读罢的感觉便是李宗闵只是受到牵连的无辜之人，而李绅却是钻营结党的小人。由此可见，在牛党掌握下的《穆宗实录》，对李党进行了全方位的攻讦，并在史书中将他们塑造成浮华阴险的小人，到了五代时，史官们在面对当时颇为广博的史料时，还原了当时的情况，故可观之，五代史臣修撰《旧唐书》时抱着十分审慎的态度进行了取舍。

接着为《敬宗实录》。有关于《敬宗实录》的成书时间，《新唐书·艺文志》没有记载，只是说它共有 10 卷，由陈商、郑亚等人撰写、李让夷监修。《册府元龟》《唐会要》也没有任何记录，晁公武的《郡斋读书志》也只是粗略地说其成书时间为武宗会昌年间。不过李让夷担任宰相是在会昌二年（842），同年是李绅在监修国史，史官郑亚在会昌三年（843）时忙于改撰《宪宗实录》，那么《敬宗实录》最早也要到会昌三年（843）时开始编修，而随着李绅罢相，李让夷接手继续监修，书成上奏则到了会昌五年（845）前后。有关李让夷，史书说他为李德裕所赏识，属于李党；有关郑亚此人，前文已有引述，他是李德裕的心腹，兹不赘述；陈商的派系色彩则较淡，他是唐初宰相陈叔达的兄长陈叔彪的曾孙，为人低调，先后担任过礼部侍郎、秘书监等职，会昌六年（846）的时候出任陕虢观察使。不过总体而言，《敬宗实录》的修撰者以李党为主，因此在内容上呈现出贬低牛党的现象。

如《旧唐书·李逢吉传》便采自《敬宗实录》，在文本上对李逢吉多加挞伐，如指责李逢吉在穆宗年间通过李训勾结大宦官王守澄。但在《李训传》中却记载为文宗年间，二者相互抵牾。实际上，李训本就是李逢吉的同族子孙，在德宗元和年间就有密切交往，在穆宗年间就被列入到了所谓的"八关十六子"，因此不可能存在所谓的李训在穆宗、文宗年间结识李逢吉。究其原因便在于李训参与了"甘露之变"被杀，李党意图将李逢吉与李训的勾结虚构到甘露之变前后，以此加重李逢吉的罪过。又比如对刘栖楚的描述，刘栖楚是李逢吉的亲信，为人正直果敢，在担任左拾遗期间多次向敬宗直言极谏。如敬宗偏好睡懒觉，不喜欢上朝听政，常常使得一些年老体弱大臣在等候皇帝上朝期间因为体力不支而晕倒，作为谏官刘栖楚进谏道，陛下年纪轻轻，处于精力旺盛的时候，本应把年华用来治理国家，如今却整日吃喝玩乐不理朝政，重用宦官，这让敬宗颜面无光。为了避免落得杀谏臣的罪名，敬宗将其改任为中书舍人。如此不惧生死、敢于进谏的臣子，却在《通鉴考异》所引《敬宗实录》中却被塑造为了奸臣。《旧唐书·刘栖楚传》也是以《敬宗实录》为本，在传中刘栖楚被史臣痛斥为了沽名卖直的鹰犬之徒。现今《刘栖楚墓志》

业已出土，从墓志可见刘栖楚实际上是个忠贞之臣。但刘栖楚作为李逢吉的心腹，因其是牛党之人，所以李党在修撰《敬宗实录》时，难以避开他确实直言极谏的事迹，于是将其塑造成为一个卖直求名的狂躁之徒。

最后为《文宗实录》。《新唐书·艺文志》记载《文宗实录》有 40 卷，由魏謩监修，修撰的史官为卢耽、蒋偕、王沨、卢告、牛丛等人。从相关人物史实来看，《文宗实录》监修的宰相魏謩乃是李德裕的死敌，是坚定的牛党。武宗即位，李德裕担任宰相，将魏謩初次贬为汾州刺史，而后再次贬为信州长史。两次被贬使得魏謩与李德裕结下死梁。当李德裕被贬崖州病逝后，其尸骨留在了当地，难以迁回长安，当时的宰相令狐绹多次梦见李德裕的魂魄请求归葬，并将此事告诉了他的儿子令狐滈，令狐滈听到后回复说李德裕与宰相崔铉、魏謩皆为敌人，倘若令狐绹执意将李德裕尸骨归葬长安，势必会引起二人不满，由此可见，魏謩与李德裕结怨之深。史官蒋偕是参与修撰《宪宗实录》蒋系的弟弟，他们的父亲为蒋乂，与李吉甫不和，前引蒋系为李德裕所恶之事则证明了蒋氏父子兄弟皆为牛党，自不必言。卢耽、王沨、卢告、牛丛等人的事迹均不显，不过总体而言，《文宗实录》的修撰者多为牛党，而非李党。现今有关《文宗实录》留存的确切记载不多，大体明确的为《册府元龟》中记载的王践言作为西川监军，西川节度使李德裕加征当地赋税 30 万缗，为其钱行之事。在王践言回朝担任枢密使，次年李德裕也回到中央，然后牛党头目尽贬地方，如此才有了李德裕第一次拜相。这中间没有王践言的运作几乎是不可能的。但李德裕加征当地赋税 30 万缗为其钱行之事，在《旧唐书》以及其他史书中并无相关记载，只有王践言出镇西川监军与归朝，这表明牛党在《文宗实录》撰写时有意发挥。文宗以后，唐朝实录修撰中断，也使得唐末的诸多事迹难以考实。

总之，通过我们以上对唐后期宪宗、穆宗、敬宗、文宗四朝实录的梳理，便可明显发现牛李党争深刻地影响了这一时期的实录修撰。唐代以宰相监修国史，负责史馆的日常运作与职员选配，每更换一次宰相就意味着史馆人员的更换，新任的宰相将史馆修撰的职责牢牢掌握，取得历史书写的权力，如元和八年（813）李吉甫人相立马撤掉了裴垍史馆之职，由此便可明白实录的修撰成为政治斗争的工具，宪宗、穆宗、敬宗、文宗四朝实录如此，李德裕为了使得父亲李吉甫获得好名声，不惜将《宪宗实录》废止重修，而牛党上台后又将李德裕重修的《宪宗实录》废止，恢复了旧本的地位。牛党主持修撰的《穆宗实录》将李党的李绅贬斥为小人，李党主持修撰的《敬宗实录》将牛党的刘栖楚塑造为卖直求名之徒，牛党主持修撰的《文宗实录》又捏造李德裕贿赂王践言的事迹等，均是党派在掌控了史书编撰权力之后，对政敌的集体性抹黑案例，而后在宋代，《神宗实录》亦是主持变法的新党与遵循祖宗之法的旧党之间爆发激烈冲突的案例，凡此种种皆可表明党派对历史书写话语权的角逐，谁掌握了历史书写的权力，谁就能为本派系在日后塑造合法性上赢得先机。

二、"李娃"与"霍小玉"

为了攻讦政敌，通过编写传奇小说，以隐晦的方式控诉政敌也成为一种手段，如白行简撰写的《李娃传》，是唐人传奇中描写爱情悲欢离合较为成功的作品。

故事梗概为：在天宝年间的时候，有一个叫荥阳公的人，他的名气很大，家中也十分富有。他在50岁的时候突然生了一个儿子，取名荥阳生，他很宠爱这个孩子，从小就给了他很优厚的待遇。这个孩子到了 20 岁的时候，长得越发漂亮，也能说会道，才华四溢，当地很多人都对他很钦佩。荥阳公很爱他的儿子，经常跟别人夸奖说我儿子就是我们家的千里马，未来就靠他振兴家族。这个年轻人来长安参加科举考试，有一天在妓院里面玩乐的时候，喜欢上了一个妓女，这名妓女叫李娃，两个人如胶似漆地黏在一起。结果荥阳生很快就花光了钱财，被赶出了妓院。为了谋一个生机，荥阳生就跑去丧葬的铺子里面唱挽歌，极有名气。

　　一天，荥阳生像往常一样为死者唱挽歌时，他的父亲也来到了长安，发现自己的儿子从事这种低贱的职业，一气之下将之打个半死，扔在街上。荥阳生好不容易捡回了一条命，挽歌郎也做不下去了，就此成了一个流浪汉。在大雪纷飞的某一天，荥阳生乞讨到了李娃的门口，李娃看着以前的情人感到十分痛心，就把他接过来细心地照顾，同时也拿出了自己所有的钱财，为自己赎身，并和荥阳生生活在了一起。荥阳生在李娃的调理照顾下，身体逐渐好转，又重新准备科举考试，最后以第一名的成绩通过了科举，随即被派到四川成都去做官。荥阳生准备去上任的时候，李娃却向他提出了告别，称自己完成了使命，报答了之前的情分。现在郎君前途远大，我却只是一个低贱妓女出身，并不般配，不如就此分开。荥阳生苦苦哀求李娃别走，并带她一起回四川去见自己的父亲。此时荥阳生的父亲已经成为成都的地方长官，也被李娃二人的爱情所感动，于是允许他们成婚。李娃嫁给荥阳生之后，孝顺公婆，相夫教子，使得荥阳生家中也就此兴旺发达起来。

通观全篇故事，用心体会不难发现：一个荥阳的高门大族之子，居然会与娼妓结婚，而且是以"六礼"明媒正娶地娶进家门，这无疑是匪夷所思的。从全文藏头露尾的描述可知，作者再三强调荥阳的高门大族，无疑是指向荥阳郑氏。自从北魏孝文帝改革模仿南朝定品阶以来，北朝逐渐出现了以博陵崔氏、清河崔氏、范阳卢氏、赵郡李氏、陇西李氏、荥阳郑氏、太原王氏的高门大族，他们被称为五姓七家。这五姓到了唐初虽然失去了世代高官显宦的特权，但依旧保持着很高的社会地位，普通人以与他们通婚为荣，还得送上丰厚的聘礼。唐太宗曾经因房玄龄、魏徵等人与他们联姻，而不与自家结婚而生气，认为五姓七家世代衰微，并无高官出仕，且还自称为士族，并很不理解为何人们以与他们联姻为荣。在重修《氏族志》时，当时官员仍将五姓列为第一等，以山东士族崔民干为第一，唐太宗看后很不满，命高士廉等重新勘定，并指出此次重修勘定，以今日官爵高低为基础，在此指示下，重修的《氏族志》凡二百九十三姓，千六百五十一家，以李唐皇族为首，外戚次之，崔民干被降为第三等。但皇帝的意志却难以改变百姓的习惯，时人还是以五姓七家为第一等门第。到了高宗时期，为了进一步打击他们，下令北魏的陇西李宝，太原王琼，荥阳郑温，范阳卢子迁、卢浑、卢辅，清河崔宗伯、崔元孙、前燕的博陵崔懿，晋朝赵郡李楷，这七姓十家的子孙都不能互相通婚。但这些家族的后代反而以此为荣耀，自称"禁婚家"，而且依旧互相嫁娶不绝，皇帝也拿他们没有办法。

李娃只是平康里中的妓女，据李娃所说，她是自幼卖给鸨母的，故李娃并不姓李，这个李只是冒名老鸨的姓。李娃住在南曲，在长安中的地段较为昂贵，并且到了故事的最后，李娃还能用手里面的钱为自己赎身，这表明李娃手头较为富裕。当李娃赎身后，荥阳生已经科举中第，外放为官，她又为何不嫁与他，随他一同去成都了呢？实际上此时尚有两种障碍，其一是荥阳郑氏乃为高门望族，他娶妻必求门当户对，绝不可以娶一个随鸨母姓的女子，这是《氏族志》所明令的规定。其二是唐代娼妓等同于奴婢，属于贱民，在《唐律疏议》中有几条说明：对于奴婢与贱民，都按照畜产的法律来算，其中奴婢的权利跟良人不同，倘若奴婢娶了良人为妻，那么就要遭到一年半的徒刑，并且让其离婚。在《唐六典》也讲到只要是官户与奴婢，男女已经长大，那么婚配都要在本阶层里面选配。这表明，哪怕李娃已经将自己赎身了，依旧不能与荥阳生通婚，否则就违背了社会良俗，违背了法律。实际上，细细品味，不难看出白行简并非是在赞美荥阳郑生与李娃冲破世俗伦理的勇气，而是在讽刺世家高门大族道德的沦丧。

有关《李娃传》创作背景，学界大体认为与白氏家族有关。创作者白行简是大诗人白居易的亲弟弟，中古白氏在唐后期势力较大，宰相白敏中即来自此家族，不过白氏作为汉化的胡族，却颇受当时大族的鄙夷，当时与白敏中一起当宰相的人，在上班时，都不愿意和他一起办公，原因就是他是一个胡人，而白敏中也从没有反驳这种说法，反倒大方承认其胡族的身份。《北梦琐言》记载：白敏中与曹确、罗劭权共同执掌宰相之权，当时有个叫崔慎猷的人就曾在家里叹息说"可以回家了，现在中书省里都是番人"。甚至当时有人写诗讽喻白氏为"十姓胡中第六胡，也曾金阙掌洪炉"。来自高门士族的鄙夷，无疑让白行简感到不平。此时还发生了一件事使得白氏家族遭到了高门贵族的讥讽，那便是白居易的母亲坠井而死。某日白居易的母亲陈氏受好友邀请，到对方花园中赏花，误踩一口废井，加上她年过花甲，连摔带吓，一命呜呼。这本是一件小事，可是当宰相武元衡遇刺身亡，满朝文武慑于指使者淄青节度使李师道的势力，不敢言语时，白居易愤然上书，要求朝廷严查凶手，要求为忠心耿耿的武元衡报仇。这为他自己惹来大麻烦，一时之间，朝廷上那些与白居易有过节的大臣，立即上书皇帝，批评白居易是东宫太子的书吏，不当先于谏官言事，同时翻出白居易母亲坠井而死的往事，指责他是个不孝子，说他母亲在赏花时不慎跌落井中而死，他还行若无事地写轻松愉悦的《赏花》诗、《新井》诗，全无心肝，"甚伤名教"。于是白居易被贬为江州司马，高门大族也以"浮华无行"痛斥白氏家族。为了反击来自高门贵族的指责，弟弟白行简特意创作《李娃传》讽刺高门贵族也是同娼妓联姻的堕落之家。

　　当然有关《李娃传》的创作背景，学界还广泛流行另外一种观点，如陈寅恪先生认为作者白行简乃是白敏中假托兄弟之名为了攻击政敌郑亚，其背后隐藏的便是牛党对李党的污蔑。郑亚是李德裕赏识的大臣，在武宗朝李德裕得势，将郑亚与白敏中一起提拔到京城任职。可是随着宣宗上台，李德裕遭到了打压，白敏中反水到了牛党，一起陷害李德裕，并得到宣宗的赏识，升为四宰相之首，并动员当时牛党的令狐绹一起压制郑亚的儿子郑畋，使得郑畋虽然进士及第后，又中制举，担任了京畿渭南县的县尉，本应为升官的快车道，但是却一直到懿宗即位，令狐绹罢相后才升迁上去。郑畋本身就是一个才学兼备之人，虽然白敏中与令狐绹极力压制，但是却无法阻止郑畋的改官，且白敏中后人中几乎无良才可供后继，由于担心郑畋日后报复，白敏中借助《李娃传》诬陷郑亚娶娼妓为妻，让郑畋背负上娼妓之子的坏名声。当然限于史料的困囿，凡此种种皆为推测，不管哪种成立，通过对《李娃传》的解读，都可明显发现唐代传奇背后，创作者意图攻讦对手的目的。

《霍小玉传》亦如此，其故事梗概为：大历年间，陇西有个叫李益的书生，20岁，考中了进士。到第二年，参加拔萃科考试，等着由吏部来主持复试。六月盛夏，到达长安，住宿在新昌里。李益门第清高华贵，年轻时就有才气，前辈尊长全都对他推崇佩服。他常自夸耀其风流才情，希望得到佳偶，于是四处寻求名妓，很久未能如愿。长安有个媒婆叫鲍十一娘，是从前薛驸马家的婢女，赎身嫁人已有十多年了，其信息来源广泛，对富豪之家、皇亲国戚的住处，没有一处不曾去打听消息，人们有什么事都去询问她，而她常受李益的委托与丰厚的礼品，因此也特别为李益留心美人。几个月后，李益正闲住在房舍的南亭，忽然听到急促的敲门声，发现是鲍十一娘到了。李益撩起衣服跟着跑出来，迎上去问道："鲍妈妈今天为什么忽然来了？"鲍十一娘笑着说："做了好梦没有？有个仙人，被放逐在人间，不追求财物，只爱慕风流人物。像这样的角色，和您正好匹配啊。"李益听说后惊喜踊跃，神采飞扬，于是问她的姓名和住处。鲍十一娘详细说了霍小玉的母亲净持是霍王的宠婢，而霍小玉则是霍王的庶出之女。霍王去世后，家里的其他兄弟皆嫌弃她们的出身，所以和她们分了家，霍小玉便沦为歌妓。经媒人撮合，一对金童玉女走到了一起。但霍小玉认为自己出身于倡家，身份不清白，配不上李益。李益写下帛书发誓，立下与小玉偕老的誓言，两人陷入热恋之中。两年后，李益被授予郑县主簿之职，将回家省亲。小玉自怜身世，向李益提出两人保持关系，以八年为期，八年之后李益便另择高门。李益对小玉许下诺言，说自己四个月后就来迎娶她。李益回到家，发现母亲早已为他定亲，只好遵从母命成婚。李益逾期不归，小玉思念成疾。后来，李益回到长安，对小玉一直避而不见。小玉伤心成疾，李益的所作所为引起众人的不满。一位黄衫豪客为小玉的痴情所感动，挟持李益来到小玉家。但不幸的是，这时的小玉已病入膏肓，她见到李益强自起身，痛斥李益，并发誓死后也要报仇，竟饮恨而终。小玉死后，她的冤魂化为厉鬼，使李益夫妻不得安宁。

相比于《李娃传》的主角荥阳生，《霍小玉传》的主角李益在两《唐书》中确有其人，这便是真实存在的太子庶子李益，他是肃宗朝宰相李揆之族子，擅长诗词歌赋，这与《霍小玉传》中对主角李益"门族清华，少有才思，丽词嘉句，时谓无双"刚好对应，实际存在的李益史书称他年少时精神就有些问题，对人多有猜忌，尤其是防范妻妾，都到了严苛的地步，被时人称为"李益疾"，而《霍小玉传》中的"李益"也是"生自此心怀疑恶，猜忌万端，夫妻之间，无聊生矣"，由此可见二者具有相当高的吻合度。我们联系到《霍小玉传》的作者蒋防，他是由元稹、李绅举荐为谏官，特别是李绅与他的关系尤为密切，曾以《鞯上鹰》为题，命蒋防吟诗，蒋防稍一思索便口诵七言绝句一首，其中"几欲高飞天上去，何人为解绿丝绦"两句令李绅击节赞赏。在长庆二年（822），蒋防在牛李党争中坚定地站在牛僧孺的对立面，于是在李逢吉担任宰相后，牛党大获全胜并在朝政上全面排挤李党，蒋防自然不能幸免，被调出京师任汀州刺史，后又改任连州刺史，郁郁不得志，在44岁的时候便过早地离开了人世。现实中的"李益"属于牛党中人，恰好与蒋防处于对立面，因此蒋防在《霍小玉传》中采用虚虚实实的手法，将现实中的李益拉入到传奇文学中，从而给他塑造了一个薄情寡义的负心人形象。实际上现今李益本人及其家族的墓志已经出土，其中突出描述了李益的文学才能，称其以诗歌见长于德宗、宪宗朝。也正是由于李益本人就极富才情，才能引得蒋防将他编排进《霍小玉传》。从蒋防对李益始乱终弃以及被霍小玉化为厉鬼诅咒的结局来看，可知蒋防在现实中对李益深恶痛绝。而蒋防敢毫不避讳地将其写入传奇小说中，也表明蒋氏本人的有恃无恐，从侧面也印证了牛李党争已经激烈到势如水火的地步，以至于党争双方不惜编排谣言以相互诋毁。

总之，纵观《李娃传》与《霍小玉传》，便可明显发现虽然两个男主角都是高门子弟，且以科举为业，以中第为荣，但却与娼妓来往密切，唐代士子可以公然狎妓、宿娼，而不以为耻，士子亦能与娼妓发生爱情关系，然多是始乱终弃，不得相好以终，更遑论迎娶入门，世袭子弟更是严于礼法门风，以娶五姓女为荣，又自当时法律观之，士族尚不允许娶部曲女。李益与霍小玉根本不可能有太美好的结局，而荥阳生与李娃之大团圆结局也只是文学的创作。

三、"小说"的政治攻防战

中晚唐时期，随着牛李党争的越发火热，除了借助修撰传奇外，党争还蔓延到了笔记小说类，事实上通过小说攻讦政治对手的情况屡见不鲜，如李逢吉就曾撰写《曹马传》以诽谤裴度，而托名为刘轲撰写的《牛羊日历》、托名为皇甫松的《续牛羊日历》、托名为牛僧孺撰写的《周秦行纪》以及李德裕的《周秦行纪论》亦如此，这四者联系密切，彼此声援，不可分割，使得中晚唐朋党攻讦每借小说达到新的高潮，故本小节即以此为题展开叙述。

首先是《牛羊日历》与《续牛羊日历》。所谓的"牛羊"，其

"牛"指牛僧孺，"羊"指杨虞卿、杨汉公，主要记述牛杨朋党事，已佚。有关《牛羊日历》的基本信息，可见于《新唐书·艺文志》"小说类"的著录："刘轲《牛羊日历》一卷"，注云："牛僧孺、杨虞卿事，檀栾子皇甫松序。"现存史料中对《牛羊日历》的作者刘轲的生平事迹描述甚少，其生卒年不详，大体可知他字希仁，沛县（今江苏沛县）人，曾经一度为僧，释名溢纳，在天宝末年举家徙往广东韶关，而到了元和初年时隐居在庐山耕读，到了元和十三年时参加科举并进士及第，到了大和、开成年间时为膳部员外郎、史馆修撰兼宏文馆学士等职，而后又被外放到担任磁州刺史。除了《牛羊日历》外，他还著有《三传指要》《汉书右史》《翼孟》等书，现存《全唐文》中有他的 14 篇遗文。《续牛羊日历》的作者皇甫松亦生平不详，仅知道他是古文学家皇甫湜的儿子，牛僧孺的表甥，未有步入仕途的记载。囿于史料缺少，对于刘轲、皇甫松撰写《牛羊日历》《续牛羊日历》的前因后果难以知晓，不过《牛羊日历》之"牛"指的是牛僧孺，"羊"指的是杨虞卿、杨汉公兄弟，以此为名，有人假托他们的名字去攻击牛党的意图昭然若揭。

现今《牛羊日历》《续牛羊日历》两书皆已亡佚，仅留存有五则遗文，其中三条源自北宋晁载之编的《续谈助》，另外两条则源自《资治通鉴考异》的引文。

这五则引文中，第一则主要是记录了杨虞卿、杨汉公二十余年阻挠宰政，干预有司，党同伐异的事迹；第二则记录了李宗闵结交牛僧孺，依靠宦官杨承和，又引三杨皆为朋党把持朝政，祸乱朝纲的事；第三则主要记录了杨虞卿、杨汉公二人为牛僧孺骗走李愿最宠爱的小妾真珠一事，从而突出了三杨诣媚牛僧孺的形象；第四则记录了穆宗病重时，宰臣商量拥立敬宗为皇太子，而牛僧孺怀有他计，意图拥立他子，并与杨虞卿等人煽乱朝纲，嫁祸给宦官梁守谦、王守澄之事；第五则《续牛羊日历》主要控诉了牛僧孺的三条大罪，一是指责他依靠宦官杨承和得到官职上的升迁，二是揭露牛僧孺的母亲放荡无耻，在牛僧孺的父亲死后便改嫁他人，而牛僧孺却为"出母"向朝廷要求追赠，三是指责牛僧孺撰写笔记《周秦行纪》，在书中大胆称呼德宗的母亲为"沈婆"，称呼德宗为"沈婆儿"，是一个目无君长的狂悖之徒。纵观这五则遗文便可明显发现，前三则主要按照月日记录事情，符合史官修撰日历的体例，而后两则主要围绕事件展开叙述，不符合日历的体例，这表明此五则必然不是出自同一人之手，不然应当体例统一。而托名为《牛羊日历》的刘轲作为史馆修撰，并没有直接牵连到牛李党争之中，完全没有必要实名撰写这一份几近谩骂之书，做出如此自毁前程之事，托名为《续牛羊日历》的皇甫松，更是牛僧孺的亲戚，且其父亲皇甫湜与牛僧孺有着惺惺相惜的文学友谊，从此角度而言，皇甫松也不会如此诋毁自己的表舅，甚至向表舅的母亲泼脏水，做这种有失身份的事情。因此我们从《牛羊日历》《续牛羊日历》疯狂攻击牛僧孺的内容来看，多数记载并非属实，因此二书应当是李党假托刘轲这个史馆修撰之名，向牛党发动抨击。

《周秦行纪》亦如此，有关其作者的记载最早见于李德裕《周秦行纪论》以及前述《续牛羊日历》，二者皆署名为牛僧孺所作，而后孙光宪《北梦琐言》、计有功《唐诗纪事》、洪迈《容斋随笔》、吴曾《能改斋漫录》皆延续此种说法，只有北宋初年的张洎在《贾氏谈录》中提出质疑：牛僧孺与李德裕最初较为友善，曾经在一起坐着喝酒时，牛僧孺调戏地说你这个纨绔子弟，为何能坐在这个宴会上？李德裕暗自愤恨，等到上位的时候便把牛僧孺贬谪到了地方上去。世人都在说《周秦行纪》并不是牛僧孺写的，而是李德裕的门生韦瓘写的。在文宗开成年间，曾经有衙门复核

《周秦行纪》这个笔记小说时，文宗看到后笑着说这肯定是假托别人名字的创作，牛僧孺是德宗贞元年间的进士，他怎么敢呼德宗是沈婆儿呢？于是这件事就不了了之。从张泊举出的诸多论证上看，牛僧孺确实不可能呼德宗为沈婆儿，而李德裕故意在《周秦行纪论》署名为牛僧孺，无疑是对牛党的一种抹黑，自后孙光宪、计有功、洪迈、吴曾皆未能明辨，承袭了李德裕的观点。张泊指出《周秦行纪》的作者为韦瓘，其墓志已经出土志文可见，韦瓘出身于京兆韦氏龙门公房。京兆韦氏是唐朝高门贵族之一，也是一个文学世家，韦瓘的祖父韦迢、伯父韦夏卿、父亲韦正卿与兄长韦珩都擅长文学创作，而他们交往的朋友中，也以文人居多，韦迢与杜甫情深义厚，二人多次互赠诗歌，韦夏卿是著名诗人元稹的岳父，他因欣赏元稹的才华，将女儿韦丛嫁给了年方24岁的元稹，自己也是文人小团体"洛中十友"之一，韦珩与韩愈、柳宗元皆有文学往来。韦瓘自己也极具文学修养，曾经有传言说他是当代儒学的宗师，在文学上也是独树一帜，有人定过十个文学友人，其中就有他，他的父亲也夸赞他是自己家的千里马。"少保公当代儒宗，文学独步，尝定十友，推重一时。每举酒赋诗，公常在侧，顾谓硕友曰：'真可为吾家千里驹也。'"可见韦夏卿对韦瑾的器重与期待。墓志称韦瑾的文采超凡，远迈古今之人，有人感叹他的能力是贾谊、司马相如的转世，他喜欢逍遥自在，在文学方面也是独树一帜。虽然志文夸张地突出了韦瑾的才学可与贾谊、司马相如相媲美，但是也佐证了他的文学素养。而有关韦瑾的任官经历，据墓志记载他曾先后在孟简、薛戎和王播等人的幕府中任职，而后转任中央担任左拾遗、右补阙、史馆修撰、仓部员外郎、司勋郎中、中书舍人。在大和三年（829）牛党李宗闵、牛僧孺当权后便被贬为康州长史，到了会昌时李德裕担任宰相，将其召回京城担任御史中丞，不久又随着李德裕的失势出为楚州刺史，再迁桂管观察使，因牛党白敏中、马植专权，于半年后去职，以太仆卿分司东都，因此纵观其任职经历，便可明显地发现他是一个坚定的李党。而在《新唐书》中也曾记载李德裕在任宰相时，很少结交士人，唯有韦瑾往请无间也。李宗闵恶之，德裕罢，贬为明州长史。作为李党的韦瑾，以《周秦行纪》而假托牛僧孺之名而作，用以陷害牛僧孺，是可以说得通的。

现今可见的《周秦行纪》，最早出现在李德裕的《会昌一品集》别集《穷愁志》卷4《周秦行纪论》所收的附录中，晚唐陈翰也曾将其编入自己的小说选集《异闻集》中，另外现今出土的敦煌文献中亦有《周秦行纪》的写本，只不过仅仅是后半残卷，篇幅大体占全文的三分之二。《周秦行纪》全文以牛僧孺的口吻自述，讲述了他在德宗贞元年间举进士落第，在经过洛阳准备回到宛、叶城，路过鸣皋山时，由于夜色昏暗而迷路，突然被异香吸引，辗转之下闯到了汉文帝的母亲薄太后庙中。薄后的亡灵先后召来了包括戚夫人、王昭君、潘妃、杨贵妃在内一系列前代当朝君王貌美如花的妃子宫人，同他一起宴乐赋诗。在宴席期间，薄太后询问当今皇帝是哪位，牛僧孺回答道是德宗。因为德宗是代宗沈后所生，因此杨贵妃戏谑地称呼德宗为"沈婆儿"。在醉酒之后，薄太后下令让王昭君陪同牛僧孺寝宿。等到第二天的凌晨，牛僧孺准备辞去，回望庙宇，只看见此处荒毁不堪，不可进入，不复如昨夜。

文中所谓的"宛、叶""宛下"，作者并未明言实指何处，不过南阳在古代被称作"宛"，李白曾经说过"邀游盛宛洛，冠盖随风还"，南阳在唐朝时期是一个极为繁盛的城市，也是邓州的治所，从南阳赶赴长安期间必须经过的城市为洛阳，那么文中的"叶"便指的是河南道汝州下辖的叶县，故事的发生地便在洛阳到长安途中，这也是小说题为"周秦行记"，而不是"秦周"的主要原因。全篇以虚构故事描写艳遇，这在唐人小说中并不罕见，只不过文章却涉及了当朝妃子，这无疑是极为敏感的选题，所以与众不同。如前所述，这个托名为牛僧孺的作品，很显然并非是曾经担任过朝廷大臣的牛僧孺所作，试想一下牛僧孺怎么会在小说中以第一人称去诋毁当今的皇上与母后，描写自己与一众后妃艳遇的故事，当《周秦行纪》出现后，当时的皇帝文宗并没有给牛僧孺惩罚，这表明皇帝也知道这个作品并非牛僧孺所作。

《周秦行纪论》是李德裕在读过《周秦行纪》后创作的一篇散文，李德裕在创作此篇散文时，已经在牛李党争中失败，被贬崖州，他自称自己此时的处境已困窘至极，自己的平生旧知己无人复来吊问。自己孤身一人，无人拯恤，资储荡尽，家事一空终日苦饥。他在妻子的墓志铭《唐茅山燕洞宫大洞炼师彭城刘氏墓志铭并序》中写道：岭南瘴气多发，毒蛇横行，妻子便是死在绝域之中。可知他的妻子在同他被贬崖州的路上去世。此时处于人生末路的李德裕已经是困兽犹斗了，于是才写下《周秦行纪论》，一方面点出牛僧孺在风流韵事背后隐藏的"不臣"之心，这便是所谓的"为人臣阴怀逆节，不独人得诛之，鬼得诛之矣"。另一方面也表明自己对李唐皇室的忠心耿耿，即所谓的"余致君之道，分隔于明时，嫉恶之心，敢辜于早岁，因援毫而摅宿愤，亦书《行纪》之迹于后"。这是李德裕在被贬绝地，走投无路对牛党余孽的奋力一击，晚唐五代以来，世人对此洞若观火，李德裕在论记中反复罗织牛僧孺的不臣之迹，其政治诬陷又发展到指控牛僧孺意图篡国，这便是文中所谓的余尝闻太牢氏好奇怪其身，险易其行，以其姓应国家受命之谶曰："首尾三鳞六十年，两角犊子恣狂颠，龙蛇相斗血成川。"太牢即是牛，它是中国古代皇帝祭祀中最高级别的牺牲，李德裕反复在文中指出牛僧孺意图借助谶纬之学，认定自己拥有革唐代命的能力，于是长期以来纠集朋党，积蓄力量，以达到"纵司马取魏之渐，用田常有齐之由"的效果。实际上，中古时期的谶纬之学极为丰富，时人可以有各种姓氏当国的传说，最典型的莫过于刘氏的"卯金刀"，又比如武则天篡国前，太宗年间歌云"女主武王代有天下"，再比如高宗时期的韦后"顺天皇后未受命，天下歌《桑条韦》，盖天意以为顺天皇后宜为国母"。武后时期的宰相裴炎就被人歌为："一片火两片火，绯衣小儿当殿坐。"预言某个姓氏更革天命，改立王朝已经成为谶纬大合集，只要某一姓氏革命成功便被拿出来，强行赋予其天命早有所归的谶纬。牛氏当国之谶，实际上早已有之，而非起自牛僧孺，玄宗开元后期的宰相牛仙客便被时人编排了篡国的谣言，这便是文中所谓的"余读国史，见开元中御史汝南子谅弹奏牛仙客，以其姓符图谶"。但李德裕笔锋一转，指出牛仙客"虽似是而未合'三鳞六十'之数"，否定对牛仙客的指控，进而将批评矛头集中到了牛僧孺身上，而此时牛僧孺已经60多岁了，是一个行将就木的老人，注定无意去改朝换代。李德裕编撰此谶纬的目的在于指向牛僧孺的子孙，在文中他举出了司马氏取代曹魏，田氏代齐的例子，无疑暗示牛僧孺虽然现在已经垂垂老矣，无力篡位，但是他的子孙可以日拱一卒，达到最终取代唐朝的目的，从这个角度而言，李德裕《周秦行纪论》的立意不可谓不毒辣，想要将牛僧孺全族一网打尽。

通过我们以上笔记小说的个案研究，便发现无论是伪托刘轲的《牛羊日历》、伪托牛僧孺的《周秦行纪》、托名为皇甫松的《续牛羊日历》还是李德裕的《周秦行纪论》，它们都是李党制造出来用于攻击牛党的文学作品。这批作品前后气息相连、文风相近、彼此呼应，这样就制作出虚虚实实、真假参半的文风，更容易使得读者相信其内容的真实性，并且也能在舆论场上形成互相声援的局面，以此加强了对牛党的打击力度。而我们对唐后期的宪宗、穆宗、敬宗、文宗四朝实录的梳理，也能发现牛李党争深刻地影响了这一时期的实录修撰。每一次的政治斗争，都使得史馆组成人员得到了更换，新上台的史臣取得了历史书写的权力，而谁掌握了历史书写的权力，谁就能为本派系在日后塑造合法性上赢得先机，因此无论是李德裕为了给自己父亲李吉甫博取好名声而重修《宪宗实录》，还是李党为了打击牛党，在《敬宗实录》中将刘栖楚塑造成卖弄名声的小人，抑或是牛党主修的《文宗实录》捏造李德裕行贿的事迹，都是牛李党争之下，各个党派为了争夺话语权的表现。牛李党争表现在传奇小说上，便是以《李娃传》与《霍小玉传》的两个男主角都是高门子弟，且以科举为业，以中第为荣，但却与娼妓来往密切，表明作者属于牛党，对进士的"浮华放荡"所不齿，因此在写作时都刻意突出对于进士的鄙夷，这一点也是牛李党争最为鲜明的对比。

　　总之，以上通过对实录、传奇、笔记小说等文本的分析，我们便可明显地发现牛李党争深刻地影响了这一时期的文化发展，他们在文字之间互相搏斗，抢夺历史的书写权，党争发展到不择手段的地步，诚如陈寅恪先生所言："二党真可畏哉！"

尾 声

　　行笔至此，本书内容已经进入尾声。一段长达数十年的中晚唐党争史也已展现在读者面前。这段历史中，我们难以见到"九天阊阖开宫殿，万国衣冠拜冕旒"的宏大盛况，也难见到"稻米流脂粟米白，公私仓廪俱丰实"百姓安乐之图景。给人留下深刻印象的只不过是宦官们不断弑君废立的宫廷阴谋、百官们"你方唱罢我登场"的党争旋转门，以及与中央若即若离时叛时降的地方藩镇。大唐正是在这样一种纷乱的诸方角力中维系住了脆弱的平衡，使得天下大多数百姓还能勉强度日，享受大体和平的时光。这或许便是这段历史的最大意义。

我们再次回望梳理这段历史，政治斗争自然是其中的主旋律。其中又可以具体分为以下几个阶段：

1. 元和党争。若以后见之明来看，元和三年（808）的制举案是后来牛党党魁牛僧孺、李宗闵等人的第一次政治亮相，他们对当时的权贵、宦官展开了激烈的攻击，由于原始记录的不断修改，代称的模糊性，我们已经很难确定具体的攻击对象。但李吉甫因此受到拖累，遭受贬谪。故而无论是否出于主动，牛僧孺与李吉甫、李德裕父子在此时结下恩怨纠缠，则是不争的事实。

但当时政坛上的主角还轮不到初出茅庐的牛僧孺，朝中最大的议题也并非限于人事斗争，而是如何扭转自安史之乱以来，越来越跋扈的藩镇。是否要凭借武力进行削藩，则成为主战派李吉甫、裴度等人与怀柔派李绛、裴垍等人辩驳的主题。但两派都对宦官干政，掌握军权充满了疑虑。

随着宪宗对藩镇战争的不断胜利，主战派成了朝堂上的主流。出于平衡考虑，宪宗加大了对宦官势力的扶持力度。在此之余，又提拔了一批财政官僚，在牵制裴度等人的前提下，还能为自己提供充足的财源以供用兵以及挥霍。

可惜宪宗突然被弑杀，使得元和中兴的成果付之东流。朝政开始进入混乱局面。

2.穆敬朝政局。这一时期的党争逐渐开始清晰。以李逢吉为首的党派与李宗闵、牛僧孺的党派组成一个普泛的同盟，而与以裴度、李绅、李德裕为首的党派展开了激烈的斗争。外朝政争还在酝酿期，而内廷宦官间斗争的胜负却始终掌握在梁守谦、王守澄手中。自从宪宗死后，神策左军的吐突承璀派势力遭到清洗，梁守谦等人上台，之后又主导了穆宗、敬宗、文宗三位皇帝的上台，宦官势力达到了顶峰。

3.文宗朝。这一时期牛李两党呈现出胶着状态。文宗对两党人员都予以利用，但又使之互相攻击。与此同时又提拔了李训、郑注，形成一股新的势力，更胜牛李两党，试图倚之对宦官势力发起挑战。但在甘露之变失败后，李训、郑注遭到清算，牛李两党重新得到重用。两党党魁李德裕、李宗闵、牛僧孺虽然远离中央，却通过党羽郑覃、陈夷行和杨嗣复、李珏进行着更为激烈的朝争廷议，互不退让。

4.武宗朝。武宗是中唐较有作为的君主，他重拾了宪宗平定藩镇的决心，任用抱有同样政治理念的李德裕为相，平定泽潞、驱逐回鹘，灭佛教，呈现出一股中兴的气息。这一时段李党声势大盛，将牛党核心人物牛僧孺、李宗闵、崔铉赶出朝堂。

5.宣宗朝。宣宗是一个工于心计的皇帝，他联合了宦官、牛党两大势力对李德裕进行了攻击，最终将李德裕贬死崖州。之后又对宦官势力进行了清洗，更换了神策军中尉的人选。这样剩下的牛党自然也难以和宣宗本人相抗衡。皇帝权威在中晚唐时期达到了一个顶峰。至此，皇帝掌握了所有的权力，牛李党争就此成为历史。

广义上的牛李党争持续了近四十年，使得朝廷的政策始终难以延续，中间也失去了很多解决藩镇、四夷问题的机会，使得大唐难以复兴到历史最高位。但也正是由于这种党争的存在，使得官僚系统得到了快速更新迭代，一些政策失误也往往得到迅速纠正。而皇帝、宦官、朝臣间的三者平衡，也是维系大唐王朝生命力的重要力量。

后 记

作为历史学者的任务，绝非仅有历史研究，向大众科普历史，让历史走进生活与日常，是一项有趣且有意义的事情。同时由于我本科学习的是金属材料工程，并非历史学科班出身，反而是在青年时期阅读了大量的通俗读物，才激发出自身对于历史学的兴趣，从而投身专业研究之中。因此无论是出于工作的使命，还是个人的投桃报李，写出一本历史学的大众读物，成为我一直思考的事情。两年前，耿元骊教授邀请我参与到《唐朝往事》系列普及读物的项目中，我便欣然应允，只是具体选题，还颇费了一番功夫琢磨。

提及唐朝，不由得想起王维的诗句"九天阊阖开宫殿，万国衣冠拜冕旒"的盛世景象，但随着安史之乱的爆发，唐朝从初期的高峰跌落，进入中唐以后摆在皇帝面前的便是藩镇叛乱、朋党林立、财政拮据、外夷入侵的困顿局面，特别是贯穿于宪宗至宣宗近四十余年的牛李党争，成为了研究唐中后期政治史不可抹去的一页，牛李两党势同水火，彼此攻讦，不仅使得朝政纲纪败坏，而且也极大的影响了朝廷的政务运行，使得朝廷资料被空耗在无穷的党争之中，对此唐文宗不由得哀叹道："去河北贼易，去朝廷朋党难。"但纷繁复杂人际关系与政治漩涡往往令人却步，各种相关史料也因党派立场不同而参差抵牾，使得大众对这段历史知之甚少。如果能借此机会以党争为视角向广大读者描绘出中唐的政治图景，在满足我多年夙愿的情况下，或许也能算一点小小的贡献。

于是，我踌躇满志的接下了任务，提出要以《朋党之争：中唐政治危机的来临》为题撰写小书。但是在草拟写作大纲的时候，却发现"愿景"与"现实"充满了差距，我高估了自己的学术水平，也低估了该问题的复杂程度。更令人沮丧的是学界对牛李党争的研究可谓汗牛充栋，但结论却往往南辕北辙，言人人殊。如何选择取舍已是难事，要把握"研究"与"科普"之间的平衡，更是难上加难。不得不将许多问题加以必要的简化，并忽略掉许多关键而琐碎的考证环节。同时，文字表达也成了问题。长期以来我接受的学术训练都是史料分析、史实考证，常常要求用最简明的语言交代事情的发展，这与大众科普读书要求的语言优美、生动凝练相去较远，特别是如何将史事分析做到既不繁琐晦涩，又不浮于表面，对我而言无疑是充满挑战的，我的水平难以满足写作的要求，但既然应允了下来，无论如何我都只能硬着头皮往前冲！如今勉强成书，当中定有不少疏漏，还请各位师友多加指正，各位读者多加海涵。

本书能够完成，最应该感谢的当然是耿元骊教授，他的盛情邀请是本书诞生的起点，写作过程多次催促和鼓励，亦是能够最终成书的保障。在写作的过程中，我常常与周边的学生交流，如吴凌杰、李硕、刘佳等人，在交流中常常启发了诸多的灵感，故谨致谢忱！最后还要感谢辽宁人民出版社的蔡伟编辑为本书的出版所做出的辛勤工作。

小书即将付梓，书中的诸多观点与论述留待学术进一步的检验与批评，而我也在撰写的过程中得到了极大的历练，这也是人生道路上难忘的体验！

罗　亮